中国流通行业管理与思想政治工作研究会职业教育管理专业委员会指定教材

Foreign Exchange Transactions
外汇交易
——预测、对策与决策

主编
唐赞宸 易文策 李红实

中国财富出版社

图书在版编目（CIP）数据

外汇交易：预测、对策与决策/唐赞宸，易文策，李红实主编．—北京：中国财富出版社，2020.5

ISBN 978-7-5047-7135-3

Ⅰ.①外…　Ⅱ.①唐…②易…③李…　Ⅲ.①外汇交易—研究　Ⅳ.①F830.92

中国版本图书馆CIP数据核字（2020）第072223号

策划编辑	谷秀莉　杜　亮	责任编辑	王　君		
责任印制	尚立业	责任校对	卓闪闪	责任发行	白　昕

出版发行	中国财富出版社		
社　　址	北京市丰台区南四环西路188号5区20楼	邮政编码	100070
电　　话	010-52227588 转 2098（发行部）	010-52227588 转 321（总编室）	
	010-52227588 转 100（读者服务部）	010-52227588 转 305（质检部）	
网　　址	http：//www.cfpress.com.cn		
经　　销	新华书店		
印　　刷	天津雅泽印刷有限公司		
书　　号	ISBN 978-7-5047-7135-3/F·3163		
开　　本	710mm×1000mm　1/16	版　次	2021年3月第1版
印　　张	15.75	印　次	2021年3月第1次印刷
字　　数	291千字	定　价	69.80元

版权所有·侵权必究·印装差错·负责调换

编 委 会

徐国栋　刘　军　李司南　宋开龙
姚　媛　罗煜烺　张培准　刘　岳
陈　蕊　李　征　张海林

推荐序 1

随着我国金融市场发展的逐步深化，稳定的金融环境与多样化金融产品的矛盾日益凸显，国内股票、期货与大宗商品交易市场已经不能满足国人日益增长的金融衍生品需求，而外汇作为国际主流金融交易产品，恰恰是实现金融稳定和促进金融产品多样化发展的一条重要途径。

本书作者以外汇交易技术为主线，采取外汇交易技术理论与交易实践相结合的方式，分析了外汇交易，对从事外汇金融产品实务，尤其是外汇交易编程的专业人员给予了很好的指导。围绕交易预测、对策、决策和量化交易编程技术的分析，对从事外汇交易的个人如何分散风险、增加收益、改变资产结构、提高个人收入和资产结构的合理化，都具有一定的实践指导意义。

从国外主流市场的发展经验来看，货币市场与对冲基金在外汇市场化过程中规模会不断壮大，并逐渐成为金融市场的一个重要且不可或缺的组成部分。

此外，外汇交易也是人民币国际化和中国资本走出国门的一个重要渠道。中国已经超越美国成为全球第一大贸易国，人民币跨境结算已运用于有关贸易伙伴国并取得了良好的效果。在这一国际市场大背景下，把本书推广运用好，培养一批合格的外汇交易人才，能为国家外汇市场的发展提供人才支持和理论支撑。

希望读者们能通过阅读本书在外汇交易方面获得启发。

周道炯
东方证券股份有限公司独立董事
中国建设银行原行长
中国证券监督管理委员会原主席

推荐序 2

在世界经济不断发展的同时,理财投资方式的多样化特征也表现得越来越明显。在这一国际大趋势下,外汇交易作为一种重要的投资方式,有着巨大的流通性优势——与其他投资方式不同,外汇投资更像是一种完全国际化的概率游戏。在这场金融市场的外汇交易博弈中,无论是普通投资者还是实力雄厚的投资者或金融财团,都位于同一交易起点上。

因此,国外投资者在理财方式上,更愿意选择外汇投资。然而,不少人又因为不懂得交易技术方面的知识和技巧而望而却步。此时,有一本具有强操作性和技巧性的外汇投资书籍的指导,就显得尤为重要。

本书从什么是交易,如何根据交易预测、对策、决策运用量化交易技术进行交易,到交易心态的培养,由浅入深,层层递进,逐步带领我们进入外汇交易的神奇世界。

尚福林
全国政协经济委员会主任
十三届全国政协常委
中国证券监督管理委员会原主席

推荐序 3

投资市场风云变幻，一夜暴富者有之，功败垂成者亦有之，在投资界屹立不倒者可谓屈指可数。过去的 10 年是世界金融危机爆发和颠覆的 10 年，从美国的金融腾飞到次贷泡沫的破碎，从华尔街的狂欢到欧洲小镇的破产，从两个基金巨人的倒闭到整个世界经济的衰退，我们目睹了一幕幕人间喜剧，而外汇交易始终贯穿其中。

外汇交易和对冲策略是近代世界金融领域的一个重大创新，现已成为美国和欧洲资本市场不可或缺的一部分。

在外汇交易快速发展的同时，我们也需要对外汇交易有清晰的了解和认识。外汇交易的发展是金融发展的必然趋势，也是我国的金融走向国际舞台的重要工具之一。但是，金融危机的历史也告诉我们这个工具的危险性。本书的编者有海外外汇交易的相关实战经验，也亲身经历了外汇交易从顶峰到危机再到恢复的过程，他希望通过本书来分享其对外汇交易的理解和美国的外汇交易经验，以此投身我国的外汇交易工作，为中国的金融事业做贡献。

管金生
"中国证券教父"
上海九颂山河基金公司董事长

前　言

　　本书从实用的角度为投资者提供投资参考，成熟的投资者应该建立完整的投资决策体系，投资决策体系不仅包括合理的投资理念和投资方法，还应该包括完整的分析方法、有效的资金管理体系和情绪管理等基本框架。"道可道，非常道"，讲述投资管理方法的书籍和文章不可胜数，但是没有一种能够将确切能够挣钱的投资方法或者体系完整、准确地传递给其他投资者。通俗地讲，挣钱的方式无法复制，每个投资者都必须形成适合自己的投资体系。因此，本书在讲理念和方法的时候，立足于向投资者阐述既定的投资体系，引导投资者形成"自己的"交易体系。

　　本书首先从预测、对策、决策三个方面向投资者阐述如何建立自己的交易体系。预测工作建立在市场分析的基础上，一般来说，市场分析方式有两种：基本面分析和技术分析。这两种方式既相互区别又互为补充，无论是哪种分析方式，都必须具有合理的逻辑性，本书以举例的方式向读者阐述何为合理的逻辑性。在此需要提醒读者的是，本书列举的这些分析方式不是真理，也不是理论，而是思维方式，其目的是引导投资者建立自己的分析逻辑，而不是照搬别人的各种投资理念和方法。在基本面分析方法的阐述中，本书从哲学思想、逻辑推理、经济周期、国际市场固有特点四个方面阐述了诸多分析逻辑，这些逻辑没有关联性，也不是一个完整的体系，正如书中的观点：投资者应建立自己的完整体系。在技术分析章节，本书也没有罗列一堆技术分析方法，而是选取了缠论和MACD指标（异同移动平均线）等几个技术分析手段进行阐述，其目的也是引导投资者形成自己能够掌握的技术分析方法。

　　投资体系应该是完整的解决方案，而量化投资和程序化交易方式更容易使投资者形成严谨、完整的投资体系。外汇投资中，EA（智能自动交易）工具的应用非常普遍（人们习惯称一套完整的外汇程序化交易系统为EA系统），各种交易软件对程序化交易的支持，以及大量容易获得的EA程序，使自动化交易的投资方式在外汇交易领域的应用非常广泛,因此,本书第二部分将向投资者介绍EA的编写和使用。但是,EA只是工具,工具不是万能的,EA固然有其优点,比如能够克服普通投资者的贪婪和恐惧的弱点,能够严格地执行交易策略,但是,EA的优秀最终必然体现在其包含的投资体系和投资逻辑,以及使用方式上。

最后,投资者需要不断地学习总结。路漫漫其修远兮,愿投资者能够在经历风雨之后见到美丽的彩虹!

目 录

第一部分　外汇投资分析

第一章　外汇市场与外汇投资 …………………………………………… 3
第二章　市场分析与行情预测 …………………………………………… 6
　第一节　基本面分析方法及行情预测 …………………………………… 6
　第二节　技术分析方法 …………………………………………………… 11
　第三节　演化分析 ………………………………………………………… 17
第三章　交易对策与策略制订 …………………………………………… 19
　第一节　交易策略的组成 ………………………………………………… 19
　第二节　交易策略的类型 ………………………………………………… 23
第四章　投资决策与策略实施 …………………………………………… 34
　第一节　理性看待交易 …………………………………………………… 35
　第二节　交易心理 ………………………………………………………… 36
　第三节　策略评估 ………………………………………………………… 41
　第四节　策略实施问题及解决方案 ……………………………………… 42

第二部分　外汇程序化交易

第五章　外汇程序化交易综述 …………………………………………… 47
　第一节　外汇程序化交易入门 …………………………………………… 47
　第二节　高起点入门到精通 ……………………………………………… 47
　第三节　技术框架 ………………………………………………………… 48
第六章　外汇程序化交易实践 …………………………………………… 50
　第一节　主程序 …………………………………………………………… 50

第二节 预定义文件和变量 …………………………………… 77
第三节 控制函数库 ………………………………………… 84
第四节 界面(UI)函数库 …………………………………… 125
第五节 八阶晋级 …………………………………………… 155

附录 程序错误代码对照表 …………………………………… 234

第一部分　外汇投资分析

我们学习基本面分析可以掌握投资的逻辑，学习技术分析可以了解市场变化的复杂性。基本面分析可以给出价格的方向，技术分析可以给出价格的合理交易点位。决定投资最终结果的是我们自己掌握的投资体系。投资者要想长期获得理想的投资收益，必须有一个完整的投资体系。它包含的逻辑必须是和市场走势大致匹配的，这种匹配可能不是完全的匹配，它终究要容忍"不适应"的行情。

每个人投资的理念、方法都不一样，本书的一些观点也不可能被所有读者完全认可。我们在读一本讲述投资方法的书的时候，不是要照搬书中的方法和思维，最重要的是感受这一本书有没有在某一个或者多个点上给我们的投资带来启示。给读者以投资思路的启发，是本书的编写目的。

读万卷书，不如行万里路；行万里路，不如阅人无数；阅人无数，不如踏着成功者的脚步前进。

第一章 外汇市场与外汇投资

"外汇"这个名词相信国人已经很熟悉了，外汇投资也不再是什么新鲜的事物。国际银行间的外汇市场已经有多年的发展历程，也走向了成熟。本书的编写团队成员中有在投资市场走过 15 个春秋的"老兵"，股票、期货、黄金、外汇、期权、股权基本上也都涉猎了。如果读者要问这些投资市场有什么区别，本书编者的回答是：除了规则不一样，在本质上是没有什么区别的。不同的市场有不同的投资规则，而这些规则决定了我们到底适合参与哪个市场。比如股票市场，宏观因素固然重要，但是上市公司本身的经营状况、发展前景、财务状况、突发事件等因素更能决定股价的变化。而这些因素中很多可能是作为一个普通投资者很难能准确了解到的，也就是说，在某种意义上存在信息的不对称性。有很多基金公司大量的工作是对上市公司进行调研，这些工作无非是为了掌握准确及时的信息。随着科技的发展，信息化时代的全面到来，投资者都希望能够掌握相对对称的信息，参与尽可能公平的投资市场，而不再成为"韭菜"，被一茬一茬地割掉。从这个层面上来说，国际外汇市场对于普通投资者来说可能更具备这样的环境。外汇市场的公平体现为决定汇率走势变化的因素公众都可以看到，并且看到的时间几乎是同步的。比如美国总统竞选，哪个党派领先，最终谁当选总统，全世界的人大都是在同一时间知道的。这是对汇率有重大影响的政治事件，通常也会是一次很好的投资机会，并且这样的投资机会对人们来说是相对公平的，除非你不看新闻、不看时事，把投资当成赌博。投资不是赌博，我们对投资要有一个正确的认识，才会有正的收益。

都说外汇市场是一个透明的市场。是的，这个市场的确很透明，它体现在各个方面。从国际贸易方面来说，汇率体现了不同国家之间货币购买力的水平差异。从国家经济方面来说，汇率变化体现了不同经济体的不同发展水平和发展速度。反过来，汇率同样会影响国际贸易支收。汇率与国民经济的关系如此紧密，对其影响如此巨大，因此会有"汇率战"和"汇率保护"，我们也就能理解为什么我国一直要实行半管制的外汇政策了。另外，外汇交易的体量极其庞大，汇率水平又关系到国家经济利益，不是谁都可以随便操纵的。而外汇市场上最大的庄家——各个国家的央行，它们更倾向于让市场充分明白自己的意图。

那么，在外汇市场投资很容易赚钱吗？答案是否定的。我们只能说这个市场是公平透明的市场，投资者能够充分利用专业知识和专业能力进行相对公平的竞争。但这仅是参与外汇市场，距离赚钱还有很大的距离。是不是掌握信息并掌握信息分析的方法就能够赚钱了呢？答案也是否定的。尽管大家几乎能够在同一时间得到同样的信息，但是这些信息不会让所有的人保持同样的观点。正如索罗斯的反身理论所说，金融市场与投资者的关系是：投资者根据掌握的资讯和对市场的了解，来预期市场走势并据此行动，而其行动事实上也反过来影响、改变了市场原来可能出现的走势，二者不断地相互影响。因此，根本不可能有人掌握完整资讯，再加上投资者会因个别问题影响其认知，令其对市场产生偏见。不同的人对同一信息的反应不同，其投资行为的差异体现在买和卖的差异上。

要想在国际外汇市场中赚钱应该怎么做呢？没有捷径，必须要系统学习，掌握投资技巧和投资方法，形成自己的投资体系、投资风格。这也是本书的写作目的——把编写团队多年来行之有效的方法分享给各位读者。本书的内容属于高阶版本，适合具备一些基础知识的投资者学习。比如书中内容涉及缠论、波浪理论、哲学、逻辑学等，如果没有相应的知识储备，读起来可能会有些吃力，甚至不知所云。本书也会对相关知识做一些基础梳理，但是更多的是给读者提供一个参考思路，进而引导投资者应用这些理论。

著名作家贾平凹说，会活的人，或者说取得成功的人，其实懂得了两个字：舍得。不舍不得，小舍小得，大舍大得。学习投资方法也是一样，十年一剑。前几年需要做加法，不断积累，而后更需要做的是减法，慢慢找到适合自己的东西。这里并不是说学习投资需要十年的时间，而是说在初级阶段我们需要多补充知识，学习各种分析方法、分析理论，然后才能慢慢建立最适合自己的投资体系。本书的编者曾精读过维克多·斯波朗迪（Victor Sperandeo）的书，也学了很多他的投资理念，但是在实战中只应用了一点，就是他对走势结构的阐述。这并不是否定他的其他的观点，而是编者的投资体系比较适用这个观点，至于其他的观点，编者还没找到使用的方法。当我们了解了很多投资技巧和方法以后，可能会发现投资收益并没有随知识的增加而增长，这个时候基本上就要做减法了：把学到的但是应用不熟练的那些技巧和方法该丢掉的丢掉，专攻特定的类型，把自己擅长的方法尽量发挥到极致，融入自己的投研体系。投资方法没有绝对的好与坏，只有擅长与不擅长、适用与不适用。本书重点介绍波段和趋势的投资分析，希望读者从中找到适合自己的投资方式。

在投资中，二八定律几乎是行业铁律，大多数参与者并没有得到预期的收益。在这个行业里，努力和收获不一定成正比，非专业选手战绩超过专业选手也并不稀奇。想以交易员为职业方向的年轻人，一定要充分地认识这个行业，做好职业规划。此外，要对市场保持敬畏、理性和客观的心态。市场有风险，投资需谨慎。把交易作为娱乐，赔点钱没什么，还有资本挣回来，但是把交易作为职业、作为终生从事的事业，那就要慎重，要时刻保持清醒和理智。

第二章 市场分析与行情预测

在投资中我们经常听到一句话：资金管理是最重要的。没错，资金管理最重要，但这需要建立在已经具备了系统的分析方法这个基础之上。资金管理绝不单指投资者严格止损。投资的最终结果是由胜率和赔率决定的，就算投资者的资金管理很科学，如果胜率或者赔率不够，投资者依然无法获得理想收益。提高胜率和赔率的方法就是学习对的分析方法。这里为什么说要学习对的分析方法呢？难道分析方法有错误的吗？真有，还不少，并且很多错误的方法就连专业投资者可能都意识不到。举个简单的例子：均线金叉买入，死叉卖出，是经典的技术分析方法，但是这种方法在实际价格走势中已经被量化程序证明结果大概率是亏损的。还有多头排列看涨，空头排列看跌等，这些经典的技术分析方法已经被量化程序证明并不能创造稳定的正收益。读者可能会觉得很惊讶：这么经典的技术分析方法都不管用，是不是要推翻之前学习的分析方法？阅读本书，读者会找到适合自己的答案。

第一节 基本面分析方法及行情预测

所有与市场相关的基本情况汇总构成基本面。
价格走势的整体大趋势是由基本面决定的。
顺应趋势的投资才会获得高额的回报。
了解不到全部信息，但总能找出主要信息或重大信息。
大多数基本面因素的发展变化都有逻辑因果关系。
技术分析更多的是依靠概率。
我们都知道分析方法分为两种：基本面分析方法和技术分析方法。其实除此之外还有一种分析方法，那就是演化分析，只是演化分析还没成熟，没有形成体系，没有被广泛认可和应用。我们先介绍一下基本面分析。

1. 哲学思想在分析中的指导应用

从哲学的角度认识事物，不是像在大众媒体中活跃的"演说家"那样，只有华丽的辞藻，但对生活中面对的实际问题没有提供解决方法。金融投资的目的是使财富增值，我们必须要有解决问题的方法。空谈哲理不能解决任何问题，如果不能赚钱，理论说得再好听都没用。那么在金融市场里应该如何用哲学思想做指导进行投资呢？我们尝试对这个问题进行解答。

这里涉及一个哲学思想：事物的主要矛盾决定事物的发展方向。哲学是研究人类社会活动的学科，金融市场同样属于社会活动范畴，我们可以用这句话指导金融市场分析。我们可以反过来看历史价格走势，会发现无一例外，价格走势的整体趋势是由市场主要矛盾决定的。2008年，所有的资产价格从高位下跌，日元因避险属性而升值，很明显，当时的主要矛盾就是经济危机，只要这个矛盾不转移或者不充分释放，那么趋势就不会改变。价格充分释放以后，随着时间的推移，市场的主要矛盾开始转移到各个国家的量化宽松。这样，我们只要抓住主要矛盾这条线，就能看出市场价格变化尤其是汇率价格的每一段走势都是那么清晰，跟当下市场的主要矛盾保持高度一致。这样一来，投资就真的是投资了，矛盾越突出，走势越明显，分析越简单。

纳斯达克在经济危机中的表现图

还有两个抓住短期主要矛盾的方式：一个是投资未来确定的结果，另一个是发现市场出错的机会。

投资未来确定的结果是什么意思呢？比如2017年的欧洲大选，我们并不知道意大利民粹主义党派是不是能当选要职，我们也不知道是不是马克龙能否当选法国总统，但是我们可以确定的是，在整个欧洲大选中民粹主义党派不可忽视。这么一来，我们可以确定一直到大选之日前夕，欧元想保持强势是不可能的。然后我们再找一种强势的货币，逢高做空欧元的策略也就产生了，可以一直执行到这个因素消失，也就是临近大选之日。

欧洲大选前一年的欧元兑美元日线走势图

发现市场出错的机会。市场会出错吗？是的，这经常发生，只是我们没有察觉，或者说没有掌握对市场出错的察觉分析能力。2017年意大利大选的前一个交易日，欧元走势强劲。大选未定，价格却在高位收盘明显是不合理的，日线的收盘就大概率会有上影线，我们做空它，至少在收盘前的几个小时里大概率会有利润。这样的例子很多，我们不一一列举，关键是要掌握这种分析市场的方法。

投资和赌博一样？掌握了正确的方法之后不会是这样的。

2. 把逻辑推理应用到分析中，大大增加分析正确的概率

逻辑是思维规律，在国际外汇市场上也要进行逻辑推理。2016年年末美国要加大页岩气、页岩油的开采，而此时石油的开采成本为40~45美元，页岩气、页岩油的开采成本在65美元以上。石油的市场成本明显低于页岩油，因此页岩油只能亏本卖，要想缩小赤字就得让石油涨价。特朗普上台后重建美加石油管道、最高层之间通话两小时……这些都表明美国想让油价涨一涨。既然意思明确了，那我们还等什么？买入石油吧。

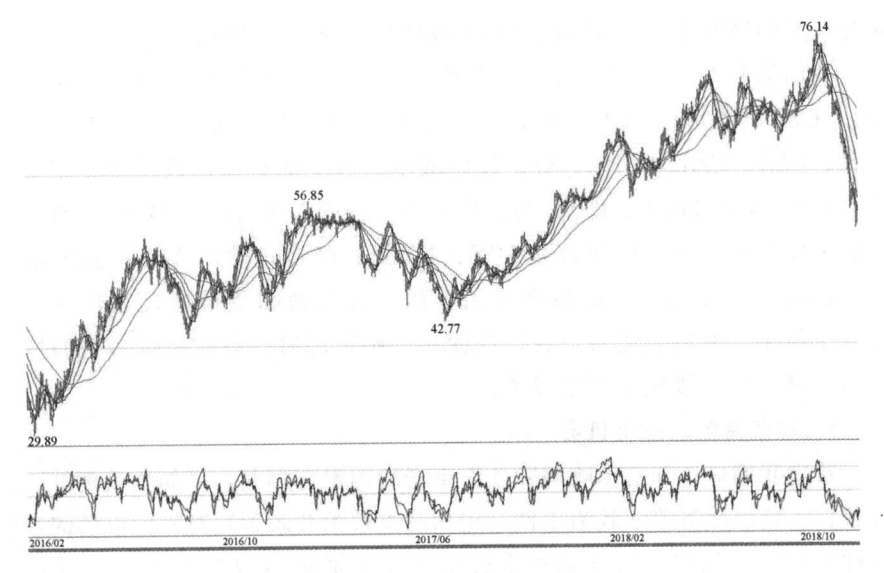

2016—2018 年石油的日线走势图

2015 年国内股灾期间，新股停止发售，外汇管制加强。这种情况下总得为钱找个地方——次新股，于是出现了长达半年以上的牛市板块。这就是逻辑，这种推理方法和技术分析是完全不同的，技术分析依靠的是历史中的规律，最终是概率问题，而逻辑推理有明确的理由、准确的方向，是严谨的思维结论。

3. 经济发展周期对投资的指导意义

经济活动的扩张和收缩有规律，国民收入或总体经济活动的扩张与紧缩总是呈交替或周期性波动变化趋势。经济发展周期一般分为繁荣、衰退、萧条和复苏四个阶段，表现在图形上为顶峰、衰退、谷底和扩张，更为形象。各个周期对应的投资方向这里不再一一叙述。在国际外汇市场中最能直接反映当下周期的货币就是日元。日元有两个重要属性：避险属性和套息交易属性。了解经济周期可以让我们对大势有一个整体的认识。反过来，我们根据各个资产的表现情况也能大概知道当下处于一个什么样的经济周期。比如一个上升的大势里，价格上升的概率明显大于下跌的概率。这样我们在实际投资中操作的正确率也就大大提高了。

4. 国际市场的特点和对应的投资逻辑

在一篮子货币中，美元、欧元、日元、英镑、加元、澳元、新西兰元等是我们经常会参与投资的货币。国际外汇市场重点研究的就是各个货币的特点。体量最大、影响最大的是美元，我们得到与该国相关的信息量也最大。

研究美元的属性特点，可以说是外汇投资最重要的一部分。

我们给各个货币做个分类，其中，避险属性的货币有 CHF（瑞士法郎）、USD（美元）、JPY（日元），商品属性的货币有 AUD（澳元）、NZD（新西兰元）、CAD（加元）等。发生战争或者美国有政治风险时表现最强的应该是 CHF（瑞士法郎），其次是 USD（美元）和 JPY（日元）；有全球金融风险时表现最强的应该是 JPY（日元）；经济过热时表现最强的应该是商品货币。我们通常认为澳元和新西兰元是商品货币的代表，加元次之。了解了这些特点之后，我们在面对一些情况时，只需要对当下的情况进行分类，如何投资就清晰多了。

5. 提取有效的投资机会

首先我们应该知道影响国际外汇市场的因素有哪些，诸如政治事件、经济数据、货币政策等。政治事件（包括时事政治和政策）对外汇市场的影响往往比较大，我们只需要抓住事件的主要矛盾就可以把握正确的投资方向。下图是英国脱欧事件中英镑兑美元的日线走势图，从图中我们可以明显看出，在英国脱欧事件的酝酿期，英镑的每次逢高都是做空的机会，道理实际上很简单，有脱欧事件这个巨大的不确定因素存在，英镑不可能出现趋势性上涨机会。

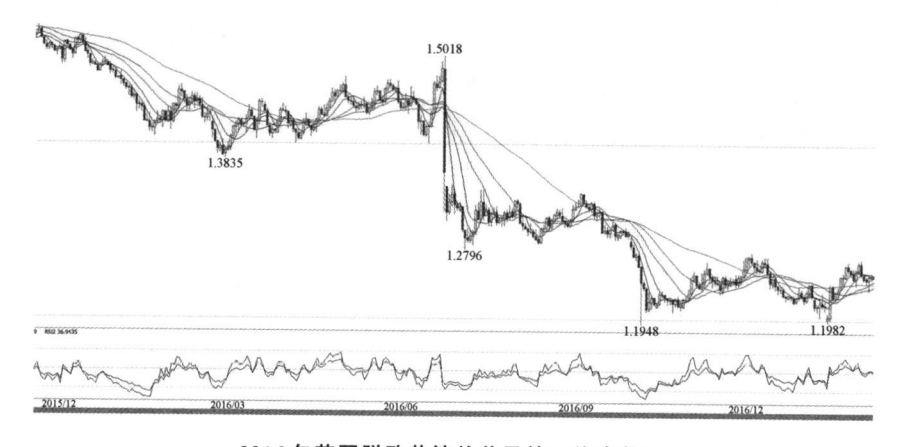

2016年英国脱欧英镑兑美元的日线走势图

下面说说经济数据，外汇市场几乎每天都有很多经济数据公布，包括就业数据、通胀数据、人口数据等。这些数据对外汇价格的影响都是比较大、比较迅速的。尤其是美国的就业数据中非农就业人口数的变化，可以瞬间使美元产生百分之一甚至更大的波动。可以说，等待数据公布再去买卖的方法基本上是行不通的，因为行情走得太快。

有时候明明是一个好数据，投资者好不容易买进了，短期价格也已经很高，但不一会儿价格又回来了，投资者只能被动止损。如何避免这种情况呢？这里涉及一个数据分析问题，即要看这个数据会不会引起货币政策的调整。如果会，那么就可以果断采取相应的市场操作；如果不会，就"坐山观虎斗"。其实，最终能不能引起货币政策调整不重要，重要的是市场认为有可能，这也就是常说的炒预期。只要这个预期存在并且是当下市场的主要矛盾，那就可以放心一直持仓了。

最后是货币政策，分两类，紧缩和宽松。紧缩是指货币升值，宽松是指货币贬值。

外汇市场是一个很典型的宏观市场，所以我们更多的是关注宏观信息。我们需要在千千万万条信息中梳理出主要的矛盾点，抓住了主要矛盾，就基本有了交易的方向，方向有了，剩下的事就好办多了。

第二节　技术分析方法

技术分析的两个基本前提：历史不会重演但总是惊人地相似；市场永远是对的，不要和市场为敌。国外资本市场已经有百年的历史，技术分析的派系也很多，其中最典型的莫过于波浪理论和道氏理论。波浪理论的重点是数浪和结构判断，道氏理论的重点是趋势和周期划分。缠论和N字形走势理论是近些年的产物，学习和使用的人不是很多。

1. 波浪理论、缠论、N字形走势理论的核心提取

波浪理论中数浪是最难解决的事情，浪数错了结论就可能正好相反，并且有千人千浪之说。从这个角度来看，波浪理论只是描述了价格走势在历史中的表现，而根据当下走势确定后面的走势是不够准确的，并且还有失败浪。在使用波浪理论的时候，可以将完整的八浪结构拆掉，因为市场并不总是按照八浪结构运行。只是根据当下的走势结构来判断下一个走势。那么，波浪理论中哪些内容具有实际指导意义呢？那就是波浪理论铁律：第二浪不破第一浪的底，第三浪不能是最短的，第四浪不能过第一浪的高点。这个铁律在实践中的应用意义在于：二浪不破一浪底，可以买入做第三浪；如果第三浪形成（大于第一浪），那么我们观察第四浪的调整表现；如果第四浪不过第一浪的高点，那么我们可以买入第五浪。一旦走势失败，我们就不能再按照八浪结构去套用了。这里面有一个问题：如何界定是第一浪还是调整A浪呢？我们认为最好的办法是"123结构"，如果"123结构"形成，那么可以认为是第一浪形成了，后面会发生几浪不需要预测，按照铁律的标准执行就可以了。

缠论是近些年逐渐活跃起来的一种分析方法，重点是中枢和线段的应用。我们先看一下缠论定理：

（1）走势终完美、任何趋势的反转都是由某级别的背驰引起的。

（2）在盘整中，无论是离开还是返回走势中枢的走势类型必然是次级别以下的。

（3）在趋势中，连接两个同级别走势中枢的必然是次级别以下级别的走势类型。

（4）任何级别的任何走势都可以分解成同级别盘整、上升趋势和下跌趋势三种走势类型。

（5）任何级别的任何走势中，某完成的走势类型只包含一个缠论中枢，就称为该级别的缠论盘整。

（6）任何级别的任何走势中，某完成的走势类型至少包含两个以上依次同向的缠中说禅走势中枢，就称为该级别的缠论趋势。

（7）任何级别的上涨转折都是由某级别的第一类卖点构成的，任何级别的下跌转折都是由某级别的第一类买点构成的。

（8）任何级别的任何走势类型终要完成。

从这些定理来看，缠论最重要的作用就是准确地区分了什么是趋势、什么是盘整，而这一点是实际投资交易中最难解决的问题。道氏理论将趋势说得很简单，低点和高点都依次提高为上升趋势，反之为下降趋势，这样的定义显然出错率太高了。因此，能准确定义趋势和盘整，是缠论最大的贡献。

缠论的三个买卖点如下图所示：

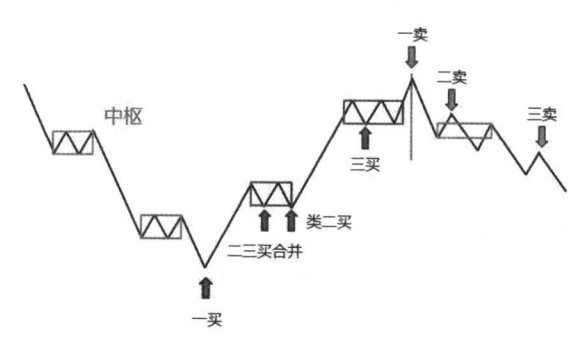

上图中的买卖点是不是很熟悉？很像波浪理论的五浪结构，但是波浪理论对波浪走势失败后的分析很模糊，缠论则不同，行情每走一种情况都有相

应的观点和对策。比如，第四浪接触到第一浪的高点，依缠论的观点：这是本级别盘整，不构成趋势，既然是盘整，那么后面就按照盘整的思路来操作。这种情况是依前高或者前低做止损操作吗？不，按照缠论的定义，盘整行情我们只能确定的是它会回归中枢，不代表不能再创新高或者新低（这是为了避免那些无意义的止损）。这里就有一个逻辑问题了：比如你买一只股票，现在股价是 8 元，你知道它一定会涨到 10 元，你会怎么办？做好资金管理，然后挣到该挣的钱。

N 字形走势理论就比较简单易懂了，任何行情都是 N 字形走势的叠加。如果波浪理论说市场是 0～8 的循环，那么 N 字形走势理论就是说市场是 0～1 的循环。N 字形走势的实际操作意义和实用性也很好，不管后市如何复杂，N 字形理论都只是操作下一个涨或跌。后面在讲 MACD 指标时，我们会分享一些基本方法。

N 字形走势理论也有非常实用的一面，在实际应用中，最常用的就是，缠论的笔破坏了段，那么必然会是一个 N 字形走势，因为段只能被段破坏。谁说技术分析没有必然的走势？那只是因为投资者没有深入挖掘而已，只是这种情况很少被发现，比较难找到准确的价格。

2. 完整的分析思路

一个动态追踪的分析就是行情每走一个缠论段，都要知道应该如何分析和操作。下面分享一下完整的分析思路：

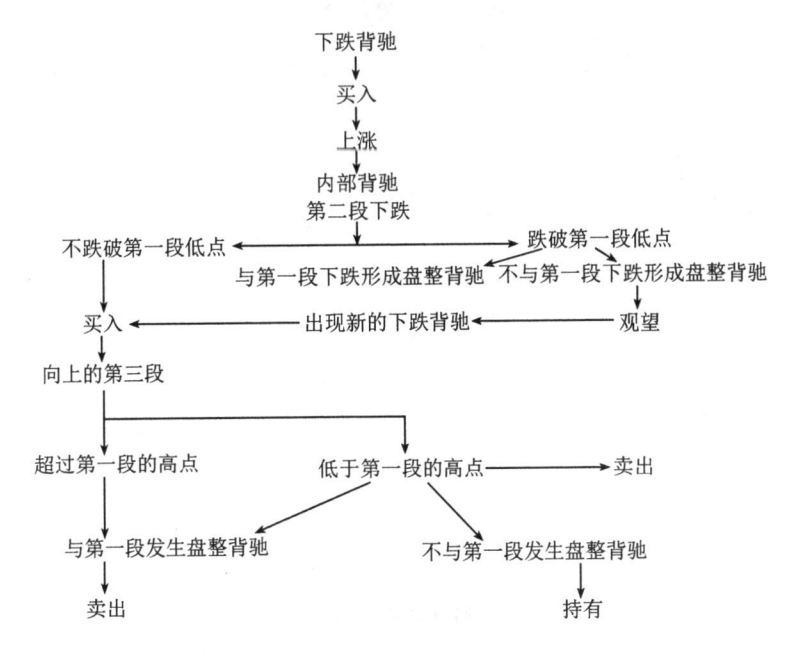

```
                    下跌背驰
                      ↓
                     买入
                      ↓
                     上涨
                      ↓
                   内部背驰
                   第二段下跌
                   ↓        ↓
       不跌破第一段低点    跌破第一段低点
              ↓                  ↓
       与第一段下跌形成盘整背驰   不与第一段下跌形成盘整背驰
         ↓          ↓                    ↓
        买入 ← 出现新的下跌背驰 ←       观望
         ↓
      向上的第三段
         ↓         ↓
    超过第一段的高点   低于第一段的高点 → 卖出
         ↓              ↓
    与第一段发生盘整背驰  不与第一段发生盘整背驰
         ↓              ↓
         卖出           持有
```

3. 技术指标的使用——MACD 指标和移动平均线

自接触外汇市场以来，我们就没有也没打算研究吸筹、拉升、控盘、出货这些主力行为。庞大的外汇市场里除了各国央行，很难有那么大的资金敢于坐庄。所有的图形都是多空争夺后在盘面上留下的足迹，是双方博弈的结果。从最初接触的 K 线、均线、成交量、趋势线到走势结构，我们一直都是沿着多空变化的角度研究。但是我们发现，所有的技术分析都是相通的，深入研究 K 线所得到的结果，用波浪结构、趋势理论、量能也都能得出。任何的技术、任何的指标，都是趋势的停顿与转折相对应的表现形式。多头市场的表现就是上涨—停顿—上涨—重复—转折—下跌，空头市场的表现就是下跌—停顿—下跌—重复—转折—上涨，周而复始。这和 N 字形走势理论几乎是一样的。所以，技术分析有很多条路都能达到巅峰，不同的分析方法只是使用不同的角度看待市场。找到适合自己的一种方法，运用到足够熟练就可以了。

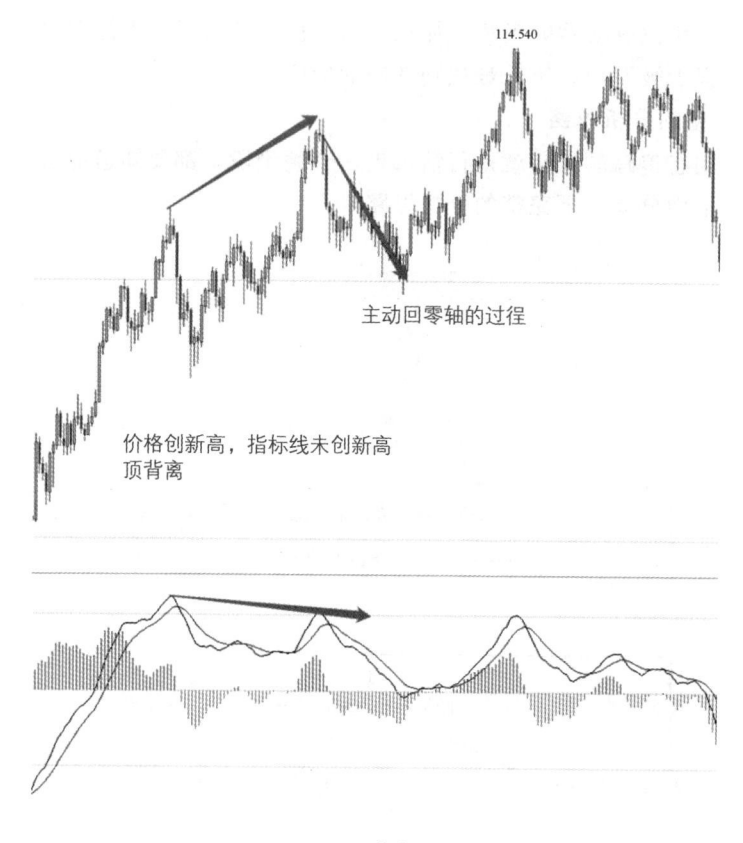

MACD 指标图

MACD指标包含的内容很多，在分析行情中能够给我们很多提示。MACD零轴，也就是60日均线。MACD双线（黄白线，通常叫指标线）在零轴之上是多头市场，在零轴之下是空头市场。这给我们一个最基本的提示：当下市场本级别的强弱，强势中应该找买点，弱势中应该找卖点。

MACD指标背离有两种：顶背离和底背离。MACD顶背离说的是价格创新高而MACD指标线没有创新高，此时就形成了顶背离，反之是底背离。

如果是柱状线的背离，说明是一段上涨的次级别背离。顶背离实质是力度的减弱造成的，后一段的上升速率比前一段小。背离之后会怎么样呢？背离之后的走势只有一种，就是修正。目标价格回到平衡点，也就是通常所说的调整。这种调整又分为两种形式：主动调整和被动调整。主动调整以价格走势为主，价格下跌，把MACD指标拉回平衡点；被动调整以时间为主，价格横盘，把MACD指标拉回平衡点。下跌的过程反之。这说的是背离之后的走势。然后是反转，要确认反转行情，就必须看到MACD指标线走到零轴之下。在价格上来说，就是跌破上一段上升的起涨点。而这又和维克多·斯波朗迪对走势结构的叙述基本一致。

关于零轴的平衡，很多时候我们看到零轴的穿越是反复的，单单按照零轴、市场强弱给市场定性来决定操作方向往往容易出错。这里就涉及级别对应的问题，通常30分钟级别的涨跌是由5分钟级别走势的结构组成的，比如，一个5分钟走势的结束，在30分钟级别只是一个缠论笔的走势完成；一个30分钟走势段的结束才会对应4小时上的涨跌。

MACD指标线之间的距离代表的是市场价格的乖离程度。

柱状图的面积是次级别走势力度的体现。柱状图面积的背离也是次级别走势的背离。多头市场中，MACD指标线回到零轴附近，我们就需要关注是不是会有一个买点；空头市场中，MACD指标线回到零轴附近，我们就需要关注是不是会有一个卖点。既然最终是概率问题，那就让它回到概率上来吧！

由MACD指标和趋势线就可以组成一个交易系统。这个交易系统很简单，只需要MACD指标和趋势线两个工具。操作很简单，操作周期产生底背离且突破压力线，买入；产生顶背离且跌破趋势线，卖出。这个思路很简单，新手能很快地掌握，且实战效果也较好，买卖机会也比较多。但是不好的是，解决不了趋势停顿与延续的问题，利润无法实现最大化。但是，因为这是一个趋势型交易系统，操作起来很稳健，所以MACD"指标之王"的称号绝对不是浪得虚名。注意，这里必须正确理解三种背离情况：①指标线的背离；②柱状线的背离；③柱状线面积的背离。在这三种情况中，只有指标线的背离才是真正意义的背离,其他两种,只是表明市场次级别走势的背离。背离不等于反转,趋势线的破坏是必不可少的条件。

4. 格兰碧八大买卖法则

格兰碧八大买卖法则是对移动平均线的应用。下面我们讲解格兰碧八大法则的主要内容,重点说均线面积。前后两个均线面积的对比,是趋势分析中趋势力度分析的重要方法。

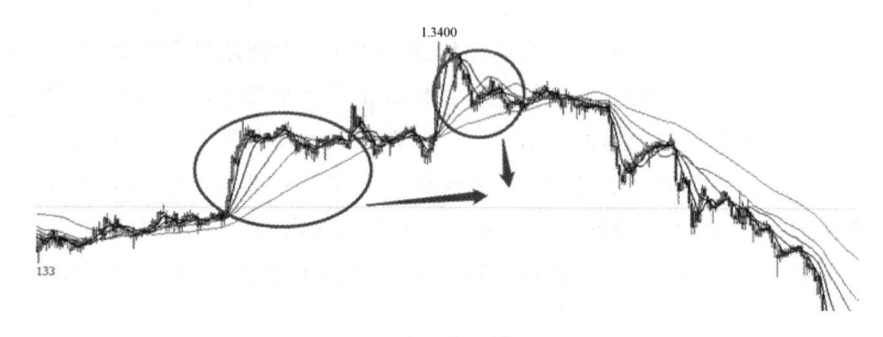

两个面积比较

(1) 当平均线从下降逐渐走平转为上升,股价从平均线的下方突破平均线时,为买进信号。

(2) 股价虽跌破上升的平均线,但不久又调头向上,并运行于平均线的上方,此时可加码买进。

(3) 股价下跌未破平均线并重现升势,此时平均线继续上升,仍为买进信号(这是通常理解的顺势而为最重要的买入应用)。

(4) 股价跌破平均线并远离平均线时,很有可能产生一轮强劲的反弹,这也是买进信号。基本上就是调整浪二浪,调整浪是很难确定形势的,往往反弹后会继续下跌。这种做反弹的行为最好还是放弃。

(5) 当平均线走势从上升逐渐走平转为下跌,而股价从平均线的上方向下跌破平均线时,是卖出信号。

(6) 股价虽反弹突破平均线,但不久又跌到平均线之下,此时平均线仍下跌,这也是卖出信号。

(7) 股价跌落于平均线之下,然后向平均线弹升,但未突破平均线即受阻回落,仍是卖出信号(这是通常理解的顺势而为最重要的卖出应用)。

(8) 股价急速上涨远离上升的平均线时,投资风险激增,随时会出现回跌,这又是一个卖出信号〔同(4)放弃〕。

第三节 演化分析

演化分析（Evolutionary Analysis）是由吴家俊创立的方法论体系，此分析方法并未成熟和被广泛应用。演化分析告诉我们，市场的波动、演化复杂程度远远超出人们的想象，深入分析金融市场内在的动力机制，总结出高胜率和高赔率的分析方法，能为投资决策提供机会和风险评估。但是，正是由于普通投资者对市场的认知不足，才出现了二八定律，导致大多数人在市场中铩羽而归。

从研究范式的特征和视角来划分，投资领域的分析方法主要有如下三种：基本面分析、技术分析、演化分析。三种分析方法的区别是角度和出发点不同。基本面分析派认为自己是对的，市场会出错。技术分析派认为市场是对的，买卖的操作最终要落实到价格上，而价格的走势包含了市场走势的一切因素。演化分析派认为，市场很大程度上取决于市场生态、价值取向和人性弱点的协同演化，不存在统一、恒定、绝对的评判标准，一切以生物本能和进化法则为考量前提。

技术分析是 100 多年来在资本市场上形成的经验和若干所谓的"规律"的总结，技术分析最终是概率问题，而不是逻辑问题。目前在西方金融市场中，单单依靠技术分析进行投资交易决策的已经很少，但在国内仍有很多人信奉技术分析，比较流行的方法包括道氏理论、波浪理论、江恩理论等。

演化分析是以市场波动的生命运动内在属性作为主要研究对象，从市场的代谢性、适应性、趋利性、可塑性、应激性、变异性和周期性等方面入手（生物学或达尔文范式），归纳总结出股市演化高胜算博弈的精髓，对市场波动方向与空间进行动态跟踪研究，为投资交易决策提供机会和风险评估的方法总和。演化分析认为市场波动的行为表现具有类生物学现象，只有从"协同演化"和"动态均衡"的理念出发，深入研究股市中的各种复杂因果关系，才能为构建科学、合理的博弈决策框架提供令人信服的依据。演化分析同时指出，除非投资者对股市运作逻辑及人性弱点具有天才般的洞察力，并且自身具备完善的心智模式、超凡的心理素质和行为管理能力，再加上不可或缺的偶然性因素（运气成分），否则，任何企图针对市场短期波动轨迹进行定量分析、预测及策略实施的努力，都是徒劳无功的。因此，它更多聚焦于帮助中小投资者建立一种科学分析市场波动逻辑的全新框架，从中期演化的思路来理解市场运行规律及其博弈策略，对中期或重大波动行情做出正确判断，以达成持续、稳健获利的目标。

演化分析更侧重市场分析的有效性，有一种观点认为，市场在短期中的价格变化是不规则的布朗运动。没有一种分析方法能分析出走势结果的必然性，充其量也就是很高的概率。未来的走势是未来的综合因素决定的，而未来是不可知的。投资者应该怀着对人性弱点、市场波动复杂性、金融市场生态特殊性的敬畏之心，定位于中期演化的"狙击手"，而不是"巴菲特式"的股神，更不是短线赌徒。

第三章 交易对策与策略制订

投资市场主要包括外汇市场、股票市场、期货市场，三者都是没有硝烟的战场，在进入外汇市场，把外汇当成投资工具之时，就必须先明确自己的目标——增加资本收入，而不是专门投机，满足一夜暴富的愿望。在市场中征战，就必须要做好战略布局和战术安排。如果要在这个行业里长期发展，首先需要制订合理的目标——风险、收益和使用的策略要匹配，实现目标靠战术安排，完成战略目标需要很多次战役的胜利，并且这个过程中不能犯原则性错误，一次重大错误可能导致全军覆没。长期来看，我们的分析可能而且必然有一天会出错，但是不要让自己的交易体系出错。对于投资而言，战术安排就是我们的交易策略，高质量的交易策略是我们保持高胜率或者高赔率的关键。

第一节 交易策略的组成

买卖什么，如何选择标的；买卖多少，如何计算头寸规模；何时买卖，如何选择入市时机；何时退出亏损头寸，如何合理地止损；何时退出盈利头寸，如何选择交易方式……本章对这些内容一一进行详解。

1. 标的的选择

从逻辑的角度来看，标的的选择应该是被动的，而不是主观意愿决定的。在外汇市场哪个货币存在明显的主要矛盾因素，那它就是我们很好的投资标的。标的选择往往也是容易被忽略的。在一个交易策略中，头寸规模、入场时机、止损、获利这些东西实际上是可以被标准化和量化的，而标的选择往往与宏观基本面相关，很难量化。

对于如何选择投资品种，我们认为可以从以下两个方面入手，投资者可根据自己的情况进行取舍。

从基本面入手选择投资的货币标的。外汇市场中，信息往往就是财富，而信息发布的时候可能就是交易的好时机，不管是政治事件还是经济事件，都可能会给我们带来一些很好的投资机会,这就需要我们及时地关注市场动态,准确地找到市场存在的主要矛盾,从而发现交易机会。

另一种就是从技术走势上选择。首先,要寻找相对清晰、有趋势的品种,比如,寻找走势形态标准、趋势明显、波段干净利索的品种;其次,要选择市场的波动特征明显的品种,避免那些上蹿下跳的品种,止损点要明确可控,强弱明显;再次,外汇价格是比率,不但要找到最强的货币,还要找到最弱的货币,这样才有更多的获利空间;最后,要符合自己的建仓规则。

2. 资金管理

如果把投资行为比作打仗,那么资金管理就相当于排兵布阵,要想成为一个好统领,在战争中取得胜利,做好排兵布阵必不可少。同样,资金管理也是做好投资的关键。头寸管理是资金管理中最重要的一部分,也是大部分投资者严重亏损的主要原因。

这里我们介绍一种头寸管理模式,涉及一个指标 ATR。N 表示 TR(True Range,实际范围)的 20 日指数移动平均,表示单个交易日某个特定市场所造成的价格波动的平均范围,它说明了开盘价的缺口。N 同样用构成合约基础的点(points)进行度量。

每日实际范围的计算:

$$TR(实际范围) = \max(H\text{-}L, H\text{-}PDC, PDC\text{-}L)$$

式中:H 指当日最高价;L 指当日最低价;PDC 指前个交易日的收盘价。

用下面的公式计算 N:

$$N = (19 \times PDN + TR)/20$$

式中:PDN 指前个交易日的 N 值;TR 指当日的实际范围。

因为这个公式要用到前个交易日的 N 值,所以必须从实际范围的 20 日简单平均开始计算初始值。

价值量波动性的调整:确定头寸规模的第一步,是确定用市场价格波动性(用其 N 值定义)表示的价值量波动性。

这听上去比实际情况更复杂。价值量波动性可用简单的公式确定:

$$价值量波动性 = N \times 每点价值量$$

波动性调整后的头寸单位:按照我们所称的单位(units)建立头寸。单位按大小排列,用 $1N$ 代表账户净值的 1%。

因此,特定市场或特定商品的单位可用下面的公式计算:

$$单位 = 账户的 1\% / 市场价值量波动性$$

$$或\quad 单位 = 账户的 1\% / (N \times 每点价值量)$$

使用 N 值的资金管理方式就是阶段性定量头寸管理。这种方式不需要每次计算头寸，首先要制订一个头寸计划表，净值在什么范围相对应地该使用什么样的头寸，这个计划一旦制订完就不要更改，后面交易过程中只需要按照先前制订的标准执行就可以了。例如，资金净值在 1.0~1.3 时，固定头寸规模为 N，资金净值在 1.3~2.0 时，固定头寸规模为 $1.5N$。

3. 易系统

一个完整的交易系统包括了交易的各个方面，除了信息的获取和加工过程，在交易决策过程方面，实际上给交易员留下的主观想象和决策的余地比较小。一个完整的交易系统，基本上是按照如下要素展开的：

（1）标的选择——买卖什么。

（2）头寸规模——买卖多少。

（3）入市时机——何时买卖。

（4）止损——何时退出亏损的头寸。

（5）出场——何时退出赢利的头寸。

（6）交易过程的执行。

4. 合理止损

止损是交易过程中必不可少的风控手段之一。止损的方式主要分为下面五种：①资金管理止损；②走势百分比幅度止损；③技术分析止损；④时间止损；⑤主动出场。

资金管理止损比较容易理解和使用，通常将其作为一个阶段周期的风控手段。

走势百分比幅度止损，这种方法设定的止损基本上是由市场情况决定的。舍弃自我，抛开主观，让市场决定未必不是好方法。

技术分析止损是使用最多的，也是最考验交易员技术分析功底的。这种方式是让市场告诉我们合适的止损位置。对于行情发展，万一判断错误，应该依照市场走势选择止损点，这才是最好的止损。这种止损能将止损范围控制在市场正常的交易区间。交易者如果只根据自己愿意接受的亏损来设定止损，位置未必恰当。

技术分析止损的方法也很多，这里介绍一种和前面篇章配套的止损方式。因为编者研究的重点方向是波段和趋势，所以我们的止损底线是不能破坏当下的趋势的。这里最关键的就是如何界定趋势是不是被破坏了。要解决这个问题，首先我们要回忆一下趋势的定义。道氏理论指出高点和低点都依次抬高就是上升趋势，反之就是下跌趋势，如下图所示：

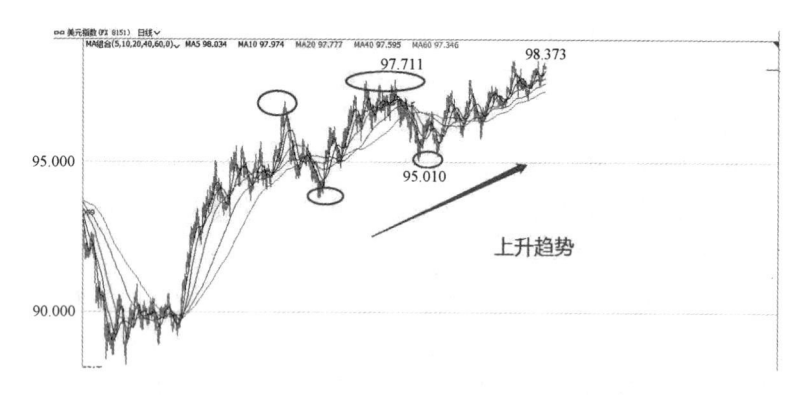

道氏理论的这个定义太粗糙了,很显然波浪理论里 ABC 的调整对于道氏理论来说就是趋势了,这显然出错概率太大了(重要的事说三遍),如下图所示:

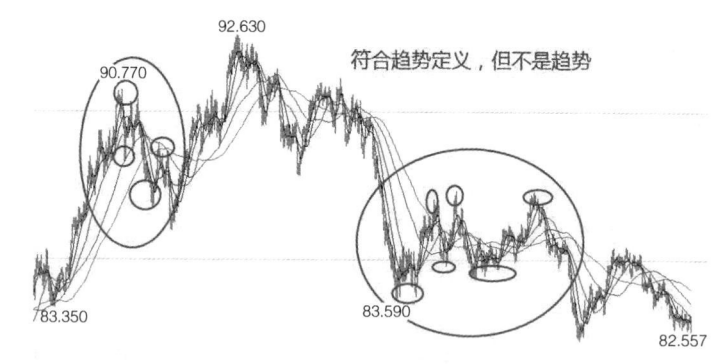

再看缠论对趋势的界定:同向不相交的两个中枢形成趋势,如下图所示:

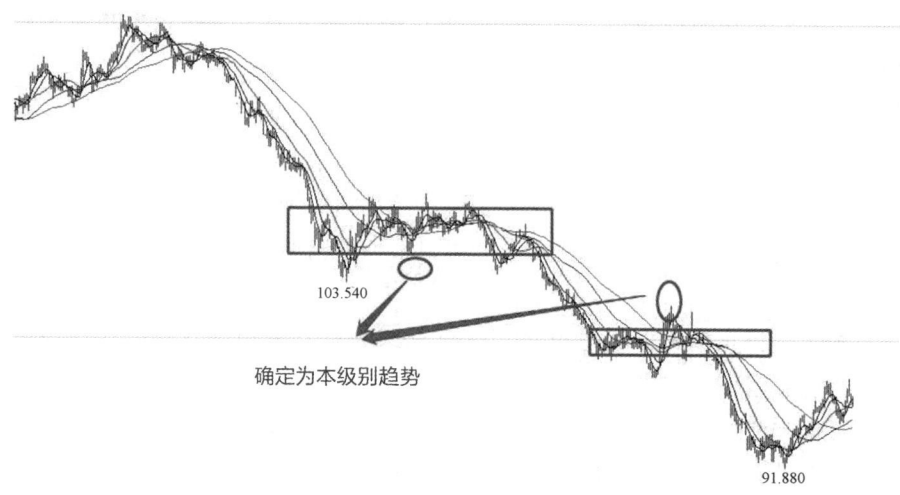

尽管不同理论对趋势的定义不一样,但我们还是可以找到共同点:前面

一个结构的高低点不被破坏，这是趋势延续的首要条件。换言之，趋势反转的必要条件就是破坏前一个结构。著名的123结构就是专门做反转的起始阶段，这样的话止损就很清晰了。

时间止损，一种情况是在一段时间内如果走势没有按照我们的逻辑走向走，那么就出场。这种方式主要在做基本面思路时使用，比如美国加息或者降息，在利率会议公布之时选择出场。因为前面已经有充分的预期，加上靴子落地，这个市场矛盾点就算结束了，后期的走势要按照新的变化再制定策略。另一种情况是在一定时间内我们预测的事情没有发生，或者价格没有在我们计划的时间里走出来，那么就果断离场。

主动离场，这种情况主要说的是我们有一个分析结果后，在实施过程中出现了否定因素，这时候我们完全不需要等待先前的止损，而选择及时出场。这种方式有很多人不赞同，认为既然设置好了止损就不要改变。只能说这种方式有利有弊，个人对行情的应变能力很重要。价格走势不利于我们手握的头寸或者亏损时，以什么样的态度进行处理，显示了不同投资者的投资能力。亏损并不是错误，我们交易的目的不是征服市场，重要的是防止市场伤害我们。

第二节　交易策略的类型

一般来说，做量化程序研究的人对策略的类型通常比较了解，而做主观判断手动交易的人，对策略类型的思考相对较少。在外汇市场中，投资策略分为主观策略和量化策略两大类。主观策略主要有基本面投资策略、技术分析投资策略、套利策略、套息策略等。主观策略是本章介绍的重点。我们希望通过本章节给读者介绍投资策略的制订和使用。量化策略的种类比较多，涉及统计学、数学知识，不是本章节介绍的重点，后面我们再简单地介绍一种常见的量化策略——趋势追踪策略。

1. 主观策略类型详解

（1）基本面投资策略

基本面投资策略即依照市场的基本面情况制订交易和投资的策略，主要逻辑是基于对基本面的理解与判断，同当前价格进行比较，认为当前价格被高估或者低估，因为定价的不合理出现投资机会，并且这种不合理的定价会在未来一段时间内得到修复。

在外汇市场，货币对的基本面就是两个国家经济运行状况的直接体现，以其中一个国家作为参照，另一个国家经济数据的变化、货币政策的调整会相应地影响其汇率，体现在货币对价格的变化上。举例来说，1992年索罗斯狙击英镑事件广为人知，当年打垮英格兰银行的那个男人——索罗斯所采用的策略就是基本面投资策略。有人说索罗斯的传奇正是由一次次的豪赌组成的，但是这些豪赌的背后是有基本面作为坚实的支撑的。而巴菲特通常被认为是价值投资策略的代表。价值投资策略是基本面投资策略的一个分类，更多的是指对股票的长期投资。价值投资策略可以追溯到20世纪30年代，由本杰明·格雷厄姆和哥伦比亚大学的戴维·多德率先提出并发扬光大。可以说巴菲特的成功，向全世界证实了价值型投资策略在实际投资中的实用性。基本面投资策略的内在价值是核心，是很难准确给出定价的，所以寻找价值洼地是决定此策略投资效率的关键。另一点就是周期通常比较长，比如你在2007年投资美股，直到2013年你可能只有20%的总收益，但到2017年你的投资收益可能达到300%。而如果在2009年价值洼地开始投资，2013年时投资收益可能是300%，2017年对应的投资收益可能是700%！由此可见，投资效率的关键因素——价值洼地是多么重要。这也是决定这种投资策略前期最大亏损忍受程度和忍受亏损周期最重要的因素。

2008年经济危机中，日元受到避险资金青睐。在下面2008年中旬—2011年下旬美元兑日元走势图中，2010年中旬以后，美元兑日元的价格已经从经济危机时的110.67日元下跌到80日元左右，跌幅近三成。日本央行迫于贸易压力开始警告市场，并决定干预外汇市场，阻止日元继续升值。这个时候我们得到一个信息——日本央行不会再让美元兑日元趋势性下跌。既然有日本央行这个后盾，那么投资思路也就来了，只要美元兑日元日线新低就开始做空日元。根据历史经验，日本央行每一次干预外汇价格都会让日元贬值200～500个大点。这也是本书前面所讲的投资未来一个确定的结果，直到这个因素消失。编者的这个策略实施了两年时间，这个过程中日本央行干预外汇市场超过4次，整个过程总盈利超过2000个大点。

在下面2014—2016年欧元兑美元走势图中，2014年美国逐步结束QE（量化宽松），而欧洲各国债务危机开始出现，欧洲央行连续宽松。但是，欧洲各大经济体发展极其不平衡，债务危机这个主要矛盾突出。编者决定做空欧元兑美元。编者在制订这个策略的时候，是不知道这个主要矛盾会持续到什么时候、价格会下跌多少的，但是可以确定的是只要这个矛盾存在欧元兑美元的走势就不会形成趋势性的上升机会。当时制定的策略是：最低持仓一成不动，然后一定的头寸在次级别里看到N字形中的第三段就开始做空。最终欧元兑美元整个跌幅达3500个大点。

2008 年中旬—2011 年下旬美元兑日元走势图

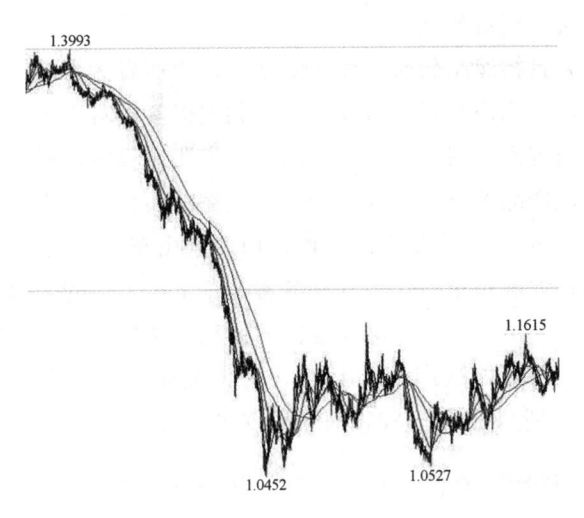

2014—2016 年欧元兑美元走势图

对股市而言，主要的基本面是公司的运营和盈利情况，如果一个公司主营业务突出，市场占有率高，产品被广泛接受，每年营业收入和盈利都有比较明显的增长，那么股价表现基本不会差，这时如果因为短期事件导致股价下行，就给予了投资者买入的机会。比如，2012 年国内白酒的塑化剂事件，酒类股价遭受波及，贵州茅台价格从 170 元跌到 97 元，接近于腰斩；叠加 2014 年的八项规定，高端酒的消费再受打压，贵州茅台下跌到 66 元。但贵州茅台之后一路上扬，到 2019 年已经涨到 900 元。这是因为公司运行良好，经营业绩一直保持高增长，短期事件造成的股价下跌，最终会被纠正和修复。

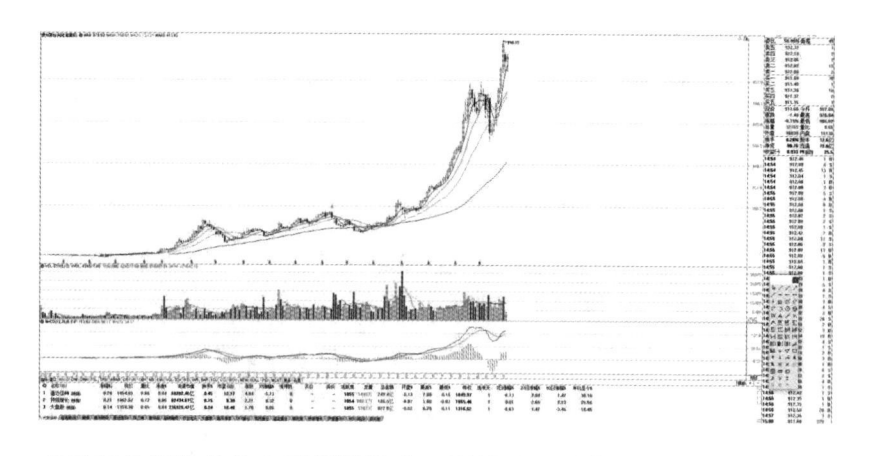

对于商品期货的基本面投资策略，则是基于对商品未来价格的分析来制订。任何一种商品都有成本，价格同时受到供求关系影响，影响供求关系的主要有货币、宏观经济预期、行业产能利用率等。某一件商品当前价格明显低于其成本价并且持续了较长一段时间之后，生产者无力维持经营，破产或者被迫减少产量，则商品供应减少，价格相应提高。对于工业品，其需求是主要的价格影响因素；对于农产品，因为需求相对稳定，所以供给量的分析比较关键，而农产品的供给主要受到天气、播种面积、虫害、补贴政策等因素的影响。2018年，中国北方的陕西、山西、山东等地受清明期间的倒春寒影响，苹果花大面积被冻坏，这种冻害是三十年不遇的，直接结果是当年苹果大幅度减产，通过分析受冻灾地区的面积、苹果挂果和套袋的数量，可推算当年全国苹果可能减产30%以上，对于优质苹果的交割果，减产幅度可能达到50%，所以2018－2019年苹果期货走出一波大牛市。

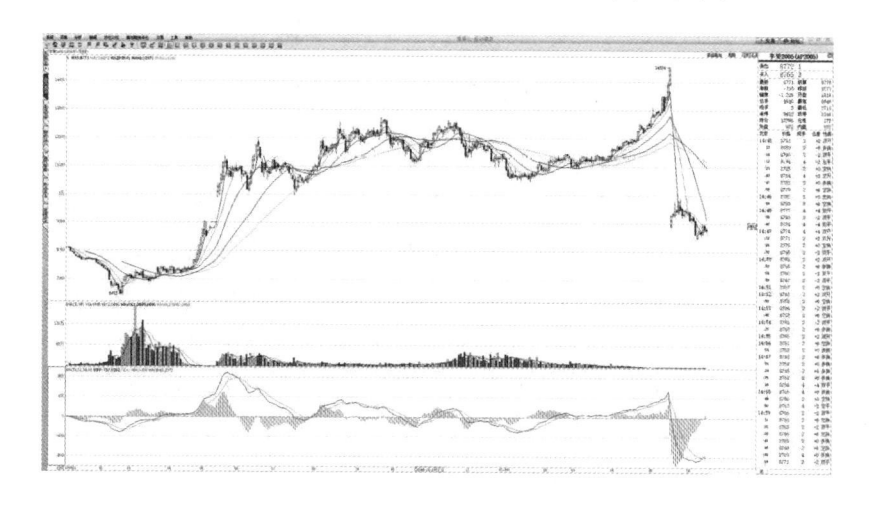

(2) 技术分析投资策略

技术分析投资策略是根据市场价格走势来分析和预测价格下一步的动向，从而制订交易策略，主要逻辑依据是某种运动状态的价格走势图在以前怎么运行，以后大概率也继续这样运行下去，所以可以依靠这种大概率继续重复出现的价格走势特点来制订投资方案和策略，配合以相应的资金管理和风险控制措施。

技术型投资策略的类型也有很多种，如趋势策略、盘整策略、盈利加仓策略、亏损加仓策略等。不管什么样的策略，都会有适应的行情和不适应的行情，不同策略的选择取决于市场的特性。

比如，在外汇市场中盘整行情比较多，马丁格尔这样的盘整策略可能在大部分时间里都表现不错，而在趋势行情下该策略的效果可能就差了很多。国际黄金的行情波动比较大，容易发生趋势行情，马丁格尔策略可能就不合适，极有可能产生亏损的结果，而突破类的趋势策略在国际黄金市场的应用效果就会很好。

策略不分好坏，关键是人怎么使用。马丁格尔策略其实是一种赌博性质的策略，这个方法在18世纪发源于法国，之后没多久就在欧洲广为人知，理论上这种策略绝对不会输钱，但是前提条件是需要有无限量的资金。这个策略逻辑很简单，在一个压大或压小的赌盘里，一直只压注一个方向，押大或者押小。每输钱一次，就将押注数量按照倍数提高，一直到压盘赢一次，就可以将前面所亏损的金额全部赢回来并多赢，然后重新再来。这是数学概率的运用，被应用到金融投资中便成了著名的马丁格尔策略。马丁格尔策略的关键有两点：压中的概率和本金规模。马丁格尔策略在股票、外汇、期货等市场已经使用了很多年，但是从这个策略的设计来看，它更适合盘整概率大的市场。不可否认，市场有二八定律，20%的时间是单边走势，80%的时间是盘整走势，外汇市场更是如此，大多数情况都是盘整，这么一来马丁格尔策略可用，但是遇到单边走势的时候会怎么样呢？亏损很大，甚至一次便会造成账户爆仓。这就需要我们人为干预了——建仓时给个方向，缩小亏损后加仓的倍数，通常来说1.1～1.3倍是不错的选择。选择合适的间距，间距太小的话，可能一个小单边就难以承受，间距太大的话，效率就会很低，所以这个尺度的拿捏取决于各个货币对的走势特性。像英镑兑日元、英镑兑澳元这样的品种，波动幅度很大，就应该让加仓间距增大，获利目标也相应增加。而欧元兑美元、美元兑日元这样的品种，波动较小，盘整的概率也更大，可以采取加仓间隔小的方式。因此，应用这个策略必须要解决的问题就是不适应行情的问题。如果不能解决这个问题，那最好还是远离这种策略类型。

这里我们再介绍一种简单、有效的技术分析投资策略：使用 MACD 指标和趋势线。

买入入场标准：MACD 指标底背离后突破趋势线多单进场，新低止损。随后每一次 MACD 指标（双线）回零轴附近之后价格再新——加仓，此时止损调整至上一个 MACD 零轴时的价格最低点。第一次加仓后已经形成了前期两个最低点，也就是趋势线，在自己操作的周期上至少经过 60 根 K 线，后面止损调整到新趋势线即可（这是为了确认趋势线的有效性）。MACD 指标再次回零轴后，价格再创新高时再买入，周而复始，直至最终破掉下边趋势线止损出局。反过来，卖出策略也是一样。

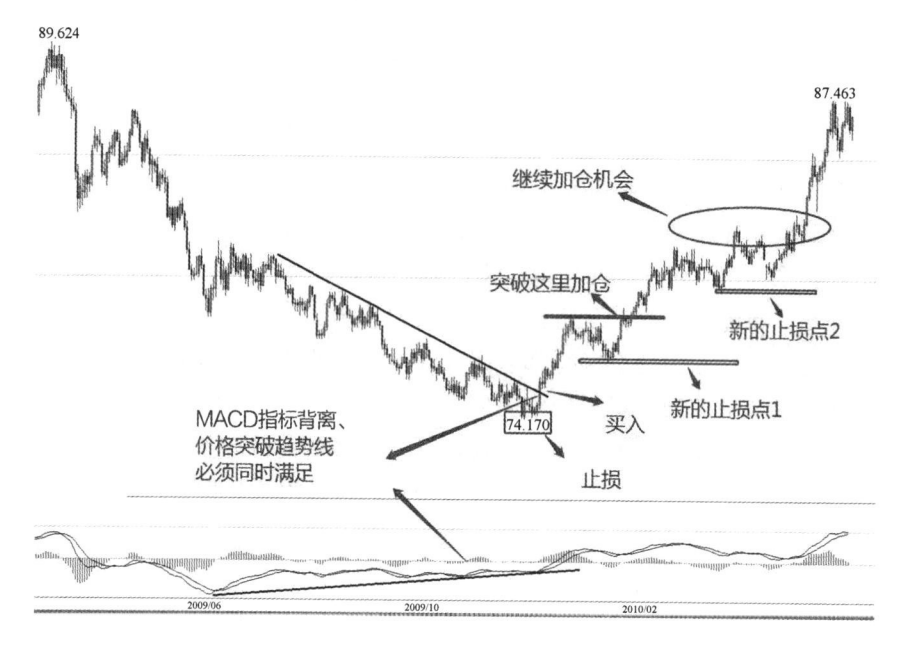

从这个简单的策略上来看，有明确的进场标准、止损点、加仓标准，基本上是一个可以执行的趋势策略。每一次的头寸标准，按照资金净值的一定比例就可以了，不需要过多约束。这个看似简单的策略，实际上已经可以应对大部分行情了。出错的时候，那就要止损。只要胜率和赔率能得以保证，剩下的就是人的执行力，而人的执行力才是最难的一个环节。

（3）套利策略

套利策略是一种相对稳健的投资策略，为众多机构投资者或者大的资金方所青睐。套利一般是针对两种不同的投资标的，根据两者之间价差的不同，分析价差的大小是否合理，如果价差过大，则有回归的可能，称为价差回归；如果价差过小，则有变大的可能，称为价差扩张。

这两种投资标的，可能是同一个商品的不同时间的远期期货合约，可能是同一市场的不同品种，也可能是不同市场的同一商品。套利交易有些是基于历史价格统计，有些是基于基本面的分析。套利者不关心一个品种的单边趋势，只关心两个相关品种之间价格的相对差额，所以相比单边趋势的投资，风险有所降低；但在某些极端情况下，两种投资标的之间的价差会达到甚至超出历史统计的范围，这种情况下就得控制套利交易的风险了。

套利交易在商品交易中广泛存在，包括期现套利、期期套利、跨市场套利等。在股票市场中应用较多的有沪深300ETF和上证50ETF之间的套利、沪深300ETF和沪深300股指期货之间的套利等。

（4）套息策略

外汇市场是一个套息盛行的市场。套息策略是买入高息货币卖出低息货币从而获取息差的投资策略。这种策略的两个关键因素是汇率的变化和息差的多少。高息货币是指利息收益比较高的货币，比如澳元、纽元、美元、英镑。低息货币就是利息收益比较低的货币，比如日元和瑞郎。这里的高和低不是绝对的，是相对的，取决于各个国家的货币政策。当我们买入高息货币卖出低息货币时，能在市场中获取息差收益。这种收益是每天计算的，周三是三倍的利息，周末不计利息。比如我们买入澳元兑日元，按照现在普遍的100倍杠杆来计算，投入的资金是1000美元左右，而每天的利息收益是1.5美元左右（不同的外汇清算商略有不同），一年的息差总收益是540美元左右。如果不计算汇率变化，那么息差收益就是54%。套息策略的收益是固定的，风险来自汇率变化。540美元的收益相当于54个汇率点的收益，也就是如果汇率反向54个点，那么一年的息差收益就没有了。衡量未来的利率水平是套息策略的重中之重。从宏观经济周期来看，全球的复苏期和繁荣期都是套息策略盛行的时期，通常这两个经济周期不仅有息差收益还会有汇率收益。1997年亚洲金融危机之后直到2008年全球经济危机，整整十多年的时间全球经济快速增长，这段时期也是套息策略最盛行的时候。

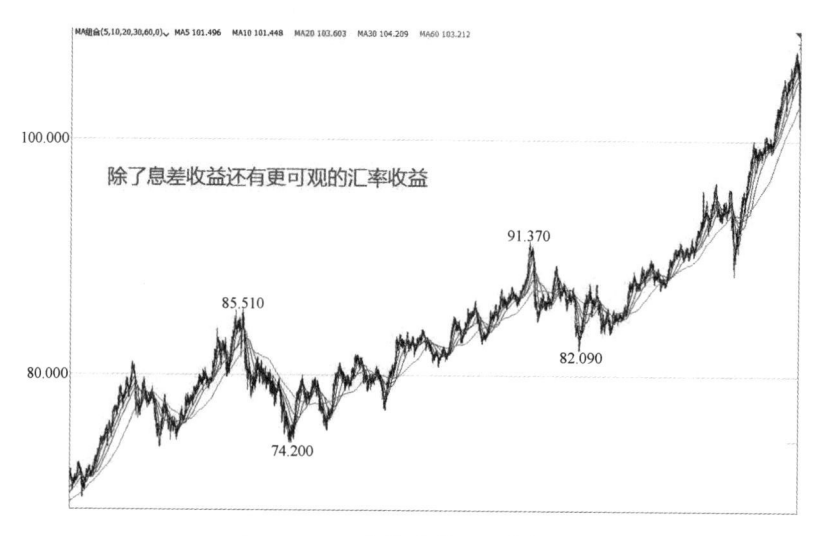

2003—2008 年澳元兑日元走势图

  这几种策略类型各有不同的投资理念，因而对于市场的观察侧重点也是不同的，但是又相辅相成，有些地方甚至相互矛盾。很多投资者在不同类型的投资策略中犹疑不决，并没有形成固定的风格。我们希望读者通过本书的学习了解自己的风格偏好，充分发挥自己投资的优点，规避缺点，取长补短，优化自己的投资方法，获得长期稳健的投资收益。根据我们的投资经历，在实际投资中，如果能灵活运用并交叉应用不同类型的投资策略，往往会收到不错的投资效果。这里编者把过去实际制订的部分策略分享给读者，这些策略的逻辑可能比较简单，但是比较有代表性，希望能给读者一些启发，读者可以重点关注策略的制订过程而不是策略本身，因为任何策略都有其适用性，在合适的行情下要使用自己能够运用得得心应手的策略。

  （5）程序化交易策略

  大部分程序化交易策略与基本面无关，是技术分析策略的程序化应用。

  我们这里讲一个比较典型的突破开仓策略，策略的基本原理很简单，做多的时候，行情每上升 N 点加仓一次，回撤 N 点全部出场。这种策略的优缺点也非常明显，单边市暴利，盘整市稳亏，甚至单边行情走势不流畅也难有收益。那这种策略适合外汇市场吗？适合，但是需要增加很多约束条件，毕竟外汇行情中流畅的单边走势实在是太少了，单边走势虽然经常有但是不像股票期货一样，一个单边走势幅度很容易就超过 30%，甚至更多。这种策略的约束主要是两个方面：一个是开仓时机，另一个是头寸管理。时机的选择可以使用高低点的突破，这个相对容易实现。头寸管理可以利用 ATR 指标。ATR 指标可以在窄幅整理行情中用于寻找突破时机，通常情况下价格的波动幅度会保持在一个常态数值下，但是如果有大资金进出，价格波幅往往会加大。另外，在价格横盘整理、波幅减小到极点时，也往往会产生变盘行情。ATR 正是基于这种原理而设计的指标，是一个优秀的判断货币对价格波动率的指标，旨在测量价格的波动性。所以，这个指标虽然不直接提供市场波动的趋势方向，但是它可以告诉我们价格变动的程度，使用起来也非常方便。

第一，当 ATR 在极端水平（过高或过低）时，往往预示着行情面临突破或新走势的开始。当汇价达到一个较高的位置时，价格变动率会从高降到一个比较低的状态，而这个缩小的波动很有可能预示着一个价格的反转。

第二，当汇价处于一个趋势时，波动率很有可能会维持在一个稳定状态。同时，波动率的突然放大有可能预示价格趋势即将终结。

2. 策略使用技巧解析

分析方法和分析理论很多，这些方法如何更好地应用到投资过程中，是最终走向正收益的关键。这里详细叙述一下我们在投资过程中的整个思维过程和行动过程。

（1）关于交易的起因

任何一笔交易都是有原因的，这个原因可以是基本面原因也可以是技术面原因，哪个类型都可以，但它是被动的，需要耐心等待。这就与心态有关，如果不管是不是机会都去交易，那就很容易亏损。任何人都无法做到行情每走一步都能分析到，因此有些类型的策略，就连保持过半的胜率都难。我们只能等待符合我们操作习惯的情况出现，按部就班地进行。也就是说，交易要有依据，有了依据才能制订策略，做好完整的策略。在做股票投资的时候，为了不踏空和尽量降低风险，很多时候需要分批进场，尤其是大资金，操作更是如此，在外汇市场分批建仓也是不错的选择。未来的走势是由未来的因素决定的，这就需要我们对新的走势不断地进行评估。很多时候我们对市场的认识、分析并不是那么清晰，难以有个明确的结论，而往往这个时候市场本身也不知道往哪个方向走，这就是常说的等待进一步指引。只要这个策略的依据还存在，至少要留着底仓。随着时间的推移，会有新的因素出现，如果新的因素进一步加强最初的判断，那不要犹豫，加仓吧。汇率没有绝对的高点和低点，如果新的因素弱化了最初的依据，减仓，但不要清仓。如果新的因素改变了最初的依据，这个时候才要清仓。这些因素包括基本面和技术面两种，交易的结果取决于实际价格走势。技术分析的一个重要作用，就是在我们对基本面分析出错时能够及时离场。

(2) 关于区间套分析在实际投资过程中是如何进行交易的

以买入操作为例，首先要找的是下跌背驰段，以 30 分钟级别为例，当 30 分钟级别发生了底背驰时，我们选择买入，出现一定程度的上涨之后，5 分钟级别找相应的顶背驰，一旦走出顶背驰，择机卖出，然后市场可能会有一定幅度的下跌，如果下跌了，这个时候就要看这波下跌是否会跌破前面一段的低点，如果没有跌破，那么 5 分钟级别很可能发生了底背驰，再次买入，这属于没有跌破前低的情况。如果 5 分钟顶背驰后下跌超过了 30 分钟的前段低点，又有两种情况：一种是跌破前段低点发生了底背驰，那么买入；如果跌破前段低点没有发生背驰，那么选择观望，直到出现底背驰再买入。在所有 5 分钟级别发生底背驰买入后，市场可能会出现一定幅度的上涨，如果当下这一段的上涨在前段高点处产生回调，那就择机卖出，然后继续观察下跌后是否形成 30 分钟级别的底背驰，这就又回到了最初的状态，这是一种情况。另一种是在上涨一定幅度后，观察当前上涨段是否出现 30 分钟级别的盘整背驰，如果当前的上涨段内部出现了 30 分钟级别的盘整顶背驰，那么必然会出现明显的 5 分钟级别的顶背驰，这时择机卖出，卖出后市场可能会有一定幅度的下跌，然后重新回到之前的循环。如果当下上涨段内部没有出现 30 分钟盘整顶背驰，那就继续持有。如果 30 分钟级别没有顶背驰，即使 5 分钟出现了顶背驰，也不要操作，因为这个调整很难确定是什么形势，也就是即使 5 分钟顶背驰后出现小幅回调，之后也可能继续上涨，那就继续持有。只是上涨一定幅度后的情况要再次区分，如果当下的上涨没有升破前一段的高点，就会形成第二类的卖点，此时 5 分钟级别一定会出现明显的顶背驰，这时就要卖出，观察下跌后是否出现 30 分钟级别的底背驰，也会回到初始状态。如果当下上升段突破了前一上升段的高点，但是没有出现顶背驰，那就持有。如果当下的上升段突破了前一上升段的高点，还出现了顶背驰，那就卖出，然后观察下跌段之后是否出现 30 分钟级别的底背驰，然后再循环。整个操作过程最好是建立在基本面的思路之上，根据风险情绪和避险情绪相应变化，才会更有效率。如果把时间周期用在 4 小时和 30 分钟上，节奏会减慢，但稳定性基本上是一样的。具体怎么选择，这就取决于个人的时间安排了。

上面这个操作流程是缠论的机械化买卖流程，很严谨，但是在实际应用中不同的人应用效果差别也很大。但是，这个思路至少告诉我们：操作的核心思路是看到什么情况就相应地去操作，抛开主观偏见，理性对待市场才是正确的。再就是右侧交易的重要性，首先我们不是市场里的主力，我们影响不了市场的走势。在这种情况下，很难去提前预测顶和底，我们能做的只是底部形态出现时买入，顶部形态出现时卖出，明确止损的位置。有抄底摸顶想法的投资者，必须在资金管理方面有较高的造诣。

第四章　投资决策与策略实施

2016年下半年，编者担任一家基金公司高级投资顾问一职，主要是做基本面研究，提供投资策略，管理资金规模在6亿元左右，投资方向覆盖股票、期货、外汇、黄金、金融指数和债券。人生成功的关键就是把握机会。编者提出的第一个策略就是做空英镑兑美元，当时的情况是英国刚脱欧不久，由原来的紧缩预期转向宽松预期，并且市场预期英国央行可能很快就要降息。反观美国经济数据表现良好，一直在慢悠悠地加息的过程中。思路一产生，编者马上制订了一个策略，通知决策层做空英镑兑美元（当时已经是深夜了），执行结果令我很惊讶：一天做了8次SELL并逐一平仓，总盈利8万美元。当时的行情如下图所示：

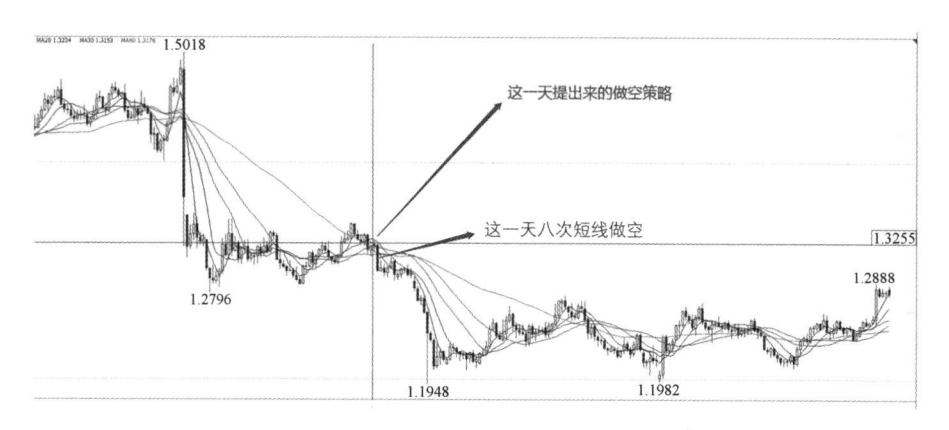

外汇账户的本金在1000万～1300万美元，随后这个策略就再也没有实施。这样一个执行结果存在一个很大的问题：一个基于长期操作给出的判断，反而被用于短期操作，最终虽然盈利了，但是长期如此操作风险巨大。长期来看，投资的最终结果取决于在做对的时候盈利了多少、做错的时候亏损了多少，如果对的时候不能挣到该挣的钱，错的时候再亏损，总体一定不会有好的收益。这也是编者近些年转向量化程序交易的原因——保证投资决策和策略实施一致。

第一节　理性看待交易

　　先从职业角度来说，交易员这个职业不是谁都能做好的。金融市场不是赌场，但是在特定的情况下从事交易的人必须要有赌的心态。这种赌的心态是指在有明确的策略基础之上，一定要坚定地完成交易，止损和止盈一样都是交易的一部分。在对的时候挣到该挣的钱，在错的时候亏损应该亏的钱，让你的分析能力和收益情况成正比。从事交易的人很多，能赚钱的却少之又少。金融市场风险很大，必须要有严谨的思维、谨慎的行动、客观的认识和充分的思想准备。改革开放至今，中国发展速度惊人，让很多人积累了大量的财富。金融是存在让财富快速增值机会的行业之一，关键在于个人对市场的分析、把握能力。这里给从事交易的人一句忠告：你今天做的事情必须对未来有帮助，有积攒效果，否则多年以后你会发现除了空有理论以外一无所有。在外汇市场投资基本上不会接触任何实业，它就是国际宏观投资，除非从事非交易方向。

　　我们来看看二八定律的内容，二八定律也叫巴莱多定律、二八法则，是19世纪末20世纪初意大利经济学家巴莱多发现的。二八定律认为，在任何一组东西中，最重要的只占其中一小部分，约20％，其余80％是次要的。

　　外汇市场中有80％的投资者只想着怎么赚钱，仅有20％的投资者考虑到赔钱时的应变策略，结果只有这20％的投资者能长期盈利，而80％的投资者经常亏损。亏损的人往往因为各种原因没有用心收集足够的有效资讯，只是通过少量的媒体新闻就做出投资决策。当大部分人看好市场的时候，其实市场往往已经接近短期顶部了；当大部分人都看空市场的时候，市场往往已经接近短期底部了。只有很少一部分人能够在顶部时卖空，底部时买入。80％的人是在价格的"半山腰"买卖的。经纪商80％的佣金收入来源于短线交易者。而市场上整体投资收益的80％来自20％的交易行为。因此，除非掌握了很熟练的短线投资方法，否则不要企图通过短线投机赚取很多收益。大多数人喜欢计算月平均收益甚至日平均收益，这是一种短视的行为。成功的投资者一定是用80％的时间来学习研究，用20％的时间进行投资操作。越有钱的人越容易做好金融市场投资，越是急于赚钱的人越难以控制操作节奏，操作心态是一个重要因素。要知道，市场80％的时间是盘整震荡行情，只有20％的时间是能够产生大量收益的趋势性行情。成功的投资者耐心等待参与

20%的单边行情，很多失败的投资者则奔忙于80%的盘整行情。

第二节 交易心理

要想成为一名优秀的外汇交易员，不光要有扎实的理论基础、丰富的交易经验，还要有一个完善的交易体系，而在交易体系中有一个重要环节往往会被大家忽略，那就是交易心理。心理因素往往会成为影响成败的关键因素。技术指标的应用和宏观经济形势的分析能力，是作为一个外汇交易员必备的能力，但是想要成为一个更加优秀的交易员，需要在此基础上增加自身的心态修为。

有这样一个观点，只要一个交易者拥有自己的交易理论、交易方法以及交易策略，并且能够深刻地贯彻执行，那么他就可以在市场中立足。这种看法得到了一定的市场认可，我们也不否定这种看法，但是，这种看法有一个前提条件，那就是"深刻地贯彻执行"，也就是机械般地去执行自己建立的交易系统，如果能够做到进行交易时不受心理波动影响，那么这样的投资者是可以在市场中立足的。然而，太多的例子告诉我们，很多交易员无法在交易中实现持续稳定盈利，没有建立完整的交易系统是一个方面的原因，不稳定的交易心态也是导致交易失败的重要原因之一。

对交易者来说，即使对市场规律有一定的了解、对交易风险有足够的认识并且对净值回撤有一定的预期，但是当净值回撤的时候，大部分人还是避免不了心态失衡，甚至做出很多不理智的交易行为。每一位交易者都是活生生的人，是人就会有情绪，就会有七情六欲，真正能做到"存天理灭人欲"的有几人？

交易心理是没有办法脱离实际交易去练习的，这就好像我们不会开车时是体会不到司机的驾驶心理一样，不管你在坐上驾驶位之前是多么平静，一旦方向盘握在手中，就立刻是另一种心理状态。所以，在没有建立完整的、成系统的、经过验证的交易体系并付诸交易实践之前，生硬地谈交易心理是没有任何意义的，因为你没有参与其中，所以你体会不到身处其中的那种状态。

所以我们不能够将交易心理和交易体系进行剥离，因为二者是并存的，缺乏其中任何一个，都不能让我们长期立足于市场。

完善的交易体系应当包含完善的交易心理，我们可以对此进行分解：我们了解指标的含义、了解图形所要传达的信息，具备了一定的交易能力，然后投身于市场进行测试,在测试的过程中有成功也有失败,但是我们内心应始终保持着平静,不能因为几次的成功与失败就影响自己的心态,毕竟,我们要通过错误来认识和修正自己的交易系统,继而建立属于自己的交易体系。拥有这样一种平静的心态,我们就能够更客观地面对自己的交易系统——长处要继续坚持,短处要及时改正。久而久之,不管是交易系统,还是交易心理,都会变得越来越健全,二者相辅相成,形成良性循环。稳定的系统带来稳定的结果,稳定的结果带来稳定的心理,稳定的心理促使我们继续使用稳定的系统,如此往复,而这正是我们追求的完善的交易体系。

当一个交易员处于这种良性循环中时,一旦其中的某个环节出现了异常,那么他都可以第一时间发现问题,并及时做出正确的调整,将自己调整到正轨上去。

良好的心态不是没有情绪,而是我们能够及时调整情绪,或许我们做不到泰山崩于前而色不变,麋鹿兴于左而目不瞬,但我们可以让情绪的波动尽可能地小,小到不会影响自己的判断,不会影响交易系统的正常运行。越快地调整好自己的心态,就能越快地保持头脑清醒、适应市场,继而越快地做出正确判断。这就是优秀交易员拥有的特质。

交易心理是交易员在交易过程中的心理状态和情绪流露。失眠的时候,我们想的最多的是"赶紧睡着"或者"我还能睡几个小时",可是越想就越睡不着,越睡不着却越想,交易心理和这点很像。交易失败的时候,我们想的最多的是用什么方法把亏损补上,可是越用极端的方法,越会造成亏损,然后就采用更极端的方法,如此往复,最终被市场淘汰。失眠的时候,如果我们尽可能地放松自己,不去想着"赶紧睡着",而是分散自己的注意力,让自己不去"想",我们会发现用不了多久就可以进入梦乡。而交易心理也是这样,交易失败了,我们可以复盘或者反思,不要总想着用非常规或者交易系统以外的方法进行所谓的"弥补",而应学会接受自己的失败、面对自己的失败并反思为何失败,这是建立良好交易心理的必需过程。

在进入外汇市场之前,我们需要对市场有一个认知——市场是一个既定事实,我们无法让市场为我们做出改变。以此为前提,我们才能开始接下来的论述。

"市场是怎么形成的"是经济学中的一个重要课题,市场形成的最关键因素就是人们有需求。如果很多人都想拥有一部苹果手机,那么苹果手机在市场中就有存在的价值,不管消费者低价或高价买入,都没有办法改变他们"已经买入"这个既定事实,这就是我们要遵守的市场规则。在外汇市场中,这种规则同样适用，甚至更加明显。我们下了某个订单之后，市场可能会按照我们的预期走势发展，也有可能与我们的预期走势背道而驰；那么前者就会盈利，后者则会产生亏损；盈利的交易者可能会感到心满意足，而亏损的交易者可能会感到焦躁郁闷。可是，我们既无法改变既定的市场走势，也没办法控制未来的市场趋势，作为交易者，我们能做的只有承认市场的合理性，不管我们怎样抱怨，市场不会因为我们而改变。既然我们没有办法改变市场，那我们就只能适应市场。作为交易者，我们首先要做的就是承认市场，不管市场的走势是不是与我们的预期相同，都不要去埋怨它，因为市场永远是对的，越快地适应市场，我们就能越早、越多地得到我们想要的收益。

既然市场永远是对的，那么我们在交易的时候就要时刻铭记这一点：尽量避免与市场正面冲突。人性中有很多优秀的品质——坚韧、不屈、抗争等，在遇到挫折或者困难的时候，我们身上的这些品质显得尤为珍贵，但是，在外汇市场，这些品质有时候会成为我们的"绊脚石"。如果我们在市场中失败了，那就要承认自己的失败，并且立刻向市场"低头"，以最快的速度去适应市场，跟紧市场的步伐。有时候，承认自己的失败是迈向成功的第一步。此时，人性的另一个特质就能够展现出力量了，那就是"改变"，我们无法改变市场，但我们可以改变自己。在外汇市场，"适者生存"的法则依然适用，只有能最快做出改变的人，才能适应然后存活下来。改变是一个痛苦且艰难的过程，在这个过程中，我们需要不断地突破自己原有的观念、习惯、情绪、思维方式，然后不断完善原有的交易体系，以此来适应市场，这中间我们要克服内心的障碍。

在订单建立之后，交易员更应关注的是什么？是账面盈亏还是行情走势？可能有人认为这二者没有区别，两方面都需要关注，但当我们不再将注意力放在持仓的盈亏上时，心理波动就没那么大了，这能帮助交易员更冷静地判断行情走势，此时的交易员更像是一个旁观者，会相对客观地看待行情、分析行情。如果交易员在订单建立之后，一直盯着上面的数字，那么此时情绪很容易就被操控，心态也可能会随之崩溃，心态失衡就会在看待问题时失去冷静，那么在这场交易中，不管我们最终是盈利出场还是亏损出局，我们都是失败者。

上一次交易的成功或者失败，可能会影响下一次交易，所以要尽可能地忘掉上一次交易我们带来的盈利或亏损，不要让上一次交易产生的兴奋或沮丧影响下一次交易。时刻保持一颗清醒的头脑处理每一笔订单，会让我们在市场中找到自我，而不是在市场中迷失本心。

制订适合自己的交易计划，对建立良好的交易心理有很大的帮助。首先，建立一个大周期的目标，对于还没有交易目标的交易者来说，大周期的目标就是存活下来，不管你的账户资金是多少，最重要的事情就是"活着"，当然，这并不是让你的钱在账户里"躺着睡大觉"，而是通过分解目标，设定更多更细致的小计划，再通过完成这些小计划，达成"活下来"这个大目标。在完成小计划的同时，我们就要形成稳定的交易心理。比如你给自己定下一个大目标——让账户存活三个月，那么你就可以将这个目标细化分解，给自己规定每次建仓只用总仓位的1%，每天只交易一次，每次盈利为1.5%，回撤为1%，如果每天都能够按照这个计划严格操作，那存活三个月这个目标就可以很容易达成。既然我们设定了"账户存活"目标，并且将具体的步骤细节化了，那么接下来要做的就是严格按照计划去操作了。

怀揣着各自目标的交易者们进入市场，开始着手执行自己的计划，相信一开始很多交易者都能够严格地按照自己的计划操作：设置合理的仓位比例、严格地止盈止损、平静地对待盈利和亏损。但是，随着时间的推移，你会发现自己的内心可能开始有一些起伏，脑海中开始出现不和谐的声音，种种诱惑让你可能做出一些计划以外的操作——"这单现在是亏的啊，行情一定会回去的，止损拉大一点吧""这波行情机会太好了，仓位加大一些多赚钱""这个行情怎么这么磨叽，算了，出场吧"……类似的声音就像魔鬼的诱惑，让你的大脑忘记了计划，甚至忘记了自己最初的目标——"活下来"。这些情况不能说明交易者们意志不坚定，因为这就是交易的魅力，只要进入了这个市场，就会被这个市场所吸引，不管你是爱它还是恨它。交易者如果能在其中保持本心，面对的就是"海阔天空"；如果在其中丢失了自我，面对的就是"万丈深渊"。

相信对于交易员来说，模拟账户一定不是陌生的。在我们刚进入外汇市场的时候，很多人都会建议我们先建立一个模拟账户，然后进行练习，不管是练习基础操作，还是练习研究盘面，模拟账户都是一个很不错的选择。当然，很多新手在使用模拟账户的时候，心态可能有一些随意，有时候在模拟账户中建了仓，可能过个十几天才会想起来看看它，毕竟账户中的数字也仅仅是数字而已。然而模拟账户真的只有这些简单的用途吗？答案当然是否定的，如果仔细观察，不难发现在使用模拟账户操作的时候我们几乎拥有最完美的交易心理。

你是否发现这样一种情况——在使用模拟账户的时候，交易的成功率很高，而在使用实盘账户进行交易时，明明采用的是相同的策略或者系统，但是成功率很低呢？

在模拟账户交易过程中，我们潜意识里认为账户中的"钱"只是一个数字，而这个数字的多与少，并不会过多地刺激我们的脑神经，所以在使用模拟账户交易的过程中，我们的情绪波动很小，当行情按照我们判断的方向发展的时候，我们会关注自己在建仓时所做出的分析和判断，而不是将精力放在盈利多少上。当行情与我们的判断方向背道而驰时，我们会反思为什么会出现这种情况，是因为数据的影响还是因为自己主观判断的失误；我们不会太关注亏损了多少，甚至会看着亏损逐渐拉大但无动于衷，因为在我们心里那些数字仅仅是数字；我们不会轻易因为盈亏而打乱自己的计划，设置的止盈止损也不会轻易地改变，盈利与亏损此时在我们心里似乎是不存在的；我们只关心行情的走势以及自己交易的优劣势，然后像"鹰"一样锐利地抓住行情进行交易。而且在模拟交易中，我们很少会进行频繁交易，一方面，如上面说到的，盈利或亏损得再多，我们的情绪都不会有强烈的被刺激感，而缺少了这种感觉，就会让我们减少对操作的兴趣；另一方面，我们有时会重仓进行操作，这样就被动地让我们缩减了交易空间，从而减少频繁交易的情况。

想要练习自己的技术，就不能用模拟账户进行交易，这里不是否定模拟账户存在的意义和价值，而是因为模拟账户和实盘账户对我们来说是完全不同的概念。在实盘账户中，订单后面的那些数字不再是毫无意义的数字，而是真金白银，所以我们没有办法保持波澜不惊的心态，行情的波动牵扯着我们的心弦，我们总是会有意无意地看看盘面，看看行情，看看自己的订单处于什么状态。订单盈利了我们会开心、亢奋，会对自己更加自信；订单亏损了我们会焦虑、烦躁，会对自己产生怀疑。但是，这些情绪在模拟交易的时候是很少存在的，这就是心态上的差距。

优秀的交易员是经过时间和行情的洗礼磨炼出来的，优秀的交易员对自己的交易体系都有着独特的理解和看法，他们建立的交易体系，有自己的特色，这些体系就像是他们创作出来的作品一样，独一无二，他们知道如何灵活地使用自己的体系。如果还没有在市场中建立属于自己的交易体系和策略，那可以跟着优秀交易员学习，但学习并不是生搬硬套，而是需要结合自己的思考和理解；如果投资者已经建立了自己的交易体系，那么轻易不要改变，因为这是结合自身实际，通过大量经验得出的。集百家之长不一定能让你在交易时如鱼得水，建立符合自身特点的交易体系才能让你更好地发展下去。

学习和借鉴是我们的优秀品质，这点毫无疑问，但是学习和借鉴并不等于生搬硬套，在交易中学会客观独立地思考很重要。

行情随时随地都会发生，它不是昙花一现，而是像大海一样，有平静的时候，也有波涛汹涌的时候，不可能只有一种状态。所以，我们不能太极端。如果你正处在大行情之中，不要太激动，控制住自己内心的冲动，平静地将自己的策略运用其中，赚取属于自己的利益；如果你刚刚错过了大行情，不要太沮丧，未来还有同样甚至更大的行情在等着你，而你要做的，就是做好准备，迎接它们的到来。

第三节 策略评估

策略的评估问题也是困扰投资者的一个重大难题，如何用最少的钱、最短的时间，尤其是最少的实盘交易时间去评价一个策略的优劣，需要我们详细谈一谈。很多人分析市场的时候都会提到多头排列看涨，空头排列看跌，然后拿出多个上升走势来说明这个推理，然而他们并没有意识到多头排列和看涨没有必然联系，连六成的匹配度都不一定能达到（反过来也一样）。这里就有个逻辑问题。任何上升趋势都一定表现为多头排列，但是多头排列不一定是上升趋势。假设一个分析方法成立，由 A 得出结论 B，那么你在看历史验证的时候就必须看 A 条件满足时是不是得出结论 B，而不是先看结论 B，再看具不具备 A 条件。具体来说，就是你不能拿历史中的上升趋势看均线的表现，而应该找历史中的均线表现看是不是上升趋势，这才是正确的推理。

策略的评估是比较综合的问题。两种不同类型的策略有不同的评估标准：一种是根据当下市场情况提出一个投资观点，属于前面提到的主观策略；一种是量化策略。对主观策略的评估，首先，要看条件是不是充分，有没有重要的因素被忽视了；其次，要看逻辑是不是正确，指向结果是不是具有唯一性，头寸和风控是不是合理；最后，要看盈亏比。如果这个流程中任何一个环节行不通都可以确定为不是一个高质量的策略。

对于量化策略的评估，主要包括交易逻辑是什么，有没有普遍适用性，正确率是多少，盈亏比是多少，最大回撤是多少，不适应的行情是什么，收益率是多少，平均回撤周期是多少。如果这些参数都在一个合理的范围内，就是一个可行的策略。

第四节　策略实施问题及解决方案

任何分析、指标都有内在的不确定因素，而且在历史上，也从来不存在能够长期准确预测未来的人。再者，"价格沿趋势运动"说的是价格会按照趋势运行，但不是简单的直线式上涨或直线式下跌，而是中间包含曲折的运行过程。历史会重演，但绝对不是简单的重复，必然会包含一些新的走势。未来的走势是由未来的综合因素决定的，未来有许多突发的不能被预测的事件对行情造成扰动，这就告诉我们一定要有容错机制。分析出错最终触发止损是这个市场的常态。

对于策略实施来说，最容易发生的问题是实施过程中的执行问题。这个问题还是要从根本上解决，在产生策略思路的时候就应该掌握充足的信息，考虑各个方面，对策略要有通盘考虑。

一般来说，一个初级交易者从入门到成功需要经历以下五个阶段。

第一阶段：意识阶段。在经历了反复亏损和巨亏打击之后，交易者认识到严格执行止损、执行交易计划的重要性和必要性，从而在没有人要求的情况下自发自觉地修炼执行力。

第二阶段：有意识地做出调整。这是最难的一个阶段，也是大多数人过不了的一道坎。交易者在制订了某个策略或者计划每天执行的时候，往往会因为突然主观感觉今天有"大行情"而将制订好的策略扔到一边，结果行情并没有如自己预期那样发展，偷鸡不成蚀把米。此外，连续止损后，有的人宁可放弃投资也不会去等待多次小亏后一次大赚的低胜率、高盈亏比操作。第二阶段的完成标志是交易者已经能严格执行策略并将策略不折不扣地执行完。这一阶段通常需要 1~2 年。

第三阶段：不能完全信任策略。当交易者开始执行苦心研究出来的策略时，交易系统随时可能进入回撤期。回撤期越长，越可能使交易者产生疑惑：是策略出了问题，还是这几次运气差？尤其是回撤值超过了交易者统计的历史最大回撤值，这将会使其崩溃，交易者会觉得自己的底线被突破了，已经失去了最后一道防线且不知道哪里还有防线。在焦虑和迷茫中交易者很难再给自己信心和耐心，试图找到修正策略的方法，但大多数时候会被"最近几天都能赚钱"的一种新策略所吸引，可能会因此去研究和开发一个新的"圣杯"。熬过第二阶段的幸存者里面将有八成的人倒在第三阶段。

第四阶段：给予策略足够的信任，直至市场的走势符合自己的策略方案。执行力训练到什么境界才算合格呢？不管是做基金账户还是个人账户，通常都有心理承受损失的底线，就是最大允许亏损值。如果交易者能把一个策略完完整整、不做任何调整地执行满半年或是能一直执行到心理清盘位，那其执行力就算基本合格了。在账户有盈利的情况下坚持执行容易一些，如果一直处于回撤之中就非常考验执行力了。这种坚持的前提是策略本身没有太大问题，如果策略的基本逻辑是有问题的，那这种坚持就没有意义了，因为交易者可能永远等不到盈利来临的那一天。

第五阶段：用平和的心态看待整个执行中的得与失。魄力、精细、简洁、耐心是对交易技术的基本要求。魄力就是不畏惧小止损或者是浮动亏损，敢于挣到该挣的钱，跟踪最为宏观的趋势；精细就是跟踪最为微观的趋势，发现值得交易的投资机会；简洁就是指交易技术应该凝结为高度精练的交易系统，交易者完全按照交易系统所发出的进出场信号熟练交易；耐心就不多说了，交易者要耐心等待好的交易机会出现。

交易者学习交易技术必须经历由简单到复杂，再由复杂到简单这样一个过程。就交易技术而言，简单的不一定是正确的，但是复杂的大概率是错误的。因为在交易当中，非常复杂的交易系统几乎等同于让市场走势完全符合你的条条框框，胜率自然会大大降低。所有做交易的人都知道顺势而为，但是赚钱的仅仅是一小部分人。其实顺势而为这句话本身没有错，错的只是操作的人，有可能是心态的问题，拿不住单子，或者稍有盈利便沾沾自喜，拿着蝇头小利跑了，等看到行情继续顺势行走，又只会各种可惜后悔。这种心态就算这次不亏、下次侥幸不亏，久而久之也一定是亏损的结局。长此以往，有再好的分析能力都是无用的。

切勿有急于捞回亏损的交易心态。面对亏损的情形，切记勿急于开立反向新仓位，因为这往往只会使情况变得更糟。开仓必须是依照自己的策略系统进行。不要打乱交易节奏，跟市场变化玩猜一猜的游戏。我们必须且只有建立一个交易系统并长期坚守，才能在市场中长期、稳定地赚到钱。

从初步知道金融市场是什么、K线是什么到学习各种理论，从预测行情到分析行情，从没日没夜地交易到熟悉市场的规律，随着投资者越来越成熟，其在交易上的选择也就越来越少，不是不知道如何分析，也不是不知道如何盈利，而是更懂得舍与得。能够主动接受亏损，是实现长期稳定盈利的必要条件。

从一开始的完全以自我意识为交易依据慢慢到完全按照自己的交易系统去交易，这个过程就是由以自我为中心逐步向以市场为中心转变的过程。

不要企图战胜市场，不要企图把所有行情都赚到，等待市场给予我们应得的收益就可以了。同时，我们也要接受获取这个收益的试错成本，甘愿在市场里无灵魂般地存在。

交易者要建立并严格按照自己的交易系统进行交易，不要因为害怕失去利润而平掉赚钱部位，该止损的时候止损，该止盈的时候止盈，完全按照交易系统执行。只要符合交易系统的计划，必须毫不犹豫马上执行！主观的判断是必要的，但是在判断完成之后要坚定地按照客观的交易系统执行。

第二部分　　外汇程序化交易

　　程序化交易是一种依靠电脑程序自动下达交易指令的交易模式。程序化交易可以利用计算机的计算能力迅速处理庞大的数据信息，并使用复杂的数学模型进行数据处理。由于是直接通过程序下达交易指令，程序化交易具有速度优势。外汇市场是 24 小时不间断交易的市场，人工盯盘耗费大量的人力资源和成本，程序化交易则可以使用计算机模型自动盯盘，有效降低了人力资源消耗。同时，程序化交易模型的客观性也有助于克服交易中最大的心理问题——贪婪和恐惧。

　　外汇市场程序化交易的模式非常成熟，大部分外汇经纪商都提供程序化交易平台，最著名的外汇程序化交易平台是 MT4（MetaQuotes Software Corp 4）平台，当然，在 MT4 平台的基础上又衍生出了 MT5 平台。MT4 平台由迈达克软件公司研发，是专为金融中介机构定制的程序化交易平台。本书以 MT4 平台为基础进行外汇程序化交易部分的内容讲解。

　　MT4 平台采用 MQL 4（MetaQuotes Language 4）语言作为编程语言，MQL 4 语言语法简单，易学易用，因此，基于 MT4 平台的外汇程序化交易系统是最常见的程序化交易解决方案。

　　人们习惯称一套完整的外汇程序化交易系统为 EA（Expert Advisor）系统，外汇 EA 是外汇智能交易系统的简称，EA 系统通过实时获取市场价格等数据信息，在自身既定的交易决策机制下，自动判断开仓与平仓时机，并自动执行开仓和平仓动作，向交易所自动发送交易订单。

　　"比葫芦画瓢"是初学外汇 EA 编程的捷径，为了使读者在一个较低的起点上较快地掌握一个完整的程序化交易系统的开发流程，本书提供了一个基于 MT4 平台的外汇 EA 编程模板，此模板几乎包含了外汇程序化交易的各个方面，因此，本书以此模板（"高级葫芦"）为基础讲解外汇程序化交易系统的开发流程。

本书的通用 EA 模板源代码以共享链接的形式放在互联网上，方便读者自由下载，共享链接地址为 https：//pan.baidu.com/s/1VxGqo9h41IJ5thtiQB08Fg，百度网盘的使用方法读者可以参考相关教程。如果遇到下载问题，读者可以发送邮件到 yuceduicejuece@163.com 获取源码信息。

第五章　外汇程序化交易综述

第一节　外汇程序化交易入门

将交易策略程序化并不是一件简单的事情，人工操盘流程在程序化过程中往往需要多次反复不断的修正逻辑才能达到目的，通常情况是一名操盘手和一名程序员搭档来做这件事，接下来的问题则是：程序员很难完整理解交易员的意图，做出来的程序总是存在偏差；交易员不懂程序，自然也就无法准确地表达逻辑问题。交流沟通成本于是不断上升，并且变得不可预计，如果说浪费的钱还可以赚回来，那么浪费的时间则永远赚不回了。这就是操盘手、投资人愿意学编程的重要原因，因为一旦学会，就可以一门心思做策略研发和优化。

对于新手，建议先快速通览全部模板内容之后，从本书的八阶晋级开始，通过反复演练案例，快速理解各个部分的用途，逐一学习不熟悉的知识点。

阅读本部分内容的读者最好能懂一点点 C 语言（其他计算机语言也可以）的规则，建议完全不懂计算机语言的读者在手边备一本 C 语言手册类图书。

本书讲解外汇程序化交易部分的目的是让读者能够快速入门并在一个较高的起点迅速进入实践，但实际上本书的知识传授方法并非对每个人都有效。多年的实践经验告诉编者，快速精通一门编程语言要求学习者具备较强的逻辑思维能力和逻辑表达能力，从编程菜鸟快速成为编程高手，可能还需要一些天赋。

不试试，就永远不知道行不行！

第二节　高起点入门到精通

不会编程的新手是否有高起点入门的途径？答案是肯定的。学习编程就是一个勤动手、多思考的过程。

无论你对语句是否理解，都可以先从一个具体的案例出发，在反复编写练习过程中，逐步延伸阅读例如 C 语言规则之类的基础性知识。需要强调的是，只有在学习过程中出现了不懂的或者需要进一步理解的问题的时候，才去找资料学习，而不是入门就先学那些枯燥的基础编程知识，"苦练基本功"完全可以在"比葫芦画瓢"阶段完成。

真正高起点的第一条要求是"兴趣"，能够一直保持兴趣才是快速成为编程高手的必要条件。

高起点的第二条要求则是"坚持"，既然选择了就不要放弃，作为新手自然有很多不惑，这很正常，"读书百遍其义自见"说的就是这个道理，反复动手做，做着做着，有些东西就豁然开朗了。

在完成了练手任务后，你就可以开始尝试着编写与范例不一样的程序，进入创作阶段，独立实现一些小功能模块。

如果你是一名操盘手，学习编程的目的只是能够简单编写自己想要的功能，那么就请切记不要忘记初心，避免在学习编程过程中"走火入魔"，避免变成一名蹩脚的程序员，把交易给荒废了。

如果你是一名程序员，想在自动化交易编程方面有所作为，那么务必要熟悉甚至精通交易技术和流程，因为一个不懂交易的程序员不是好的程序化交易程序员。然而，交易存在巨大的诱惑，切记不要在研究交易方法与策略时"走火入魔"，避免变成一名蹩脚的操盘手，把编程给荒废了。

无论是操盘手还是程序员，想要做好自己的角色，都需要多年的积累和沉淀，成功绝没有捷径可走，成为"双料冠军"更是需要坚韧的耐力和清晰的头脑。

第三节　技术框架

当前的程序化交易市场，有很多交易平台，分别使用不同的编程语言，例如 MT3、MT4、MT5、MC、JForex、文华财经等，一个平台用一套计算机语言，各自为政、互不兼容。一套操盘策略如果想在各种平台执行，就必须用指定的语言重新编写程序，重新进行长时间的测试验证。

本书介绍的技术框架遵循 C++标准，具备跨平台兼容性的框架，为了方便读者学习，全文采用 MQL4 语言编程，完全符合 C++规范，所写代码可以快速移植到 C++，进而普适兼容所有"不同语种"的交易平台。

整体技术框架由三部分组成，即主程序、预定义文件、自定义函数库。

```
        ┌─────────────┐
        │    主程序    │
        └─────────────┘
    ┌──────────┐  ┌──────────┐
    │ 预定义文件 │  │自定义函数库│
    └──────────┘  └──────────┘
```

整个体系大量使用自定义函数，不仅大大增强了主程序的可阅读性，而且避免了相同功能重复编写可能产生笔误的隐患，形成了编写程序高效率、高质量的可靠模式。

以上三部分组成了一套完整的自动化交易编程解决方案，已经打包成"MT4高级编程模版2018"，这套模版已经完成了数百个EA的编写，所有程序模块的可靠性、健壮性均得到了验证。模板的内容可以通过链接 https：//pan.baidu.com/s/1VxGqo9h41IJ5thtiQB08Fg 进行下载。

第六章　外汇程序化交易实践

本章系统地讲述一个完整 EA 的各个方面，通过对一个 EA 模板进行详细剖析，使读者能够在模板的基础上进行 EA 开发。

本章最后一节将讲述如何使用提供的 EA 模板进行 EA 编写，并以几个开发实例为对象进行讲解。

MT4 平台具有一定的开放性，可以用 DLL 的方式同外部程序交互，还可以同数据库系统交互，本书也将举例说明这两种外部交互方式。

第一节　主程序

每个操盘手都有一套与众不同的思路和方法，这就形成了形形色色的策略，无论策略多么丰富、多么复杂，都由建仓、加仓、止盈、止损、减仓、平仓及信号 7 个基本控制行为组合而成，因此，主程序就应包含但不限于上述控单行为的通用模块和逻辑，在这些预先编制好的程序模版基础之上，高质量、快速地写出符合自己想法的 EA。

什么代码都不用写，加载主程序后，就会有一个仪表盘显示在主图：

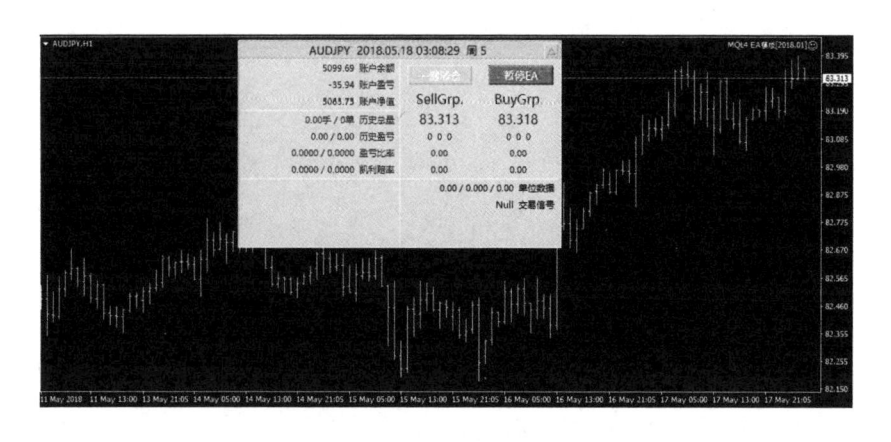

仪表盘包含了持仓单和历史单的统计信息、一键清仓、暂停 EA 按钮。仪表盘可以在主图中用鼠标拖动，点击左上角三角形图标将窗口最小化，点击"暂停 EA"按钮，仪表盘标题栏背景色会变成暗灰色。

再看看 EA 封面：

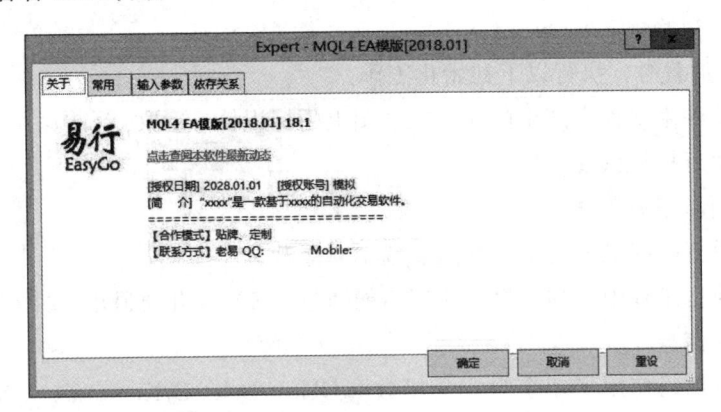

还有预设参数：

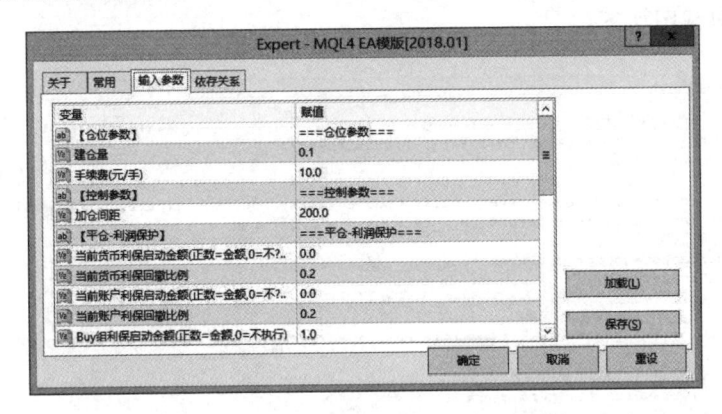

以上三张图展示了一个高水准 EA 应有的视觉效果和快捷功能，算是高起点了。

EA 是以交易为中心的程序，颜值固然重要，但功能内涵、逻辑设计才是核心价值，模版主程序打包了实用的基本功能模块，如下图所示：

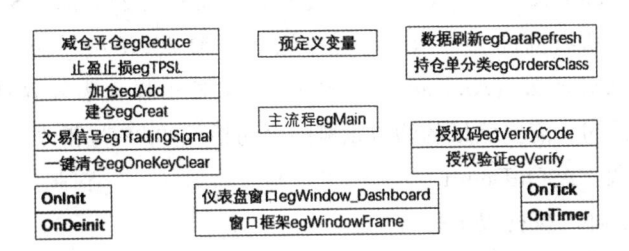

主程序总共使用了 14 个自定义函数和 4 个 MT4 系统函数，从实用功能上体现了高起点。

主程序共计 1574 行。

1. 系统函数

（1）初始化 EA OnInit

EA 加载时，执行以下初始化工作：

①清除由本程序产生的显示在主图上的标识符号和文字。

②执行授权认证。

③刷新相关数据。

④设置时间触发周期，默认设置 100 毫秒。

在执行过程中，如果授权认证不能通过，EA 会自动退出，并在日志中显示相关信息。

这段代码使用了 4 个自定义函数 egObjectsDeleteByKeyword、egVerify_Code、egVerify 和 egDataRefresh。

源码截图如下：

```
1538 int OnInit()
1539 {
1540 //--- 清空所有本程序产生的对象和信息
1541      egObjectsDeleteByKeyword(chartID,PrvfixString);
1542      Comment("");
1543 //--- 授权码
1544      if (custom_auz_code==true) Verify_Code=egVerifyCode(GlobleVerifyCodeName,AI.login);
1545      if (egVerify()!=0) return(INIT_FAILED);        //授权认证
1546 //--- 刷新数据
1547      clrDashboard=npt_clrDashboard;        //仪表盘颜色
1548      egDataRefresh();
1549 //--- 设置时间触发事件，毫秒级频率,不需要可以删除
1550 //      历史测试状态下不启用
1551      if (!IsTesting()) EventSetMillisecondTimer(100); //设置1毫秒为周期运行一次OnTimer()
1552 /*
1553 //验证持仓商品数量，输出商品名称
1554 Comment(ArraySize(AI.trade_symbols));
1555 for (int i=0;i<ArraySize(AI.trade_symbols);i++)
1556 {
1557 Print(AI.trade_symbols[i]);
1558 }
1559 */
1560      return(INIT_SUCCEEDED);
1561 }
```

其中，1553～1559 行可以将当前交易服务器所有的商品名称在 EA 日志中显示出来，所有商品名称依次存储在数组变量 AI.trade_symbols [i] 中，商品数量为 ArraySize（AI.trade_symbols），多货币操作需要这些基础数据。默认为注释语句，需要验证的话可以删除语句括号"/*"和"*/"。

（2）回收 EA OnDeinit

EA 退出时，执行以下任务：

①清空所有本程序产生的对象和信息。

②清除时间触发事件。

```
1391 void OnDeinit(const int reason)
1392 {
1393 //--- 清空所有本程序产生的对象和信息
1394     egObjectsDeleteByKeyword(chartID,PrvfixString);
1395     Comment("");
1396 //--- 清除时间触发事件,不需要可以删除
1397     EventKillTimer();
1398     return;
```

（3）报价执行 OnTick

自动化交易程序都是采用"报价触发执行"方式,即有新报价到达执行指定的系统模块,在 MT4 中就是执行 OnTick 这个模块函数。

```
1563 void OnTick()
1564 {
1565     egMain();
1566     return;
```

在本模板中只执行一个自定义函数命令 egMain()。

（4）时间执行 OnTimer

实际交易过程中经常会出现两个报价之间间隔时间较长的情况,例如平台暂时休市,在此期间如果想执行其他货币任务,如计算美元指数相关数据,就需要启用 OnTimer 触发机制了。在 OnInit 中启用时间触发（1551行）,在 OnDeinit 中销毁时间触发（1397行）。

```
1569 void OnTimer()
1570 {
1571     egMain();
1572     return;
1573 }
```

本模板中只执行一个自定义函数命令 egMain()。

值得注意的是,本模板中预设每间隔 100 毫秒执行一次 OnTimer,如果程序计算量很大,实际使用中会出现卡顿甚至假死机现象,所以本模块里尽可能放置不计算的逻辑函数,以减少计算负荷。

2. 预定义变量

主程序 7～110 行是预定义变量区域,分为授权验证、预定义文件、程序封面、预设参数、订单相关、常规必备和自定义 7 个区域。

编写程序时，请务必按照这个区域划分规则填写新增的自定义变量，主要目的是做好功能分类，方便以后查询。

（1）授权验证

7～17行是定义授权验证变量的区域。

```
7 //--- 主程序授权信息，空信息表示无限制 ---
8  const string main_auz_real="20101221";  //所有实盘账户 可自定义
9  const string main_auz_demo="19970409";  //所有模拟账户 可自定义
10 string main_auz_account="";  //授权账户 空值=不限制，main_auz_real=所有实盘账户，main_auz_demo=所有模拟账户
11 string main_auz_date="2028.1.1 00:00";  //授权到期 2028.1.1 00:00 空值=不限制
12 string main_auz_sever="";  //授权服务器 空值=不限制
13 string main_auz_balance="";  //授权账户余额 空值=不限制
14 bool custom_auz_code=true;  //授权码授权  算法可变，详见egVerifyCode模块
15 const int all_auz_code=20100409;  //万能授权码 可自定义
16 bool custom_auz_file=false;  //定制化授权文件 false=不执行, true=执行
17 //--- 主程序授权信息结束 ---
```

授权验证放置在主程序源码开头位置，是为了方便EA所有者快速按需制作授权，授权者按照程序注释说明，修改相应部分的参数，然后点击"编写"（实为编译，目的是生成可执行文件，源码是不能直接运行的），生成的ex4文件就具备了预设的使用权限。

授权方式除包括主程序实盘账户、模拟账户是否有效，指定账户是否有效，时间是否到期外，还包括指定交易服务器是否有效、指定账户余额是否有效。

（2）预定义文件

19～23行是声明预定义文件声明中的预定义变量和函数，这部分内容在后续章节有专题论述。

```
19 #include    <EasyGo\egEnvironmentVariables.mqh>    //环境变量
20 #include    <EasyGo\egUIFunctions.mqh>              //易行_界面函数
21 #include    <EasyGo\egControlFunctions.mqh>         //易行_控制函数
22 #include    <EasyGo\egAuthorization.mqh>            //易行_授权函数
23 #property   strict
```

总的来说，就是用预定义文件的方式预置大量的常用数据和可复用函数。

（3）程序封面

程序加载封面可以预定义的内容有版本号、作者名称、网页链接、文字描述、徽标，源码截图如下：

```
24 //EA封面
25 #property   version      "18.2"
26 #property   copyright    "点击查阅本软件最新动态"
27 #property   link         "http://blog.sina.com.cn/yiwence"
28 #property   description  [授权日期] 2028.01.01    [授权账号] 任意模拟账户,实盘账户需输入授权码"
29 #property   description  "[简  介]  "xxxx"是一款基于xxxx的自动化交易软件。"
30 #property   description  "==============\n【合作模式】贴牌、定制\n【联系方式】老易 QQ:         Mobile:"
31 #property   icon         "\\Images\\EasyGo\\yixingLogo.ico"  //logo 必须是ico格式
```

程序加载后可以打开封面，如下图所示：

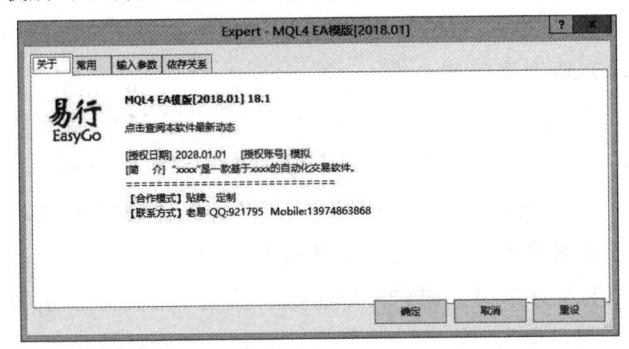

图标 Logo 必须是 ico 格式的，其他格式的图形文件必须事先转换为 ico 格式。图标文件保存在数据文件夹中的"\MQL4\Images"中，也可以在"\Images"下自建文件夹。

（4）预设参数

33~70 行为外部输入参数，行首有"input"字样的，就会在加载页面的"输入参数"栏目中显示出来，删除"input"则不显示。

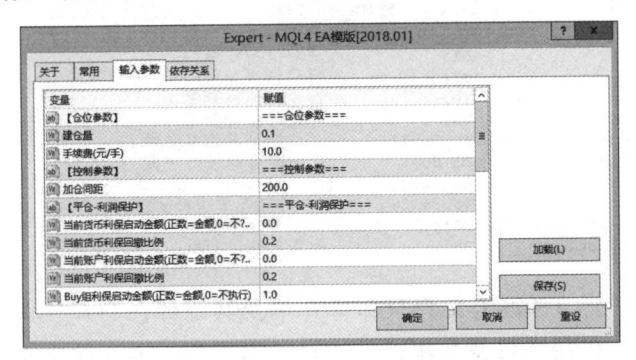

预设参数的变量命名加上前缀"npt"，以区别于其他变量。

其中，43~53 行是一套与众不同的参数，叫作"利润保护"，即针对一个指定的订单组，如果浮赢 1 元（可修改），则开始不断刷新最高浮赢数值；当浮赢小于最高浮赢的 20%（可修改）时，该订单组就执行全体平仓，完成利润保护任务。

```
43 //--- 利润保护
44 input    string    npt__Note20="===平仓-利润保护===";    //【平仓-利润保护】
45 input    double    npt_pcl_0_pp1_1=0.00;    //当前货币利保启动金额(正数=金额,0=不执行)
46 input    double    npt_pcl_0_pp1_2=0.20;    //当前货币利保回撤比例
47 input    double    npt_pcl_0_pp2_1=0.00;    //当前账户利保启动金额(正数=金额,0=不执行)
48 input    double    npt_pcl_0_pp2_2=0.20;    //当前账户利保回撤比例
49 input    double    npt_pcl_0_pp3_1=0.00;    //Buy组利保启动金额(正数=金额,0=不执行)
50 input    double    npt_pcl_0_pp3_2=0.30;    //Buy组利保回撤比例
51 input    double    npt_pcl_0_pp4_1=0.00;    //Sell组利保启动金额(正数=金额,0=不执行)
52 input    double    npt_pcl_0_pp4_2=0.30;    //Sell组利保回撤比例
53 ProfitProtect PP[4];    //利保变量 0=当前货币 1=当前账户 2=Buy组 3=Sell组
```

程序中预置了按当前货币、按当前账户、按当前商品 Buy 组、按当前商品 Sell 组 4 种利润保护方式，只需要输入相应的数值就能够自动执行。

有几个需要特别说明的参数：

①36 行，手续费。这是交易成本的一部分，但 MT4 没有内置函数可以获取，所以需要人工输入，不需要精算成本的策略可以忽略。

②65 行，授权验证码。这是 EA 商业化出售的最佳方式，主程序升级后，用户自行下载并更新主程序，输入授权码就能正常使用。

③67 行，EA 订单识别码，一串整数。这是 EA 用来识别自己产生的订单的"DNA"码，输入"－1"则表示 EA 会识别所有持仓单。

④68 行，单点价值校正。有时候，MT4 提供的商品单点价值会出现差错，导致一些计算无法得到正确结果，不需要用到单点价值计算数据的策略可以忽略。

（5）订单相关

71～82 行预定义本 EA 需要使用的不同类型的订单组（见下图）：

```
71 //===========================内部全程变量=========================
72 //--- 订单与环境变量，如果订单需要进行多组分类，则需要定义多个不同名称
73 AccountInfo            AI;           //账户信息变量
74 SymbolInfo             SI;           //商品信息变量
75 TradesOrders           TO[];         //持仓单信息变量
76 TradesStatistical      TS;           //持仓单统计变量
77 TradesOrders           TO_Buy[];     //持仓单信息变量
78 TradesStatistical      TS_Buy;       //持仓单统计变量
79 TradesOrders           TO_Sell[];    //持仓单信息变量
80 TradesStatistical      TS_Sell;      //持仓单统计变量
81 HistoryOrders          HO[];         //历史单信息变量
82 HistoryStatistical     HS;           //历史单统计变量
```

其中：TO、TS 被定义为全部持仓单及其统计；TO_Buy、TS_Buy 被定义为 Buy 组持仓单及其统计；TO_Sell、TS_Sell 被定义为 Sell 组持仓单及其统计；HO、HS 被定义为历史平仓单及其统计。

如果还需要使用其他分类订单组，则可以参照这个格式自定义。

细心的读者会发现定义上面出现了一些特殊的变量类型，即 AccountInfo、SymbolInfo、TradesOrders、TradesStatistical、HistoryOrders、HistoryStatistical，没错，这些变量类型是为了方便订单操作而专门定义的，叫作结构体变量，后续章节有专题论述。

（6）常规必备

83～94 行是一些在程序中经常用到的变量（见下图）：

```
83 //--- 默认变量    不需要变更
84 string    MyOrderComment="EasyGo";              //订单注释变量
85 int       MagicNumber=0;                         //EA识别码
86 bool      PrintOut=true;                         //输出到日志变量,true-显示,false-不显示
87 string    SignalCode[1];                         //信号代码数组变量,有几类信号就定义几维,最少1维
88 int       TradingDelay=5000;                     //交易延时变量,5000毫秒
89 int       CloseTicket[2000];                     //平仓订单号数组变量,固定2000条记录
90 int       prvHistoryOrders=0;                    //上一个历史单数量
91 string    teststr="";                            //测试信息变量,调试专用
92 color     clrDashboard=npt_clrDashboard;         //仪表盘颜色
93 string    PrvfixString=StringSubstr(__FILE__,0,StringLen(__FILE__)-4); //程序名作为对象名前缀关键字,以便批量删除,不
94 string    GlobleVerifyCodeName=PrvfixString+"_vc"; //全局变量名称_验证码_程序名
```

①84 行，订单注释。EA 建仓时给持仓单标注的注释，可以改成属于自己的文字。

②87 行，信号代码。不同的订单操作通常都是依据不同的信号去执行的，采用字符类型定义信号数组，意味着信号可以是中文信息，这样设计是为了增强编码过程中的可读性和易用性。

③89 行，平仓单数组。与交易平台平仓方式不同，我们将平仓行为设计成对平仓数组执行平仓，在程序中将需要平仓的持仓单单号逐一放置到该数组即可，不需要编写平仓命令。

④93 行，前缀关键字。为屏幕显示对象命名预置关键字。

⑤94 行，授权码作为全局变量时的变量名。

(7) 自定义

101～109 行是自定义区域，这里面包含了一些常用变量，编写新程序时需要用到的变量定义都可以写在这个区域。

```
101 //--- 程序控制变量    自定义全程变量区域
102 AuthorizationStruct auz;
103 bool pause_ea=false;         //程序暂停开关
104 bool close_all=false;        //一键清仓开关
105 string sub_object_name="";   //子对象名称
106
107 //--- 预定义全局变量范例    只能是double类型
108 //double global_variable;    //范例,1个全局变量
109
```

3. 主流程 egMain

总结多年的经验，几乎所有交易策略都可以定制为以下流程：

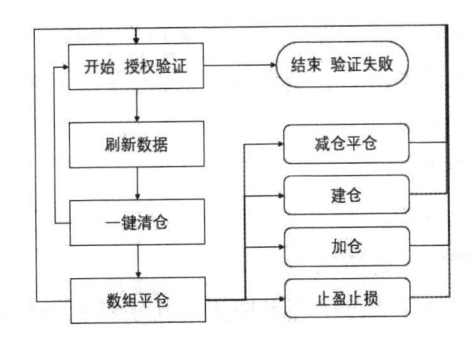

```
开始 授权验证 ──→ 结束 验证失败
    │
    ↓
  刷新数据 ──→ 减仓平仓
    │
    ↓
  一键清仓 ──→ 建仓
    │
    ↓
         ──→ 加仓
    │
    ↓
  数组平仓 ──→ 止盈止损
```

开始先执行授权验证，验证失败，EA 退出。

刷新数据的目的是根据最新报价重新计算指标信号、持仓单统计数据。

得到并执行"一键清仓"指令，在持仓单被清空之前不执行后面的操作。

一旦识别平仓数组中有单号立即执行数组平仓，在平仓数组中的订单被清空之前不执行后面的操作。

接下来的 4 个模块，减仓、建仓、加仓、止盈止损，按照先后顺序执行，任何一个模块被执行了，后面的模块都不再执行。

有时候，用计算机语句表达比图示更清晰：

```
/*
函    数:总流程
输出参数:true-可执行，false-不可执行
算    法:
*/
bool egMain()
{
//--- 授权验证
    if (egVerify()!=0) return(false);
//--- 刷新基础数据
    egDataRefresh();
//--- 平仓优先
    if (close_all==true) egOneKeyClear();  //一键清仓
    if (egArrayClose(CloseTicket,TradingDelay)) return(true);
//--- EA暂停
    if (pause_ea==true) return(false);
//--- 控制逻辑
    if (  false
       || egReduce()      //减仓
       || egCreat()       //建仓
       || egAdd()         //加仓
       || egTPSL()        //止盈止损
       )
    {
        return(true);
    }
    return(true);
}
```

这套逻辑流程在数百个 EA 编写中没有被修改过，连顺序都不用变更。

4. 授权验证函数

授权认证可以灵活采用以下方式：

（1）针对模拟账户、真实账户、指定账户发放可用权限。

（2）设置程序使用期限，在到期前 10 天程序在主图提示。

（3）限制交易服务器。

（4）限制账户余额。

（5）启用授权码方式。

（6）启用定制授权文件方式。

上述授权方式包含了 EA 所有者期望的几乎所有授权方式。

①授权验证 egVerify

检测 EA 是否符合授权要求。

int egVerify（）

　　a. 参数值

　　无。

　　b. 返回值

　　0：符合授权要求。

　　针对主程序，1＝账号无效，2＝期限已过，3＝余额超标，4＝未授权服务器。

　　针对授权文件，11＝账号无效，12＝期限已过，13＝余额超标，14＝未授权服务器。

　　针对授权码，21＝授权码错误。

　　c. 举例

　　if (egVerify ()! = 0) return (false);

　　d. 代码说明

　　这个函数只能部署在主程序中，针对特定的 EA 执行授权计算。

　　授权分为三类，即针对主程序、针对授权文件和针对授权码，授权人只需要在主程序预设参数开头部分，按照每行的注释输入相应的字符就可以完成定制授权。

```
 7 //--- 主程序授权信息, 空信息表示无限制 ---
 8 const string main_auz_real="20101221"; //所有实盘账户 可自定义
 9 const string main_auz_demo="19970409"; //所有模拟账户 可自定义
10 string main_auz_account=""; //授权账户 空值=不限制, main_auz_real=所有实盘账户, main_auz_demo=所有模拟账户
11 string main_auz_date="2028.1.1 00:00"; //授权到期 2028.1.1 00:00 空值=不限制
12 string main_auz_sever=""; //授权服务器 空值=不限制
13 string main_auz_balance=""; //授权账户余额 空值=不限制
14 bool custom_auz_code=true; //授权码授权 算法可变,详见egVerifyCode模块
15 const int all_auz_code=20100409; //万能授权码 可自定义
16 bool custom_auz_file=false; //定制化授权文件 false=不执行, true=执行
17 //--- 主程序授权信息结束 ---
```

　　授权验证不能通过的，均有日志信息输出，可在"终端→EA"中查看。

　　针对主程序的时间授权，到期前 10 天开始，在主屏幕右上角显示红色的"主程序有效期将至"字样，提醒用户。

　　授权码使用中，输入一次授权码之后，EA 加载其他货币对不再需要输入授权码，同一台电脑重启后也不需要再次输入授权码。如果授权码错误，会有弹出窗口提示。

　　这是目前商用 EA 使用最多的授权方式：

```
1306 //--- 处理程序授权码  全局变量  输入一次后，不再要求填写授权码
1307    if (custom_auz_code==true)
1308    {
1309        Verify_Code=egVerifyCode(GlobleVerifyCodeName,AccountNumber());
1310        //创建全局变量
1311        if (   GlobalVariableCheck(GlobleVerifyCodeName)==false  //没有发现全局变量
1312            && GlobalVariableSet(GlobleVerifyCodeName,GlobleVerifyCode) //设置全局变量
1313            )
1314        {}
1315        //初始化全局变量
1316        if (   GlobalVariableGet(GlobleVerifyCodeName)==0
1317            || (   npt_Verify_Code!=""
1318                && GlobleVerifyCode!=(int)npt_Verify_Code
1319               )
1320            )
1321        {
1322            GlobleVerifyCode=(int)npt_Verify_Code;
1323            GlobalVariableSet(GlobleVerifyCodeName,GlobleVerifyCode); //设置全局变量
1324        }
1325        //当前账户对应的授权码    199846542
1326        if (   true
1327            //&& IsDemo()==false //非模拟账户
1328            && AccountNumber()>0
1329            && GlobalVariableGet(GlobleVerifyCodeName)!=all_auz_code //非万能授权码
1330            && GlobalVariableGet(GlobleVerifyCodeName)!=(int)Verify_Code //核对验证码
1331            && egPrintOut(true,"[授权码授权]本EA授权码无效   "+npt_Verify_Code)
1332            && egPrintOut(true,"[授权码授权]或者等待账户登录服务器后再加载")
1333            && egSendInfo("授权码错误"+npt_Verify_Code,true)
1334           )
1335        {
1336            ExpertRemove();
1337            return(21);
1338        }
1339    }
```

主程序第15行有一个"万能授权码"，这是一个为了方便程序调试留的"后门"，实际编写程序时要改为其他数字。

主程序的授权优先于授权码和授权文件，也就是说主程序到期后其他的授权方式都将无效。

②授权码 egVerifyCode

计算授权码。

string egVerifyCode
(

    string myName, //名称 也可以是特定文字

    long myCountNumber //数字账号
)

    a. 参数值

myName，授权码名称。

myCountNumber，MT4 数字账号。

b. 返回值

字符类型的授权码，可以是空值。

c. 举例

Verify_Code = egVerifyCode（GlobleVerifyCodeName，AccountNumber（））；

d. 代码说明

这个函数只能部署在主程序中，针对特定的 EA 执行授权码计算。

```
1208 /*
1209 函    数:授权码
1210 输出参数:授权码
1211 算    法:
1212 程序名+数字账号
1213 */
1214 string egVerifyCode(string      myName,        //名称 也可以是特定文字
1215                    long         myCountNumber  //数字账号
1216                   )
1217 {
1218     string myCode="";
1219     myCode=(string)(myCountNumber*2);
1220     return(myCode);
1221 }
```

1219 行是授权码计算的范例，实际编码中可以自定义算法，输出数据定义为字符类型，可以方便输出复杂的授权码，例如 MD5。

5. 仪表盘函数

一个 EA 程序配套一个漂亮的仪表盘，不仅仅能够提升档次，更能让操盘者实时看到数据，及时做出控单决策。

做界面是一个费时费力的事情，在这里提供一套被大多数用户认可的仪表盘模型。

鼠标左键点住上方蓝色标题栏不放，就可以让仪表盘主图移动，双击标题栏可以禁止/允许移动仪表盘，标题栏右边箭头可以收起/展开仪表盘。

仪表盘有"一键清仓"和"暂停 EA"两个按钮，如果程序接管了订单，"一键清仓"按钮会变成红色，表示可以操作。按下"暂停 EA"按钮，仪表盘标题栏则会变成暗灰色，EA 控单部分不会执行，但持仓信息会随时刷新。

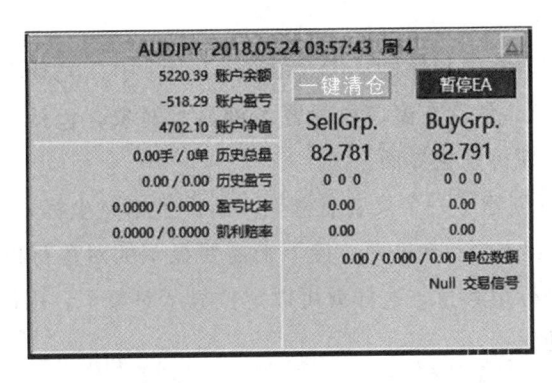

AUDJPY 2018.05.24 03:57:43 周4		
5220.39 账户余额	一键清仓	暂停EA
-518.29 账户盈亏	SellGrp.	BuyGrp.
4702.10 账户净值	82.781	82.791
0.00手 / 0单 历史总盈	0 0 0	0 0 0
0.00 / 0.00 历史盈亏		
0.0000 / 0.0000 盈亏比率	0.00	0.00
0.0000 / 0.0000 凯利赔率	0.00	0.00
	0.00 / 0.000 / 0.00 单位数据	
	Null 交易信号	

仪表盘标题栏显示当前商品名称和交易服务器时间以及当日星期。

左信息栏分为三部分，分别是账户数据、交易历史统计数据和自定义预留栏。

右信息栏分为两部分，分别是持仓单分组信息和程序控制信息。

持仓单分组信息位置与内容对照如下：

Sell 组			Buy 组		
Bid 报价			Ask 报价		
Sell 单数量	SellLimit 单数量	SellStop 单数量	Buy 单数量	BuyLimit 单数量	BuyStop 单数量
Sell 组总持仓量			Buy 组总持仓量		
Sell 组浮动利润			Buy 组浮动利润		

其中，最后一行浮动利润包含了持仓单的手续费和掉期累计。

程序控制信息属于自定义预留栏，可按需定制。

仪表盘由窗口框架和仪表盘窗口两部分构成。

①仪表盘窗口 egWindow_Dashboard

在主图画仪表盘，用来实时显示交易数据。

void egWindow_Dashboard()

 a. 参数值

 无。

 b. 返回值

 无。

 c. 举例

egWindow_Dashboard();

 d. 代码说明

这个函数部署在主程序的 egDataRefresh() 中，先激活一个自定义窗口（详见下一节），然后在窗口内部署各种显示对象，包括文字、按钮、线条、窗口等，实现可视化界面。

433~437 行创建了一个仪表盘框架，给出了锚点坐标，放在变量 dashboard_x 和 dashboard_y 里面，接下来需要显示的对象都以锚点坐标为基准，外加纵横坐标偏移量，这样就可以定位显示对象了，用这种方法可实现窗口的整体移动。

```
432    //范例：窗口1  命名为win1
433    string mywindowname=myPrvfix+"win1";
434    string mytitle=Symbol()+"  "+TimeToString(TimeCurrent(),TIME_DATE|TIME_MINUTES|TIME_SE
435    int win1_width=400; //窗口宽
436    int win1_height=250; //窗口高
437    egWindowFrame(mywindowname,win1_width,win1_height,dashboard_x,dashboard_y,mytitle);
```

714~835 行对两个按钮及其操作方式做了编程，捕获按钮状态，执行对应操作，是两个很典型的范例。

由于程序量太大且重复内容较多，这里就不逐行解释了，源码中每行都有注释。

以上给出了自定义显示内容的方法，多加练习就能掌握。

②窗口框架 egWindowFrame

这是一个带有标题栏和窗口收放按钮的窗口框架，窗口可被鼠标拖动，窗口长宽尺寸可预定义，函数输出窗口锚点坐标，示例如下：

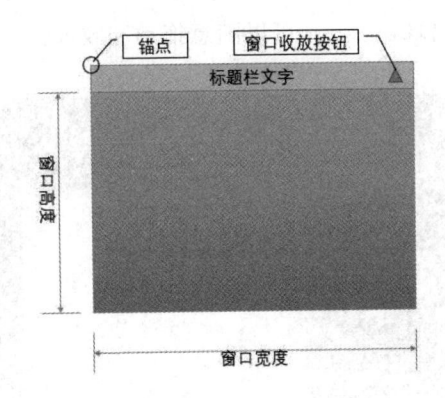

void egWindowFrame

(

    string windows_name, //窗口名称

    int width, //窗口宽度

    int height, //窗口高度

    long &x, //x 坐标

    long &y, //y 坐标

    string txt_title, //标题栏文字

)

a. 参数值

windows_name，窗口名称，多个窗口用不同的名称加以区分。

Width，窗口宽度，像素单位。

int height，窗口高度，像素单位。

X，锚点 x 坐标，必须预定义 long 类型变量，执行后这个变量可能会因鼠标拖动发生改变。

Y，锚点 y 坐标，必须预定义 long 类型变量，执行后这个变量可能会因鼠标拖动发生改变。

txt_title，标题栏文字。

b. 返回值

无。

c. 举例

long test_x = 200，test_y = 100；
egWindowFrame（"窗口 1"，300，300，test_x，test_y，"窗口 1"）；

运行后，主图出现窗口 1，可以随意拖动和收放。

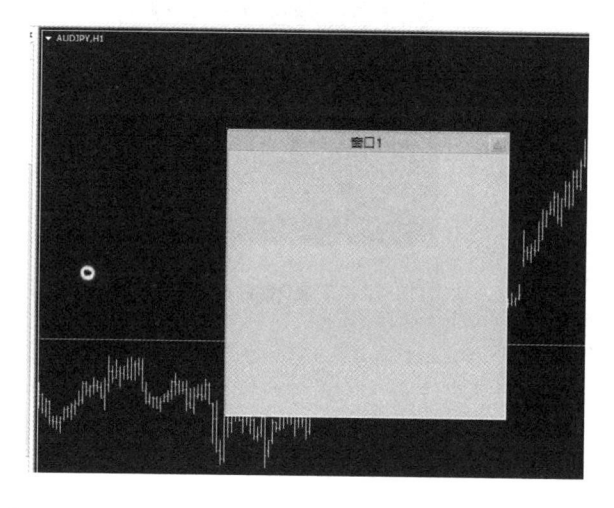

d. 代码说明

1415～1421 行查找标题栏框对象，获取新的锚点坐标，完成该窗口定位。

```
1415 //--- 找到标题栏框，获取移动锚点坐标
1416     string object_name=windows_name+"_title";
1417     if (ObjectFind(chartID,object_name)!=-1)
1418     {
1419         x=ObjectGetInteger(chartID,object_name,OBJPROP_XDISTANCE);
1420         y=ObjectGetInteger(chartID,object_name,OBJPROP_YDISTANCE);
1421     }
```

1423～1451 行画仪表盘外框，对象类型为矩形。

```
1423 //--- 仪表盘外框
1424     object_name=windows_name+"_frame";
1425     if (ObjectFind(chartID,object_name)==-1)
1426     {
1427         egRectangleOut(true,                    //允许输出
1428                        chartID,                  //主图ID
1429                        object_name,              //对象名称
1430                        0,                        //副图编号
1431                        x,                        //x坐标
1432                        y,                        //y坐标
1433                        width,                    //矩形宽度
1434                        height,                   //矩形高度
1435                        clrDashboard,             //背景色
1436                        BORDER_SUNKEN,            //矩形效果
1437                        CORNER_LEFT_UPPER,        //锚点
1438                        clrRed,                   //边框颜色
1439                        STYLE_DOT,                //边框类型
1440                        1,                        //边框宽度
1441                        false,                    //设置为背景
1442                        false,                    //高亮移动
1443                        true,                     //列表中隐藏对象名
1444                        0                         //priority for mouse click
1445                       );
1446     }
1447     else
1448     {
1449         ObjectSetInteger(chartID,object_name,OBJPROP_XDISTANCE,x);
1450         ObjectSetInteger(chartID,object_name,OBJPROP_YDISTANCE,y);
1451     }
```

1452～1488 画标题栏，按锚点坐标重新定位。

```
1452 //--- 标题栏
1453     color title_bg_color=clrDeepSkyBlue;
1454     if (pause_ea==true || IsExpertEnabled()==false || IsTradeAllowed()==false) title_bg_color=clrGray;
1455     object_name=windows_name+"_title";
1456     if (ObjectFind(chartID,object_name)==-1)
1457     {
1458         egEditOut(true,                    //允许输出
1459                   chartID,                  //主图ID
1460                   object_name,              //对象名称
1461                   0,                        //副图编号
1462                   (int)x,                   //x坐标
1463                   (int)y,                   //y坐标
1464                   width,                    //编辑框宽度
1465                   24,                       //编辑框高度
1466                   txt_title,                //编辑内容
1467                   "Microsoft YaHei UI",     //预选字体 Verdana Arial Vrinda Candara Calib
1468                                             //Microsoft YaHei UI Light || Microsoft JhengHei U
1469                   10,                       //字号
1470                   ALIGN_CENTER,             //对齐方式
1471                   true,                     //禁止编辑
1472                   CORNER_LEFT_UPPER,        //锚点
1473                   clrBlack,                 //字色
1474                   title_bg_color,           //背景色
1475                   clrDashboard,             //边框色
1476                   false,                    //设置为背景
1477                   true,                     //高亮移动
1478                   true,                     //列表中隐藏对象名
1479                   0                         //priority for mouse click
1480                  );
1481     }
1482     else
1483     {
1484         ObjectSetInteger(chartID,object_name,OBJPROP_XDISTANCE,x);
1485         ObjectSetInteger(chartID,object_name,OBJPROP_YDISTANCE,y);
1486         ObjectSetString(chartID,object_name,OBJPROP_TEXT,txt_title);
1487         ObjectSetInteger(chartID,object_name,OBJPROP_BGCOLOR,title_bg_color);
1488     }
```

1489~1519 处理窗口收放按钮。捕获到鼠标按下了按钮，程序删除仪表盘外框内所有对象，视觉效果就是"收起"，再按一次，重新显示仪表盘，这样就完成了窗口的开关效果。

```
1489 //--- 展开/收缩按钮
1490     object_name=windows_name+"_OC";
1491     //创建
1492     if (ObjectFind(chartID,object_name)==-1)
1493     {
1494         egButtonOut(true,              //允许输出
1495                     chartID,            //主图ID
1496                     object_name,        //对象名称
1497                     0,                  //副图编号
1498                     (int)x+width-22,    //x坐标
1499                     (int)y+3,           //y坐标
1500                     18,                 //按钮宽度
1501                     18,                 //按钮高度
1502                     CORNER_LEFT_UPPER,  //锚点
1503                     "△",                //按钮文字  △=收起, ▽=展开
1504                     "Arial",            //文字字体
1505                     12,                 //文字尺寸
1506                     clrDimGray,         //文字颜色
1507                     title_bg_color,     //背景色
1508                     clrNONE,            //边框色
1509                     false,              //按下状态
1510                     false,              //设置为背景
1511                     false,              //高亮移动
1512                     true,               //列表中隐藏对象名
1513                     0                   //priority for mouse click
1514         );
1515     }
1516     else
1517     {
1518         ObjectSetInteger(chartID,object_name,OBJPROP_XDISTANCE,(int)x+width-22);
1519         ObjectSetInteger(chartID,object_name,OBJPROP_YDISTANCE,(int)y+3);
```

窗口的基本动作就是通过上述 4 个步骤完成的。

6. 数据处理函数

市场每更新一个报价，都会给指标计算带来新的结果，也会使持仓利润发生变化，所以必须随时更新数据，为决策提供最及时的参考。

这个模块最重要的任务是完成基础数据的计算，按照预定义的订单分类组分别统计，包括但不限于持仓单数量、浮动利润、持仓成本、保证金占用等都实时计算出来，并存放在指定的变量中。

①数据刷新 egDataRefresh

刷新基础数据。

void egDataRefresh ()

    a. 参数值

    无。

    b. 返回值

    无。

c. 举例

egDataRefresh();

d. 代码说明

这个函数部署在主程序中的靠前部分，为后续的控单计算准备最新数据。

320～333 行刷新账户资金数据、平台交易规则数据、持仓单数据和历史交易单数据，完成持仓单和历史单的数据统计任务。

```
320 //--- 刷新基础数据
321     MagicNumber=npt_MagicNumber;
322     egRefreshEV(AI,SI);                              //环境变量
323     egRefreshTO(TO,TS.symbol,MagicNumber);           //持仓单信息
324     egRefreshTS(TO,TS,AI,SI);                        //持仓单统计
325     //--- 单点价值校正
326     if (npt_TickValue_Correcting>0) SI.trade_tick_value=npt_TickValue_Correcting;
327     if (npt_HistoryData && prvHistoryOrders!=OrdersHistoryTotal())
328     {
329         egRefreshHO(HO,TS.symbol,MagicNumber);       //历史单信息
330         egRefreshHS(HO,HS);                          //历史单统计
331         prvHistoryOrders=OrdersHistoryTotal();
332     }
333     egOrdersClass(); //持仓单分类
```

323 行执行持仓单分类，这是一个非常有用的功能，下一节详细描述。

334～338 行在主图画 Buy 组均价水平线和 Sell 组均价水平线，如果 Buy 组没有成交持仓单，删除均价水平线，Sell 组同理，不需要的话可以删除。

```
334 //--- 画/删Buy、Sell组均线
335     if (TS.buy_orders>0) eqHLineOut(true,chartID,myPrvfix+"BuyAvgHLine",0,TS.buy_grp_avg,clrGreen,0,1);
336     else ObjectDelete(chartID,myPrvfix+"BuyAvgHLine");
337     if (TS.sell_orders>0) egHLineOut(true,chartID,myPrvfix+"SellAvgHLine",0,TS.sell_grp_avg,clrRed,0,1);
338     else ObjectDelete(chartID,myPrvfix+"SellAvgHLine");
```

345 行执行信号模块，刷新控单等各种交易信号。

347 行在主图画仪表盘，显示各种交易数据。

348～354 行在主图右上角显示程序运行中的错误信息。

```
344 //--- 刷新信号
345     egTradingSignal(SignalCode);
346 //--- 显示仪表盘
347     egWindow_Dashboard();
348 //--- 右上角显示错误信息
349     int myErrorNum=GetLastError();
350     if (myErrorNum>0)
351     {
352         string myinfo=egGetErrorInfo(myErrorNum)+"["+TimeToStr(TimeCurrent(),TIME_DATE|TIME_M
353         egLableOut(true,myinfo,PrvfixString+"DB_Info",8,clrRed,0,0,CORNER_RIGHT_UPPER,25,30,"
354     }
```

以上内容能满足绝大多数 EA 的基本要求，注意实战中应尽量将程序通

用、复用的数据计算写在这个函数模块中。

②持仓单分类 egOrdersClass

多数情况下，我们需要将 Buy 组和 Sell 组分开处理，即将所有的 Buy 单放到一个篮子里，将所有的 Sell 单放到另一个篮子里，多空组各玩各的，互不干涉，那么就需要做一个分类。有时候需要多空单相互制衡，起到锁定利润的效果，也需要做一个叫作制衡组的分类。同一张持仓单，在控单过程中可能会担任各种角色，而且随着行情变化、持仓风险变化，所担任的角色会随时发生变化，这张单子可能出现在多个分组中，这就更需要通过分类来进行统筹管理。这就是设计本函数的原因。

本函数提供了多空分组的实现方法，既是一个范例，也是为了多空组各自完成利润保护而准备的。

void egOrdersClass ( )

    a. 参数值

    无。

    b. 返回值

    无。

    c. 举例

egOrdersClass ( );

    d. 代码说明

这个函数只能部署在数据刷新 egDataRefresh ( ) 函数中，完成持仓单分类任务。

在预定变量中预定义 Buy 组和 Sell 组两个分类数组 77～80 行：

```
77 TradesOrders         TO_Buy[];        //持仓单信息变量
78 TradesStatistical    TS_Buy;          //持仓单统计变量
79 TradesOrders         TO_Sell[];       //持仓单信息变量
80 TradesStatistical    TS_Sell;         //持仓单统计变量
```

364～366 行初始化分类数组，先将数组元素置 0，就清空了上次的过时数据，再按持仓单总数重新赋予数组尺寸。

```
364 //--- 初始化持仓单数组
365     ArrayResize(TO_Buy,0);ArrayResize(TO_Buy,TS.buy_orders+TS.sell_orders);
366     ArrayResize(TO_Sell,0);ArrayResize(TO_Sell,TS.buy_orders+TS.sell_orders);
```

367～391 行，从 TO 数组中按持仓单类型进行分拣操作。

```
367 //--- 开始分类
368     int i=0,j=0,k=0;
369     for (i=0;i<ArraySize(TO);++i)
370     {
371         if (       true
372             && TO[i].ticket>0
373             && TO[i].type==OP_BUY
374            )
375         {
376             TO_Buy[j].ticket        =TO[i].ticket;          //订单号
377             TO_Buy[j].symbol        =TO[i].symbol;          //商品名称
378             TO_Buy[j].opentime      =TO[i].opentime;        //建仓时间
379             TO_Buy[j].type          =TO[i].type;            //订单类型
380             TO_Buy[j].lots          =TO[i].lots;            //建仓量
381             TO_Buy[j].openprice     =TO[i].openprice;       //建仓价
382             TO_Buy[j].stoploss      =TO[i].stoploss;        //止损价
383             TO_Buy[j].takeprofit    =TO[i].takeprofit;      //止盈价
384             TO_Buy[j].profit        =TO[i].profit;          //利润
385             TO_Buy[j].commission    =TO[i].commission;      //佣金
386             TO_Buy[j].swap          =TO[i].swap;            //利息
387             TO_Buy[j].cost          =TO[i].cost;            //成本
388             TO_Buy[j].comment       =TO[i].comment;         //注释
389             TO_Buy[j].magicnumber   =TO[i].magicnumber;     //程序识别码
390             j++;
391         }
```

414~418行，规整数组元素，执行分类数组统计。

```
414 //--- 规范、统计分类组
415     ArrayResize(TO_Buy,j);
416     egRefreshTS(TO_Buy,TS_Buy,AI,SI);
417     ArrayResize(TO_Sell,k);
418     egRefreshTS(TO_Sell,TS_Sell,AI,SI);
```

7. 控单行为函数

外汇交易的行为归纳起来只有5种，即建仓、加仓、止盈止损、减仓平仓和交易信号，看似简单的交易行为，在不同的个性化逻辑组合之后，会变得十分复杂，为了让逻辑清晰，便于维护和扩充，根据多年沉淀下来的经验，我们总结了以下5个模块，并在每个模块中总结性地归纳了常用的操盘方法。

①减仓平仓 egReduce

执行减仓平仓。

bool egReduce（）

　　a. 参数值

　　无。

　　b. 返回值

true 表示有平仓任务需要执行，false 表示没有平仓任务。

c. 举例

egReduce ();

d. 代码说明

这个函数只能部署在主流程 egMain 函数中，完成持仓单平仓任务，默认有 4 种利润保护平仓功能可以使用，分别是当前商品利润保护、当前账户利润保护、当前商品 Buy 组利润保护和当前商品 Sell 组利润保护。

在预定义变量中设置"利保启动金额"大于 0，对应的利润保护功能就会启动。

```
43 //--- 利润保护
44 input    string     npt__Note20="===平仓-利润保护==="; //【平仓-利润保护】
45 input    double     npt_pcl_0_pp1_1=0.00;  //当前货币利保启动金额(正数=金额,0=不执行)
46 input    double     npt_pcl_0_pp1_2=0.20;  //当前货币利保回撤比例
47 input    double     npt_pcl_0_pp2_1=0.00;  //当前账户利保启动金额(正数=金额,0=不执行)
48 input    double     npt_pcl_0_pp2_2=0.20;  //当前账户利保回撤比例
49 input    double     npt_pcl_0_pp3_1=0.00;  //Buy组利保启动金额(正数=金额,0=不执行)
50 input    double     npt_pcl_0_pp3_2=0.30;  //Buy组利保回撤比例
51 input    double     npt_pcl_0_pp4_1=0.00;  //Sell组利保启动金额(正数=金额,0=不执行)
52 input    double     npt_pcl_0_pp4_2=0.30;  //Sell组利保回撤比例
53 ProfitProtect PP[4]; //利保变量 0=当前货币 1=当前账户 2=Buy组 3=Sell组
```

程序加载预设参数交使用者设置。

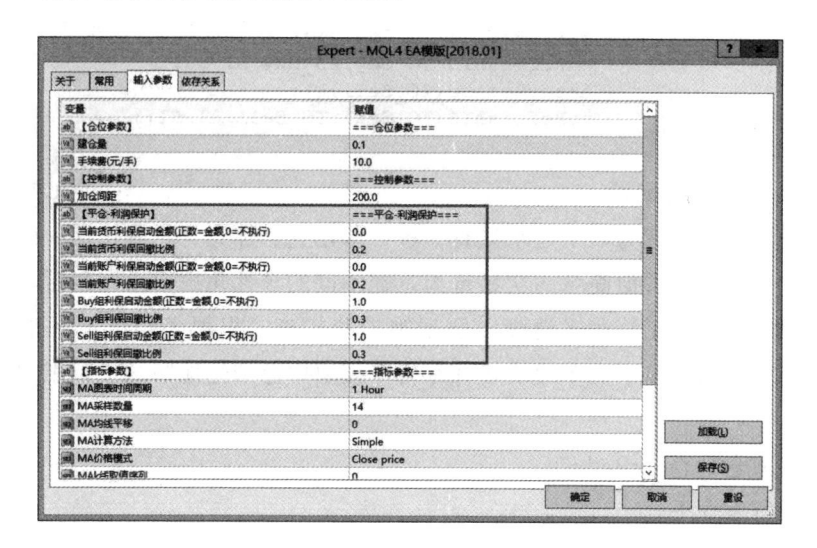

→操盘方法·利润保护

这是一种以最高浮动盈利回调比例作为平仓条件的操盘方法，目的在于追逐利润。举例说明如下：

设置"当前货币利保启动金额"为 1.00 元，这就意味着启动了当前商品利润保护。程序实时检测并记录当前商品出现的最高浮动盈利，假设一路刷新最高值 5 元、10 元、100 元，随着行情变化，浮动盈利会下降，如果浮动盈利小于最高浮盈 100 元回调 0.2，即 80 元，则执行全体平仓。

这种方法的好处是不受制于技术指标的局限，也不理会行情如何波动，一旦出现浮盈，在保住既得利益的前提下让利润"奔腾"。

源码预览如下：

```
147 //--- 利润保护
148     //当前货币
149     PP[0].name="当前货币";
150     PP[0].current_profit=TS.buy_grp_profit+TS.sell_grp_profit+TS.buy_grp_cost+TS.sell_grp_cost; //当前利润
151     PP[0].ProfitStart=npt_pcl_0_ppl_1; //启动金额
152     PP[0].ProfitBackRate=npt_pcl_0_ppl_2; //利润回撤
153     if (    egProfitProtect(TO,CloseTicket,PP[0])==true
154          && egPrintOut(PrintOut,"【利润保护】当前商品利润保护达标，市价平仓")
155          && egPrintOut(PrintOut,"最高利润:"+DoubleToString(PP[0].ProfitMax,2)+"  当前利润:"+DoubleToStri
156         )
157     {
158         return(true);
159     }
```

其中调用了利润保护函数 egProfitProtect，这个函数的用法在后面章节有详细描述。

→操盘方法·无损平仓

顾名思义，就是平仓后结果不是亏损的，目的在于减少保证金占用，防止风险迅速扩大。

众所周知，任何外汇商品价格运行都是有其相对区间的，报价往复运行，总是会回到原点，基于这个特点，在风险可控的前提下，我们完全有理由对浮亏单不做认亏平仓处理，于是，就诞生了无损平仓这个大概念。

无损平仓分为单张无损平仓、同类型多张无损平仓、双向多张无损平仓等方式。

单张无损平仓即浮盈单市价平仓。

同类型多张无损平仓，是指在多张 Buy（或者 Sell）持仓单中，将浮盈单和浮亏单组合起来，在确保这个组合的累计利润为浮盈的前提下，将这些参与组合的单子执行市价平仓。

双向多张无损平仓，是指在多张 Buy 以及 Sell 持仓单中，将浮盈单和浮亏单组合起来，必须是 Buy、Sell 单都有，在确保这个组合的累计利润为浮盈的前提下，将这些参与组合的 Buy 和 Sell 单子执行市价平仓。

同类型多张无损平仓在本书中有对应的函数，叫作"同向对冲"；双向多张无损平仓在本书中有对应的函数，叫作"双向对冲"。在后续章节中有详细介绍。

② 止盈止损 egTPSL

执行止盈止损。

bool egTPSL（）

    a. 参数值

    无。

    b. 返回值

    true 表示执行了止盈止损动作，false 表示没有执行止盈止损动作。

    c. 举例

egTPSL（）；

    d. 代码说明

这个函数只能部署在主流程 egMain 函数中，完成持仓单止盈止损任务，由于止盈止损方案个性化很强，因此，该模块默认提供一个代码范例，开发者可以自行定义其他逻辑。

```
206 /*
207 函      数:止盈止损
208 输出参数:
209 算      法:
210 */
211 bool egTPSL()
212 {
213     if (TS.buy_orders+TS.sell_orders==0) return(false);
214     int i=0;
215     for (i=0;i<ArraySize(TO);i++)
216     {
217         if (   false
218             //止损
219             || (   true
220                 && TO[i].stoploss==0
221                 && npt_sl>0
222                 && (   false
223                     || (   true
224                         && TO[i].type==OP_BUY
225                         && egSetTakeLoss(TO[i].ticket,1,NormalizeDouble(TO[i].openprice-npt_sl*S
226                        )
227                     || (   true
228                         && TO[i].type==OP_SELL
229                         && egSetTakeLoss(TO[i].ticket,1,NormalizeDouble(TO[i].openprice+npt_sl*S
230                        )
231                    )
232                )
```

一张持仓单执行了止盈止损，在持仓单属性中的止盈止损价就有了具体的价位。

一张成交持仓单的止盈止损设置总是依据当前平仓报价计算的，并受停止水平位（StopLevel）规则的限制。对于一张 Buy 单，止损价必须小于 Bid－StopLevel，止盈价必须大于 Bid＋StopLevel；对于一张 Sell 单，止损价必须大于 Ask＋StopLevel，止盈价必须小于 Ask－StopLevel。

在程序化执行挂单交易的时候，不建议在挂单中设置止盈止损，等挂单触发变为 Buy 单或者 Sell 单后再执行止盈止损。

关于止盈，直接设置不是不行，而是不妥，或者说没必要，因为市场是无序的，既然订单处在浮盈状态，那就应该让它多跑一会儿，人为设置止盈，结果只会导致盈利"戛然而止"。

其操盘方法为移动止损，具体如下：对于一张 Buy 单，止损价总是与该单建仓后出现的最高 Bid 价保持一个固定的距离；对于一张 Sell 单，止损价总是与该单建仓后出现的最低 Ask 价保持一个固定的距离。最高、最低价被刷新，止盈止损跟随变更。

移动止损可以从建仓后开始执行，此时的止损价是亏损价，随着行情的波动可能会变成盈利价。大多数操盘策略从浮盈开始执行移动止损，即建仓时设置一个初始亏损止损价，当持仓单浮盈达到一定间距后，开始执行移动止损，这样做的好处是能给市场较为宽泛的波动距离，不至于被频繁认亏止损，等待订单出现浮盈的概率较大。

在操作方式上，移动止损分为连续止损和阶梯止损两种方式。

连续止损是指最高（最低）价更新后，立刻更新止损价。阶梯止损则是最高（最低）价每增加一定幅度更新一次止损价。这两种方式效果各有优劣，前者紧跟市场报价，很容易被宽幅波动平仓，后者留有余地，有机会得到更优的平仓价格。

③加仓 egAdd

有同类型持仓单，再增加一张。

bool egAdd()

a. 参数值

无。

b. 返回值

true 表示执行了加仓动作，false 表示没有执行加仓动作。

c. 举例

egAdd();

d. 代码说明

这个函数只能部署在主流程 egMain 函数中，完成持仓单加仓任务，由于加仓方案个性化很强，因此，该模块默认空白，返回值为 false，由开发者自行定义逻辑。

加仓的前提是已经有了同类型持仓单。看似简单的加仓方案，从量化的角度还需要针对位置做进一步精准定义，因为位置不同加仓量不同，行情不同加仓量不同。

→操盘方法·正向加仓

对于一组 Buy 单（最少有 1 张），如果当前报价 Ask 在最高价 Buy 单之上加仓，叫作正向加仓，此时所有的 Buy 持仓单全体浮盈。

对于一组 Sell 单（最少有 1 张），如果当前报价 Bid 在最低价 Sell 单之下加仓，叫作正向加仓，此时所有的 Sell 持仓单全体浮盈。

→操盘方法·反向加仓

对于一组 Buy 单（最少有 1 张），如果当前报价 Ask 在最低价 Buy 单之下加仓，叫作反向加仓，此时所有的 Buy 持仓单全体浮亏。

对于一组 Sell 单（最少有 1 张），如果当前报价 Bid 在最高价 Sell 单之上加仓，叫作反向加仓，此时所有的 Sell 持仓单全体浮亏。

→操盘方法·插入加仓

对于一组 Buy 单（最少有 2 张），如果当前报价 Ask 在最高价和最低价 Buy 单之间加仓，叫作插入加仓，此时 Buy 持仓单组有浮盈、浮亏单。

对于一组 Sell 单（最少有 2 张），如果当前报价 Bid 在最高价和最低价 Sell 单之间加仓，叫作插入加仓，此时 Sell 持仓单组有浮盈、浮亏单。

④建仓 egCreat

没有同类型持仓单，建立一张持仓单。

bool egCreat()

a. 参数值

无。

b. 返回值

true 表示执行了建仓动作，false 表示没有执行建仓动作。

c. 举例

egCreat();

d. 代码说明

这个函数只能部署在主流程 egMain 函数中，完成持仓单建仓任务，由于建仓方案个性化很强，因此，该模块默认空白，返回值为 false，由开发者自行定义逻辑。

模块内含一个被写成注释的建仓范例。

```
265  /*
266  函    数:建仓
267  输出参数:
268  算    法:
269  */
270  bool egCreat()
271  {
272  //--- 空仓建仓
273      //范例
274      /*
275      if (   true
276         && TS.buy_orders==0
277         && egOrderCreat(OP_BUY,npt_Lots,MyOrderComment,MagicNumber,SI,SI.ask)
278         && egPrintOut(PrintOut,"【建仓】Buy组市价建仓")
279         )
280      {
281          return(true);
282      }
283      */
284      return(false);
285  }
```

人工操盘建仓和加仓并无差别，但在程序化中就必须加以区分，持仓单从无到有和从有到多是不一样的。

⑤交易信号 egTradingSignal

计算交易信号。

void egTradingSignal（string &mySingle［］）

a. 参数值

string 类型的信号数组。

b. 返回值

mySingle。

c. 举例

egTradingSignal（SignalCode）；

d. 代码说明

这个函数部署在数据刷新 egDataRefresh 函数中，完成交易信号的计算任务，由于信号方案个性化很强，因此，该模块默认空白，返回值由开发者自行定义逻辑。

模块内含一个被写成注释的使用"全局变量 global_variable"的范例。

```
287 /*
288 函      数:交易信号
289 输出参数:信号代码,可能包含多个
290 算      法:
291 */
292 void egTradingSignal(string    &mySingle[])
293 {
294     mySingle[0]="Null"; //初始化信号代码
295 //--- 全局部变量范例   通常情况下在信号模块计算存储,
296     //global_variable=0.0; //初始化全局变量
297     //string  global_vl_name=(string)AI.login+"_"+SI.symbol; //给全局变量定义一个名字,
298     /*
299         计算全局变量的模块,给global_variable一个新的值
300         GlobalVariableSet(global_vl_name,global_variable);  //更新全局变量值
301         遍历所有全局变量: for (i=0;i<GlobalVariablesTotal();++i)
302         查找指定的全局变量: StringFind(GlobalVariableName(i),(string)AI.login,0)!=-1
303         确认指定全局变量符合要求: GlobalVariableGet(GlobalVariableName(i))!=0.0
304
305 Comment(GlobalVariablesTotal()
306         ,"\n",GlobalVariableGet("egSP_"+SI.symbol+"_0")
307         ,"  ",GlobalVariableGet("egSP_"+SI.symbol+"_1")
308         ,"  ",GlobalVariableGet("egSP_"+SI.symbol+"_2")
309         );*/
310     return;
311 }
```

每一种控单行为都可以对应一个交易信号，同一个控单行为因市场情况不同可以对应多个交易信号，因此，本函数参数设计为一个数组变量，以便更加广泛地适应各种需求。

信号变量在程序头第 87 行有预定义，策略需要多少类信号在这里就要预设多少个维度。

```
84 string      MyOrderComment="EasyGo";            //订单注释变量
85 int         MagicNumber=0;                      //EA订单识别码
86 bool        PrintOut=true;                      //输出到日志变量,true-显示,false-不显示
87 string      SignalCode[1];                      //信号代码数组变量,有几类信号就定几维,最少1维
88 int         TradingDelay=5000;                  //交易延时变量,5000毫秒
89 int         CloseTicket[2000];                  //平仓订单号数组变量,固定2000条记录
90 int         prvHistoryOrders=0;                 //上一个历史单数量
91 string      teststr="";                         //测试信息变量,调试专用
```

⑥一键清仓 egOneKeyClear

bool egOneKeyClear ()

a. 参数值

无。

b. 返回值

true 表示执行一键清仓，false 表示没有执行。

c. 举例

if (close_all = = true) egOneKeyClear ();

d. 代码说明

这个函数部署在 egDataRefresh 函数中，根据 close_all 变量的状态执行清仓任务，代码非常简洁。

```
1191 /*
1192 函    数:一键清仓
1193 输出参数:
1194 算    法:
1195 根据具体要求, 修改清仓逻辑
1196 */
1197 bool egOneKeyClear()
1198 {
1199     if (    egCloseByCondition(TO,CloseTicket,9,9)==true
1200         && egPrintOut(PrintOut,"【一键清仓】全体持仓单市价平仓")
1201        )
1202     {
1203         return(true);
1204     }
1205     return(false);
1206 }
```

变量 close_all 是一个开关变量,从鼠标点击按钮的动作中获取状态,源码 716~764 行提供了一个鼠标平仓事件的操作范例,鼠标点击按钮后会弹出一个再次确认的对话框,只有得到了再次确认,程序才会执行一键清仓。一键清仓命令在 1203 行执行。

第二节　预定义文件和变量

和所有自动化交易语言一样,MQL4 偏重于交易行为的实现,缺乏针对持仓单、历史成交单的完整管理逻辑,而订单操控必须要有这些基本功能,这就是要设计一套预定义文件的原因。

预定义文件也叫"头文件",用来定义特定需求下的组合变量,发布可用的自定义函数,在 EA 编程中可以随时定义特殊变量,调用自定义函数,确保编程质量的同时加快编程速度。

"头文件"是 C 语言的一个基本功能,限于篇幅本文不做详细介绍,缺乏这方面知识的读者可以先查阅 C 语言中的规则。

预定义文件保存在"\MQL4\Include\EasyGo"文件夹中,共有 5 个后缀名为".mqh"的文件,列表如下。

文 件 名	描 述
egAuthorization	发布有效的授权文件,与库文件关联
egControlFunctions	发布订单控制函数,与库文件关联
egEnvironmentVariables	定义环境变量
egOrdersVariables	定义订单变量
egUIFunctions	发布界面控制函数,与库文件关联

以下详细描述几个结构体变量，如何使用则在 EA 编程进阶章节进行详细描述。

1. 账户信息

账户信息在 egEnvironmentVariables.mqh 中下定义，虽然大部分变量在 MT4 中可以直接获取，但还是做了这样的设计，目的就是未来能够适应不同的交易语言。列表中最后一项"持仓商品名称列表（数组）"，将所有商品名称按顺序依次放置在 trade_symbols 变量中。

//---账户信息

```
struct AccountInfo
{
    bool      trade_allowed;      //是否允许交易
    bool      trade_expert;       //是否允许智能交易

    int       trade_mode;         //账户类型
    int       margin_so_mode;     //强平模式（0-百分比，1-金额）
    long      login;              //账号
    long      leverage;           //杠杆
    long      limit_orders;       //最大持仓单数量

    double    balance;            //余额
    double    credit;             //信用
    double    profit;             //利润
    double    equity;             //净值
    double    margin;             //已用保证金
    double    margin_free;        //可用保证金
    double    margin_level;       //保证金水平
    double    margin_so_call;     //追加保证金水平
    double    margin_so_so;       //保证金强平水平

    string    name;               //账户名称
    string    server;             //服务器名称
    string    currency;           //结算货币
    string    company;            //服务商名称
```

```
    string     trade_symbols[];    //持仓商品名称列表（数组）
};
```

2. 商品信息

商品信息在 egEnvironmentVariables.mqh 中下定义，虽然大部分变量在 MT4 中可以直接获取，但还是做了这样的设计，目的就是未来能够适应不同的交易语言。

```
//---商品信息
struct SymbolInfo
{
    bool       select;              //是否商品可视
    bool       spread_float;        //是否浮动点差

    int        symbols_total;       //商品总数
    int        digits;              //报价小数位数
    int        spread;              //点差
    int        trade_stop_level;    //停止水平
    int        trade_calc_mode;     //合同价计算模式
    int        trade_mode;          //订单执行类型（0-禁止，1-Buy，2-Sell，3-只允许平仓，4-无限制）
    int        trade_exemode;       //合约执行模式（mql4无效，0-请求执行，1-即时执行，2-市场执行，3-交易执行）

    long       trade_freeze_level;  //冻结水平
    long       swap_mode;           //掉期计算模式
    long       swap_rollover3days;  //掉期执行日（0-周日，1-周一，2-周二，3-周三，4-周四，5-周五，6-周六）

    datetime   time;                //最后报价时间
    datetime   start_time;          //商品开始交易时间（期货）
    datetime   expiration_time;     //商品结束交易时间（期货）

    double     bid;                 //卖出报价
    double     ask;                 //买入报价
    double     mid_price;           //中间报价
```

```
    double      unit_lots;              //单位仓量
    double      unit_high;              //单位高度
    double      unit_profit;            //单位利润
    double      point;                  //报价单位
    double      trade_tick_value;       //单点价值
    double      trade_tick_size;        //最小变动价位
    double      trade_contract_size;    //合约大小
    double      volume_min;             //最小建仓量
    double      volume_max;             //最大建仓量
    double      volum_step;             //最小建仓递增量
    double      swap_long;              //Buy单掉期
    double      swap_short;             //Sell单掉期
    double      margin_initial;         //初始保证金
    double      margin_maintenance;     //维持保证金
    double      margin_hedged;          //对冲保证金
    double      margin_required;        //1标准手保证金
    string      currency_base;          //基本货币
    string      currency_profit;        //利润货币
    string      currency_margin;        //保证金货币
    string      descript;               //商品描述
    string      path;                   //商品分类
    string      symbol;                 //当前商品名称
};
```

3. 持仓单信息

持仓单信息在 egOrdersVariables.mqh 中下定义。

```
//---持仓单信息
struct TradesOrders
{
    int         ticket;         //订单号
    string      symbol;         //商品名称
    datetime    opentime;       //建仓时间
    int         type;           //订单类型
```

```
    double      lots;               //建仓量
    double      openprice;          //建仓价
    double      stoploss;           //止损价
    double      takeprofit;         //止盈价
    double      profit;             //利润
    double      commission;         //佣金
    double      swap;               //掉期
    string      comment;            //注释
    int         magicnumber;        //程序识别码
    double      cost;               //成本
};
```

4. 持仓单统计信息

持仓单统计信息在 egOrdersVariables.mqh 中下定义。订单控制中总是要根据多空组浮亏浮盈来决定订单的进出，于是便设计了这套大而全的统计数据，方便随时调用。

```
//---持仓单统计
struct TradesStatistical
{
    string      symbol;              //商品名称

    int         buy_orders;          //Buy 单数量总计
    int         buylimit_orders;     //BuyLimit 单数量总计
    int         buystop_orders;      //BuyStop 单数量总计
    double      buy_grp_lots;        //Buy 组成交持仓单建仓量总计
    double      buy_grp_profit;      //Buy 组成交持仓单利润总计
    double      buy_grp_avg;         //Buy 组均价
    double      buy_grp_margin;      //Buy 组保证金占用
    double      buy_grp_risk;        //Buy 组风险值
    double      buy_grp_cost;        //Buy 组成本

    int         sell_orders;         //Sell 单数量总计
    int         selllimit_orders;    //SellLimit 单数量总计
    int         sellstop_orders;     //SellStop 单数量总计
```

```
double        sell_grp_lots;           //Sell组成交持仓单建仓量总计
double        sell_grp_profit;         //Sell组成交持仓单利润总计
double        sell_grp_avg;            //Sell组均价
double        sell_grp_margin;         //Sell组保证金占用
double        sell_grp_risk;           //Sell组风险值
double        sell_grp_cost;           //Sell组成本

double        max_floating_profit;     //最大浮盈
double        max_floating_loss;       //最大浮亏
double        max_margin;              //最大保证金占用
double        account_increment;       //余额增量
double        current_profit;          //本轮净利
double        max_lots;                //最大可建仓量

//单边持仓风险用4个节点划分5个阶段
double        risk_level_value_1;      //1级风险节点
double        risk_level_value_2;      //2级风险节点
double        risk_level_value_3;      //3级风险节点
double        risk_level_value_4;      //4级风险节点
double        risk_level_value_5;      //5级风险节点

color         risk_level_clr_1;        //1级风险颜色
color         risk_level_clr_2;        //2级风险颜色
color         risk_level_clr_3;        //3级风险颜色
color         risk_level_clr_4;        //4级风险颜色
color         risk_level_clr_5;        //5级风险颜色
TradesStatistical()
{
    //预定义风险节点
    risk_level_value_1 = 0.0;
    risk_level_value_2 = 0.0;
    risk_level_value_3 = 0.0;
    risk_level_value_4 = 0.0;
    risk_level_value_5 = 0.0;
```

```
        //预定义风险级别颜色
        risk_level_clr_1 = clrBlue;
        risk_level_clr_2 = clrGreen;
        risk_level_clr_3 = clrOrangeRed;
        risk_level_clr_4 = clrRed;
        risk_level_clr_5 = clrBlack;
    }
};
```

5. 历史单信息

历史单信息在 egOrdersVariables.mqh 中下定义。与持仓单不同，历史单有平仓时间，历史单的类型还可能包括"入金""出金"等非订单记录。

```
//---历史单信息
struct HistoryOrders
{
    int         ticket;         //订单号
    string      symbol;         //商品名称
    int         type;           //订单类型
    double      lots;           //建仓量
    datetime    opentime;       //建仓时间
    double      openprice;      //建仓价
    datetime    closetime;      //平仓时间
    double      closeprice;     //平仓价
    double      stoploss;       //止损价
    double      takeprofit;     //止盈价
    double      profit;         //利润
    double      commission;     //佣金
    double      swap;           //掉期
    string      comment;        //注释
    int         magicnumber;    //程序识别码
    double      cost;           //成本
};
```

6. 历史单统计信息

历史单统计信息在 egOrdersVariables.mqh 中下定义。

```
//---历史单统计
struct HistoryStatistical
{
    int     buy_win_orders;      //Buy盈利单数量总计
    int     buy_loss_orders;     //Buy亏损单数量总计
    int     buy_orders;          //Buy单数量总计
    double  buy_win_profit;      //Buy盈利单利润总计
    double  buy_loss_profit;     //Buy亏损单利润总计
    double  buy_profit;          //Buy单成交利润总计
    double  buy_lots;            //Buy单成交量总计
    int     buy_limit_orders;    //BuyLimit单数量总计
    int     buy_stop_orders;     //BuyStop单数量总计

    int     sell_win_orders;     //Sell盈利单数量总计
    int     sell_loss_orders;    //Sell亏损单数量总计
    int     sell_orders;         //Sell单数量总计
    double  sell_win_profit;     //Sell盈利单利润总计
    double  sell_loss_profit;    //Sell亏损单利润总计
    double  sell_profit;         //Sell单成交利润总计
    double  sell_lots;           //Sell单成交量总计
    int     sell_limit_orders;   //SellLimit单数量总计
    int     sell_stop_orders;    //SellStop单数量总计

    double  win_ratio;           //胜率
    double  loss_ratio;          //败率
    double  odds;                //赔率
    double  kelly;               //凯利
};
```

第三节　控制函数库

自动化交易的核心是"订单控制"，经过多年编程，笔者将操盘行为提炼总结成 47 个"标准动作"，编写成通用的订单控制函数。

这些函数写在 MT4 数据文件夹的 MQL4 \ Libraries \ EasyGo 中，文件名是 egControlFunctions.ex4，同时在 MQL4 \ Include \ EasyGo 中有对应的包含文件 egControlFunctions.mqh。

1. 刷新交易信息

交易信息是一切交易行为的基础数据，可用两个函数获取账户和交易商品的相关信息。

(1) 刷新当前商品环境变量

```
bool egRefreshEV
(
    AccountInfo      &myAI,      //账户信息
    SymbolInfo       &mySI       //商品信息
);
```

a. 参数值

myAI，账户信息，在程序头预定义。

mySI，商品信息，在程序头预定义。

b. 返回值

true 表示数据刷新成功，myAI 和 mySI 被刷新，false 表示数据刷新失败。

c. 举例

```
AccountInfo        AI;              //账户信息变量
SymbolInfo         SI;              //商品信息变量
egRefreshEV (AI, SI);               //刷新环境变量
```

d. 代码说明

通常 AI 和 SI 在主程序头预定义，在 egDataRefresh () 中执行实时刷新。

(2) 刷新指定商品环境变量

```
bool egRefreshEV _ Specify
(
    string           mySymbol,    //指定商品
    AccountInfo      &myAI,       //账户信息
    SymbolInfo       &mySI        //商品信息
);
```

a. 参数值

mySymbol，指定商品名称。

myAI，账户信息，在程序头预定义。

mySI，商品信息，在程序头预定义。

b. 返回值

true 表示数据刷新成功，myAI 和 mySI 被刷新，false 表示数据刷新失败。

c. 举例

```
AccountInfo        AI;            //账户信息变量
SymbolInfo         SI;            //商品信息变量
egRefreshEV_Specify("EURUSD" AI, SI);              //刷新环境变量
```

d. 代码说明

通常 AI 和 SI 在主程序头预定义，在 egDataRefresh() 中执行实时刷新。

2. 订单分组与统计

一张持仓单随着行情的变化经历盈亏转变，浮盈时，它既可以作为获利平仓单，也可以作为其他浮亏单的制衡配套单；浮亏后，它会变成被制衡单，或者认亏平仓单。由此可见，每一张持仓单在持仓过程中的角色都会跟随行情发生变化。

要想让持仓单充分适应交易策略赋予的各种角色，就必须建立一套"角色分类"规则，其中，最大的类就是所有持仓单，第二大类就是按多空分组。

订单分类之后，要立刻按类别计算统计数据，这些统计数据为控单规则提供了基本的决策数据。

（1）刷新持仓单数组

在"3.3 持仓单信息"中定义了持仓单结构体变量，包括订单号、商品名称、建仓时间、订单类型、建仓量、建仓价、止损价、止盈价、利润、佣金、掉期、注释、程序识别码和成本 14 个属性，每一张持仓单都有这些属性。

在主程序中，预定义一个持仓单数组（持仓单不止 1 张，所以用数组），

```
TradesOrders       TO[];          //持仓单信息变量
```

TO 是一个变量名，类型是"TradesOrders"结构体，结构体包含了一张持仓单的 14 个属性，每个属性都是一个独立的变量。"TO"是结构体数组变量名，"[n]"是订单在数组中的序号，"."后面的是属性，例如：

变量 TO[1].ticket，表示持仓单数组中的 2 个记录（第一个记录是 TO[0]）的持仓单单号，等同于变量 int ticket_number，ticket_number

只是一个固定名称的变量,而 TO [n] 则可以表示多个名称,订单多则变量多,订单少则变量少,结构体变量的优势就体现出来了。

结构体在本文中被普遍使用,务必理解并且会用。限于篇幅,更多结构体概念不再赘述。

```
int egRefreshTO
(
    TradesOrders    &myTO [],       //持仓单数组
    string          mySymbol,       //指定商品,"*"表示所有持仓单
    int             myMagicNum      //程序识别码,-1表示所有持仓单
);
```

a. 参数值

myTO,持仓单数组名。

mySymbol,指定商品,"*"表示所有持仓单。

myMagicNum,程序识别码,-1表示所有持仓单。

b. 返回值

该类分组持仓单数量,myTO 被刷新。

c. 举例

```
TradesOrders    TO [];             //持仓单信息变量
egRefreshTO (TO, TS.symbol, MagicNumber);    //持仓单信息
```

d. 代码说明

通常 TO 在主程序头预定义,在 egDataRefresh () 中执行实时刷新。TO 如果是特殊分类规则,则需要全新编写分类代码,"2.6.2 持仓单分类 egOrdersClass"就提供了构造买入组和卖出组两个数组的范例。

(2) 刷新持仓单组统计

针对特定的持仓单数组进行常规统计,这套统计指标在"3.4 持仓单统计信息"中做了预定义,主要内容包括 Buy 组(Sell 组)的成交持仓单数量、limit 单数量、stop 单数量,组成持仓单建仓量总计、浮动利润总计、持仓均价、保证金占用和成本等。

在主程序中,预定义一个持仓单统计变量:

```
TradesStatistical    TS;            //持仓单统计变量
```

TS 是一个结构体变量名,TS.buy_orders 表示 Buy 组持仓单数量,总

共有多少张单。

```
bool egRefreshTS
(
    TradesOrders          &myTO [],        //持仓单数组
    TradesStatistical     &myTS,           //统计结果
    AccountInfo           &myAI,           //账户信息
    SymbolInfo            &mySI            //商品信息
);
```

a. 参数值

myTO，持仓单数组名。

myTS，统计结构体变量名。

myAI，账户信息。

mySI，商品信息。

b. 返回值

true 表示统计完成，false 表示没有完成。其中，myTS 会因报价、持仓情况不同发生变化。

c. 举例

```
TradesStatistical         TS;              //持仓单统计变量
egRefreshTS (TO, TS, AI, SI);              //持仓单统计
```

d. 代码说明

通常 TS 在主程序头预定义，在 egDataRefresh () 中执行实时刷新。

这样一组数据应用场景很多，例如用于限制加仓、减仓的条件时可以这样表达，Buy 组没有持仓单（TS. buy＿orders＝＝0），市价建仓。再如双向持仓不平衡可以这样表达，TS. buy＿grp＿lots！＝TS. scll＿grp＿lots。

（3）刷新历史单数组

在"3.5 历史单信息"中定义了历史单结构体变量，包括订单号、商品名称、订单类型、建仓量、建仓时间、建仓价、平仓时间、止损价、止盈价、利润、佣金、掉期、注释、程序识别码和成本等属性，每一张历史单都有这些属性。

在主程序中，预定义一个持仓单数组（持仓单不止 1 张，所以用数组）：

```
HistoryOrders        HO [];           //历史单信息变量
```

HO 是一个变量名，类型是"HistoryOrders"结构体。

```
int egRefreshHO
(
    HistoryOrders    &myHO [],       //历史单数组
    string           mySymbol,       //指定商品，"*"表示所有持仓单
    int              myMagicNum      //程序识别码，-1表示所有持仓单
);
```

a. 参数值

myHO，历史单数组名。

mySymbol，指定商品，"*"表示所有持仓单。

myMagicNum，程序识别码，-1表示所有持仓单。

b. 返回值

历史单数量，myHO 被刷新，包含终端中所有符合条件的历史单。

c. 举例

```
HistoryOrders    HO [];              //历史单信息变量
egRefreshHO (HO, TS.symbol, MagicNumber);    //历史单信息
```

d. 代码说明

通常 HO 在主程序头预定义，在 egDataRefresh() 中执行实时刷新。HO 如果是特殊分类规则，则需要全新编写分类代码，"2.6.2 持仓单分类 egOrdersClass"就提供了构造买入组和卖出组两个数组的范例。

按平仓时间分类历史单函数，可以将指定平仓时间之后的历史单放置到 HO 数组。

```
int egRefreshHO_byCloseTime
(
    HistoryOrders    &myHO [],           //历史单数组
    string           mySymbol,           //指定商品，"*"表示所有持仓单
    int              myMagicNum          //程序识别码，-1表示所有持仓单
    const datetime   myStartTime = 0     //历史单平仓开始时间
);
```

a. 参数值

myHO，历史单数组名。

mySymbol，指定商品，"*"表示所有持仓单。

myMagicNum，程序识别码，-1表示所有持仓单。

myStartTime，历史单平仓开始时间，默认从最早时间开始，时间单位为秒。

b. 返回值

历史单数量，myHO 被刷新，包含终端中从平仓时间开始的所有符合条件的历史单。

c. 举例

egRefreshHO _ byCloseTime (HO, TS.symbol, MagicNumber, D'2018.06.01');

//历史单信息

d. 代码说明

2018年6月1日以后平仓的历史单放置在 HO 中。

（4）刷新历史单组统计

针对特定的历史单数组进行常规统计，这套统计指标在"3.6 历史单统计信息"中做了预定义，主要内容包括 Buy 组（Sell 组）的成交持仓单数量、limit 单数量、stop 单数量、胜率、败率、赔率和凯利指标等。

在主程序中，预定义一个持仓单统计变量：

HistoryStatistical   HS;   //历史单统计变量

HS 是一个结构体变量名，HS.buy _ orders 表示 Buy 组平仓单数量，总共有多少张单。

bool egRefreshHS
(
  HistoryOrders   &myHO [],   //历史单数组
  HistoryStatistical   &myHS   //统计结果
);

a. 参数值

myHO []，历史单数组名。

myHS，统计结果。

b. 返回值

true 表示统计完成，false 表示没有完成。其中，myHS 会因历史单增加而发生变化。

c. 举例

```
HistoryStatistical    HS;              //历史单统计变量
egRefreshHS (HO, HS);                  //历史单统计
```

d. 代码说明

通常 HS 在主程序头预定义，在 egDataRefresh () 中执行实时刷新。

这样一组数据在历史数据作为决策依据时经常被用到。

3. 订单快速查找

在订单操作中，经常需要在持仓单中查找浮盈最小的订单、浮亏最大的订单、建仓最早的订单、价位最高的订单。

前面的章节完成了持仓单、历史单的数组化任务，本节先介绍按条件排序的方法，重组数组顺序后再介绍精确检索订单的方法。

（1）持仓单数组排序

针对目标持仓单数组，按特定条件排序。

```
void egOrdersArraySort
(
    TradesOrders    &myTO [],        //持仓单数组
    string          mySymbol,        //商品名称，Symbol () 为当前图表商品名，"*" 为所有商品名
    int             mySeekMode       //排序类型，0-按建仓时间，1-按建仓价，2、3-按利润
);
```

a. 参数值

myTO []，持仓单数组名。

mySymbol，商品名称，Symbol () 为当前图表商品名，"*" 为所有商品名。

mySeekMode，排序类型，0-按建仓时间，1-按建仓价，2、3-按利润。

b. 返回值

无。

myTO 成员依据排序类型，按降序依次排列。

c. 举例

```
egOrdersArraySort (TO, "*", 0);
```

d. 代码说明

TO 数组中的订单按照建仓时间从近到远的顺序排列，TO［0］放置的是最近一次建仓的持仓单。

（2）历史单数组排序

针对目标持仓单数组，按特定条件排序。

void egOrdersArraySortHst
(
  HistoryOrders &myHO［］, //历史单数组
  string mySymbol, //商品名称，Symbol（）为当前图表商品名，"*"为所有商品名
  int mySeekMode //排序类型，0-按建仓时间，1-按建仓价，2、3-按利润，4-按平仓时间
);

a. 参数值

myHO［］，历史单数组名。

mySymbol，商品名称，Symbol（）为当前图表商品名，"*"为所有商品名。

mySeekMode，排序类型，0-按建仓时间，1-按建仓价，2、3-按利润，4-按平仓时间。

b. 返回值

无。

myHO 成员依据排序类型，按降序依次排列。

c. 举例

egOrdersArraySortHst（HO，"*"，4）;

d. 代码说明

HO 数组中的订单按照平仓时间从近到远的顺序排列，HO［0］放置的是最近一次平仓的持仓单。

（3）持仓单查找

按条件查找持仓单，返回订单号。

int egOrderLocationSearch
(

```
    TradesOrders      &myTO [],           //持仓单数组
    string            mySymbol,           //商品名称，Symbol () 为当前图
表商品名，"*"为所有商品名
    int               mySeekMode,         //排序类型，0-按建仓时间，1-按
建仓价，2-按盈利，3-按亏损
    int               myOrderType,        //订单类型，0-Buy，1-Sell，2-
BuyLimit，3-SellLimit，4-BuyStop，5-SellStop，9-所有
    int               myMagicNum,         //程序识别码，-1-所有订单
    int               mySerialNumber      //排序，1为最大，2为次大，以
此类推，-1为最小，-2为次小，以此类推
);
```

a. 参数值

myTO []，持仓单数组名。

mySymbol，商品名称，Symbol () 为当前图表商品名，"*"为所有商品名。

mySeekMode，排序类型，0-按建仓时间，1-按建仓价，2-按盈利，3-按亏损。

myOrderType，订单类型，0-Buy，1-Sell，2-BuyLimit，3-SellLimit，4-BuyStop，5-SellStop，9-所有。

myMagicNum，程序识别码，-1-所有订单。

mySerialNumber，排序，1为最大，2为次大，以此类推，-1为最小，-2为次小，以此类推。

b. 返回值

返回订单号，-1表示没有订单。

c. 举例

```
int ticket = egOrderLocationSearch (TO, "*", 0, 0, -1, 2);
//返回TO数组中，Buy类型倒数第二张建仓的持仓单单号
```

d. 代码说明

如果Buy类型持仓单不足2张，上述范例返回订单号为-1。

排序类型、订单类型、排序顺序的不同组合可以有很多结果，灵活的算法让我们能够准确找到策略执行中需要的订单。

（4）历史单查找

按条件查找历史单，返回订单号。

```
int egOrderLocationSearchHst
(
    HistoryOrders    &myHO [],        //历史单数组
    string           mySymbol,        //商品名称,Symbol()为当前图
表商品名,"*"为所有商品名
    int              mySeekMode,      //排序类型,0-按建仓时间,1-按建
仓价,2-按盈利,3-按亏损,4-按平仓时间
    int              myOrderType,     //订单类型,0-Buy,1-Sell,2-
BuyLimit,3-SellLimit,4-BuyStop,5-SellStop,9-所有
    int              myMagicNum,      //程序识别码,-1-所有订单
    int              mySerialNumber   //排序,1为最大,2为次大,以此
类推,-1为最小,-2为次小,以此类推
);
```

a. 参数值

myHO [],历史单数组名。

mySymbol,商品名称,Symbol()为当前图表商品名,"*"为所有商品名。

mySeekMode,排序类型,0-按建仓时间,1-按建仓价,2-按盈利,3-按亏损,4-按平仓时间。

myOrderType,订单类型,0-Buy,1-Sell,2-BuyLimit,3-SellLimit,4-BuyStop,5-SellStop,9-所有。

myMagicNum,程序识别码,-1-所有订单。

mySerialNumber,排序,1为最大,2为次大,以此类推,-1为最小,-2为次小,以此类推。

b. 返回值

返回订单号,-1表示没有订单。

c. 举例

int ticket = egOrderLocationSearchHst (HO, "EURUSD", 4, 9, -1, 1);
//返回HO数组中,EURUSD最后一张平仓单的单号

d. 代码说明

排序类型、订单类型、排序顺序的不同组合可以有很多结果,灵活的算法让我们能够准确找到策略执行中需要的订单。

(5) 持仓单数组定位

一个特定的持仓单数组 TO，经过不同条件的排序后，持仓单在数组中的顺序会发生改变，要获取指定订单号的属性，例如建仓价 TO［n］.openprice，就需要将 n 定位。

int egOrderPos
(
  TradesOrders &myTO［］, //持仓单数组
  int myTicket //订单号
);

  a. 参数值
myTO［］, 持仓单数组名。
myTicket, 订单号。
  b. 返回值
返回订单在数组中的顺序号，-1 表示找不到订单。
  c. 举例

int pos = egOrderPos (TO, 123456);
//返回订单号为 123456 的持仓单在 TO 数组中的顺序号。

  d. 代码说明
通过 TO［pos］.xxxxxx，就能获取指定订单的各项属性。

(6) 历史单数组定位

一个特定的历史单数组 HO，经过不同条件的排序后，历史单在数组中的顺序会发生改变，要获取指定订单号的属性，例如建仓价 HO［n］.openprice，就需要将 n 定位。

int egOrderPosHst
(
  HistoryOrders &myHO［］, //历史单数组
  int myTicket //订单号
);

  a. 参数值
myHO［］, 历史单数组名。
myTicket, 订单号。

b. 返回值

返回订单在数组中的顺序号，−1 表示找不到订单。

c. 举例

int pos = egOrderPosHst (HO, 123456);
//返回订单号为 123456 的持仓单在 HO 数组中的顺序号。

d. 代码说明

通过 HO [pos] .xxxxxx，就能获取指定订单的各项属性。

4. 持仓单操作

前面 3 节完成了持仓单、历史单的基本规划，目的都是能够实现稳定、方便、快捷、精准地控单。本节是整个体系的核心部分：持仓单操作。

(1) 建仓

尽管 MT4 提供了建仓命令，但是缺少了容错机制，例如，市价建一张 Buy 单，建仓价如果没有输入 Ask，就会报错。

```
bool egOrderCreat
(
    int         myType,         //建仓类型
    double      myLots,         //建仓量
    string      myComment,      //订单注释
    int         myMagicNum,     //程序控制码
    SymbolInfo  &mySI,          //商品信息
    double      myPrice         //建仓价
);
```

a. 参数值

myType，建仓类型，0＝Buy，1＝Sell，2＝BuyLimit，3＝SellLimit，4＝BuyStop，5＝SellStop。

myLots，建仓量，最小建仓量的整数倍，不符合要求不会建仓。

myComment，订单注释。

myMagicNum，程序控制码。

mySI，商品信息。

myPrice，建仓价。

b. 返回值

返回 true 表示建仓成功，false 表示建仓失败。

c. 举例

```
if ( true
  && TS. buy _ orders = = 0
  && SignalCode [0] = = "Buy"
  && egOrderCreat (OP _ BUY, 0.1, "EasyGo", 123456, SI, SI. ask)
  && egPrintOut (PrintOut, "【空仓建仓】Buy 组市价建仓")
  )
{
    return (true);
}
```

d. 代码说明

建仓量必须大于最小建仓量的整数倍且不超过平台规定的最大建仓量，不符合要求不会建仓。

挂单执行停止水平位（StopLevel）规则，必须与现价保持一定距离，其中：

BuyLimit 挂单价＜＝Ask－StopLevel，BuyStop 挂单价＞＝Ask＋StopLevel；

SellLimit 挂单价＞＝Bid＋StopLevel，SellStop 挂单价＜＝Bid－StopLevel。

本命令不支持多货币建仓。

(2) 平仓

在实际操盘过程中，平仓行为的优先级别是最高的，MT4 平仓需要得到服务器的确认，在需要多张持仓单全体平仓的操作中，因其他控单逻辑的执行，常常导致平仓平不干净，这就需要组织一套有效的逻辑方案。

在程序逻辑中，遇到需要平仓的单子，只需要将单号放进平仓数组，程序就会自动执行平仓。具体的平仓命令已经打包到函数中，程序员不需要重复编写平仓代码。

①数组平仓

在主程序中，预定义一个平仓单数组，将所有需要平仓的单号依次放置在里面。

```
int  CloseTicket [2000];    //平仓订单号数组变量，固定 2000 条记录
```

这个数组可以放置 2000 个持仓单，足够应付大多数平仓情况。

```
bool egArrayClose
(
    int         &myCloseArray [],        //平仓数组
    const int myTradingDelay = 5000      //延时
);
```

a. 参数值

myCloseArray []，平仓数组。

myTradingDelay=5000，延时 5000 毫秒，预定义为常数，这是 MT4 中用来响应服务器的参数。

b. 返回值

true 表示有持仓单成功平仓，false 表示没有执行平仓动作。

c. 举例

```
int CloseTicket [2000];    //平仓订单号数组变量，固定 2000 条记录
if (egArrayClose (CloseTicket，5000)) return (true);
```

d. 代码说明

这个函数固定放置在主程序中，如下图所示：

```
111 /*
112 函      数:总流程
113 输出参数:true-可执行，false-不可执行
114 算      法:
115 */
116 bool egMain()
117 {
118 //--- 授权验证
119     if (egVerify()!=0) return(false);
120 //--- 刷新基础数据
121     egDataRefresh();
122 //--- 平仓优先
123     if (close_all==true) egOneKeyClear();  //一键清仓
124     if (egArrayClose(CloseTicket,TradingDelay)) return(true);
125 //--- EA暂停
126     if (pause_ea==true) return(false);
127 //--- 控制逻辑
128     if (   false
129         || egReduce()     //减仓
130         || egCreat()      //建仓
131         || egAdd()        //加仓
132         || egTPSL()       //止盈止损
133        )
134     {
135         return(true);
136     }
137     return(true);
138 }
```

逻辑位置在所有控单行为之前，只要 CloseTicket 数组中还有订单号就不会执行后面的控单动作，从而确保了平仓动作完整地执行。

②条件平仓

数组平仓是将需要平仓的单子放置到平仓数组中，在实际操盘中经常需要做批量平仓，比如将所有的 Buy 单平仓，再比如将 Buy 类型持仓单中的浮盈单平仓，我们将其叫作条件平仓。

```
bool egCloseByCondition
(
    TradesOrders    &myTO [],              //持仓单数组
    int             &myCloseTicket [],     //平仓单目标数组
    int             myType,                //平仓单类型，0-Buy, 1-Sell,
2-BuyLimit, 3-SellLimit, 4-BuyStop, 5-SellStop, 9-所有
    int             myMode                 //平仓模式，0＝浮盈，2＝浮亏，9＝任意
);
```

a. 参数值

myTO []，持仓单数组。

myCloseTicket []，平仓单目标数组。

myType，平仓单类型，0-Buy, 1-Sell, 2-BuyLimit, 3-SellLimit, 4-BuyStop, 5-SellStop, 9-所有。

myMode，平仓模式，0＝浮盈，2－浮亏，9－任意。

b. 返回值

true 表示有持仓单成功平仓，false 表示没有执行平仓动作。

c. 举例

if (egCloseByCondition (TO, CloseTicket, 1, 0)) return (true);

d. 代码说明

这个命令表示在持仓单数组 TO 中，将所有 Sell 类型的浮盈单放到平仓数组 CloseTicket 中，执行平仓。

（3）止盈止损

设置止盈止损在 MT4 中有系统命令，在使用过程中，预设的止盈/止

损价常常因疏忽而导致程序报错,例如忽略了停止水平位的规定,再如价位小数点部分不合规等,因此重新编制了这个函数。

```
bool  egSetTakeLoss
(
    int         ticket,        //订单号
    int         type,          //止盈 = 0,止损 = 1
    double      price,         //止盈止损价
    SymbolInfo  &mySI          //商品信息
);
```

a. 参数值

ticket,需要设置止盈止损的订单号。

type,止盈止损类型,0=止盈,1=止损。

mySI,目标持仓单的商品信息。

b. 返回值

true 表示成功执行了止盈/止损,false 表示止盈/止损没有成功。

c. 举例

egSetTakeLoss(123456,1,openprice-200*SI.point,SI);

d. 代码说明

这个命令表示订单号为 123456 的持仓单执行 200 点止损。

(4) 利润保护

```
bool egProfitProtect
(
    TradesOrders    &myTO[],              //持仓单数组
    int             &myCloseTicket[],     //平仓单数组
    ProfitProtect   &myPP                 //利保变量
);
```

a. 参数值

myTO[],需要执行利润保护的持仓单数组。

myCloseTicket[],平仓单数组。

myPP,利保变量。这是一个结构体变量,在 egEnvironmentVariables.mqh 文件里做了预定义:

```
12 //--- 利润保护变量
13 struct ProfitProtect
14 {
15     string name;
16     double current_profit; //当前利润
17     //利保变量
18     double ProfitStart;    //启动利润
19     double ProfitMax;      //最高利润
20     double ProfitBackRate; //利润回撤率
21     bool   ProtectionState; //利保状态
22 };
```

变量有利润保护名称、当前利润、启动利润、最高利润、利润回撤率和利保状态等。

b. 返回值

true 表示成功执行了利润保护，false 表示没有执行利润保护。

c. 举例

首先在程序开头预定义需要执行利润保护的变量：

input　string npt＿＿Note20 = "＝＝＝平仓－利润保护＝＝＝";//【平仓－利润保护】

input　double npt＿pc1＿0＿pp1＿1 = 1.00;//当前货币利保启动金额（正数＝金额，0＝不执行）

input　double npt＿pc1＿0＿pp1＿2 = 0.20;//当前货币利保回撤比例

input　double npt＿pc1＿0＿pp2＿1 = 0.00;//当前账户利保启动金额（正数＝金额，0＝不执行）

input　double npt＿pc1＿0＿pp2＿2 = 0.20;//当前账户利保回撤比例

input　double npt＿pc1＿0＿pp3＿1 = 1.00;//Buy 组利保启动金额（正数＝金额，0＝不执行）

input　double npt＿pc1＿0＿pp3＿2 = 0.30;//Buy 组利保回撤比例

input　double npt＿pc1＿0＿pp4＿1 = 1.00;//Sell 组利保启动金额（正数＝金额，0＝不执行）

input　double npt＿pc1＿0＿pp4＿2 = 0.30;//Sell 组利保回撤比例

ProfitProtect PP [4];//利保变量 0＝当前货币 1＝当前账户 2＝Buy 组 3＝Sell 组

然后在平仓减仓模块中编写利润保护逻辑，以"当前货币"利润保护为例。

bool egReduce（）

{

```
//---利润保护
    //当前货币
    PP［0］.name＝"当前货币";
    //当前利润 浮动利润＋成本
    PP［0］.current_profit＝TS.buy_grp_profit＋TS.sell_grp_
profit＋TS.buy_grp_cost＋TS.sell_grp_cost;
    PP［0］.ProfitStart＝npt_pc1_0_pp1_1;//启动金额
    PP［0］.ProfitBackRate＝npt_pc1_0_pp1_2;//利润回撤
    if ( egProfitProtect (TO, CloseTicket, PP［0］) ＝＝true
        && egPrintOut (PrintOut, "【利润保护】当前商品利润保护达标,
市价平仓")
        && egPrintOut (PrintOut, "最高利润:"＋DoubleToString (PP
［0］.ProfitMax, 2)＋"当前利润:"＋DoubleToString (PP［0］.current_
profit, 2))
        )
    {
        return (true);
    }
    return (false);
}
```

预设参数变量 npt_pc1_0_pp1_1＝1, 表示当前货币浮盈达到1元时启动利润保护。预设参数变量 npt_pc1_0_pp1_2＝0.2, 表示当前货币最高浮盈回撤20%, 执行当前货币所有持仓单市价平仓。持仓单在行情运行中最高浮盈被不断刷新, 利润保护额度也会不断加大。

利润保护方法完全基于指定持仓单组的利润波动, 回避了指标信号的不确定性, 能够很好地保护既得利润。

在模板中预设了当前货币、当前账户、当前货币的Buy组和当前货币的Sell组四种执行利润保护的功能。

(5) 同向对冲

顾名思义, 就是同类型订单执行无损平仓。

→操盘方法·同向对冲

面对浮亏单, 处理的办法有两个, 一是设置止损, 到达价位认亏平仓; 二是浮亏加仓, 等待行情回调后执行无损平仓。

与商品不同,外汇汇率总是在一定范围内浮动,因此,任何一张浮亏单都有机会随着行情发展变成浮盈单。一张浮亏单可能长时间无法浮盈,而行情可能出现反转,在这个过程中就可以通过同向加仓的方法,提前实现无损平仓,处理掉这张持仓时间过长的浮亏单。这是一种最常用的操盘手法,俗称"逆势加仓"或者"马丁加仓"。

以买入单加仓为例,假设当前有一张浮亏的 Buy 单,现在出现了买入信号,需要市价添加一张 Buy 单,要求这张 Buy 单回调 20 点,能够与浮亏单一起实现保本。要实现这个目标,必然涉及两个模块,一个是计算加仓单建仓量,另一个是执行两单合计利润达标平仓。加仓过程中可能会多次添加针对这张浮亏单的加仓单。

同向对冲通常在保证金占用较多的时候使用,目的是通过无损平仓减少持仓量,让保证金占用进入安全范围。

→同向对冲加仓量

预算同向对冲加仓量函数。

```
void egSDHRData
(
    double    &myBudget[2],       //预算数组 myBudget[0] - 建仓量,myBudget[1] - 止盈价
    int       myType,             //订单组类型
    double    myPrice1,           //已有持仓单建仓价
    double    myLots1,            //已有持仓单建仓量
    double    myPrice2,           //加仓单建仓价
    double    myBackInterval      //回调间距(元)
);
```

a. 参数值

myBudget[2],预算数组;myBudget[0]-建仓量,myBudget[1]-止盈价。这个数组需要在调用函数前预定义。

myType,订单组类型,0=Buy 类型,1=Sell 类型。

myPrice1,已有持仓单建仓价,指定浮亏单的建仓价。

myLots1,已有持仓单建仓量,指定浮亏单的建仓量。

myPrice2,加仓单建仓价。对于 Buy 类型是 Ask,对于 Sell 类型是 Bid。

myBackInterval,回调间距(元)。这里不用点数,而用报价单位。

b. 返回值

预定义数组 myBudget [2], 其中 myBudget [0] -预计建仓量, my-Budget [1] -预计无损平仓价。

c. 举例

double Budget [2];

egSDHRData (Budget, 0, 1.16747, 0.1, Ask, 0.002);

d. 代码说明

这个命令表示针对建仓价为 1.16747 元、建仓量为 0.1 手的 Buy 类型浮亏单, 在当前报价市价添加一张 Buy 单, 当行情回调 200 点 (0.002 元) 后两单相加的浮动利润为不亏, 预算建仓量和保本价。

→同向对冲函数

对于一组（两张以上）同类型的持仓单, 按照预定的参数, 把所有浮盈单以及从最远浮亏单开始累计能够与浮盈金额冲抵不亏的单子集合起来, 执行同时平仓。

```
bool egSDHR
(
    TradesOrders      &myTradingOrders [],      //持仓单数组
    TradesStatistical &myTradingStatistical,    //持仓单统计数组
    int               myType,                   //持仓单类型
    int               myMagicNumber,            //订单识别码
    int               &myCloseTicket [],        //平仓数组
    double            myInterval1,              //回调间距（价格）
    double            myBudgetRate              //对冲平衡系数（=盈利/亏损）
);
```

a. 参数值

myTradingOrders [], 持仓单数组。

myTradingStatistical, 持仓单统计数组。

myType, 持仓单类型, 0＝Buy 类型, 1＝Sell 类型。

myMagicNumber, 订单识别码, 这是程序独有的识别码, －1 表示所有的持仓单, 含非程序产生的持仓单, 例如手工建仓的单子。

myCloseTicket [], 平仓数组。

myInterval1，回调间距（价格），表示报价达到最远浮盈单浮盈指定距离后开始执行同向对冲。

myBudgetRate，对冲平衡系数（＝盈利/亏损）。如果设置1，表示累计浮盈与累计浮亏正好相抵；大于1，则能实现对冲后的结果有盈利，而不是为0。

b. 返回值

true 表示成功执行了同向对冲，false 表示没有执行。

c. 举例

egSDHR（TO，TS，0，－1，CloseTicket，0.00380，1.3）；

d. 代码说明

这个命令表示持仓单 TO 数组中的所有 Buy 类型的单子，在最低价浮盈超过380点（0.00380元）的时候执行同向对冲，对冲结果为浮盈总金额是浮亏总金额的1.3倍。

（6）反向对冲

→操盘方法·动态制衡

在外汇操作中，经常会出现多空同时持仓的情况，持仓单组自然锁定了一部分浮动利润，这种非人为造成的锁单对子现象，叫作动态制衡。

假设现在 Buy 组浮亏，总持仓量为1手，有 Sell 信号，新建0.1手 Sell 单，那么就有一对0.1手的多空单自然形成了一对锁单，锁住了一部分浮亏。如果行情继续下行，Buy 组就只有0.9手会继续增加浮亏，而不是1手，以此类推，随着行情不断下行，Sell 单不断增加，Sell 组持仓量会与 Buy 组持仓量持平，甚至超过 Buy 组持仓量。

当单边浮亏达到一定金额后，只需要利用这种现象，让反向单组跟随信号自然加仓，就会延缓单边组浮亏增速，只要坚持盈利单边组不平仓减仓，就会达到自动完全锁定浮亏的目的。然而，市场常常会在完全锁定浮亏之前发生反转，一旦出现浮亏组加仓信号，浮亏组开始执行反向加仓，执行同向对冲，而盈利组就可以选择平仓、减仓了。这个过程就是自然解锁的过程。

动态制衡避免了人为锁定浮亏的被动局面，使得操盘行为更加贴近市场的节奏，值得操盘手深度利用。

→操盘方法·反向对冲

持仓单出现了动态制衡格局的时候，可以用反向对冲的方法实现无损减仓。反向对冲是指用单边所有的浮盈与部分（或者全部）浮亏单组执行无损平仓。

→反向对冲函数——全体

bool egODHR

(

  TradesOrders   &myTradingOrders [],   //持仓单数组

  TradesStatistical &myTradingStatistical,   //持仓单统计数组

  int   &myCloseTicket [],   //平仓数组

  double   myBudgetRate,   //对冲平衡系数

  string   myNote   //输出信息

);

  a. 参数值

  myTradingOrders []，持仓单数组。

  myTradingStatistical，持仓单统计数组。

  myCloseTicket []，平仓数组。

  myBudgetRate，对冲平衡系数（＝盈利/亏损）。如果设置1，表示累计浮盈与累计浮亏正好相抵；大于1，则能实现对冲后的结果有盈利，而不是为0。

  myNote，输出信息。

  b. 返回值

  true 表示成功执行了反向对冲，false 表示没有执行。

  c. 举例

egODHR (TO, TS, CloseTicket, 1.3,"执行同向对冲，全体平仓"）;

  d. 代码说明

  这个命令表示目标持仓单组 TO（含多空单）出现全体浮盈且浮盈金额是浮亏金额的1.3倍时，执行全体平仓。

  →反向对冲函数——部分

  双向持仓在大多数情况下很难出现整体浮盈，但部分浮盈用来对冲部分浮亏单的机会还是很多的。

bool egODHR_mn

(

  TradesOrders   &myTradingOrders [],   //持仓单数组

```
    SymbolInfo          &mySI,                  //商品信息变量
    TradesStatistical   &myTradingStatistical,  //持仓单统计数组
    int                 &myCloseTicket [],      //平仓数组
    int                 myODHRType,             //平仓单类型
    int                 mm,                     //最大盈利单数量  数量
在范围内参与对冲
    int                 m,                      //最小盈利单数量  数量
不够不执行
    int                 n,                      //亏损单数量  数量不够
不执行
    int                 myMode,                 //对冲模式，0＝最小盈
亏，1＝最大盈亏，2＝距离最近，3＝距离最远
    double              myBudgetRate            //对冲平衡系数  负数为
金额
);
```

a. 参数值

myTradingOrders []，持仓单数组。

mySI，商品信息变量。

myTradingStatistical，持仓单统计数组。

myCloseTicket []，平仓数组。

myODHRType，平仓单类型，0＝Buy 类型，1＝Sell 类型。

mm，最大盈利单数量，数量在范围内参与对冲。从最大浮盈单递减累计数量不超过（含）mm 张参与对冲。

m，最小盈利单数量，数量在范围内参与对冲。从最小浮盈单递增累计数量不超过（含）mm 张参与对冲。

n，亏损单数量，数量超过该内参方可执行。

myMode，对冲模式，0＝最小盈亏，1＝最大盈亏，2＝距离最近，3＝距离最远。

myBudgetRate 对冲平衡系数。如果设置 1，表示累计浮盈与累计浮亏正好相抵；大于 1，则能实现对冲后的结果有盈利，而不是为 0；如果为负数，表示在累计浮亏金额基础上再添加一个偏差值，目的是达到平仓结果为盈利。

b. 返回值

true 表示成功执行了反向对冲，false 表示没有执行。

c. 举例

egODHR_mn (TO, SI, TS, CloseTicket, 0, 10, 10, 1, 2, 1.3);

d. 代码说明

这个命令表示目标持仓单组 TO（含多空单）的 Buy 组出现了不超过 10 张浮盈单全体浮盈，有最少 1 张 Sell 组浮亏单的情况，按照距离报价最近的规则，组合的浮盈金额超过浮亏金额的 1.3 倍时所有相关的单子平仓。此举可将报价附近的持仓单平仓出局，在订单布局中，为下一步加仓腾出空位。

5. 持仓单布局

每一种汇率都有其额定的运行区间，价格太低了会上涨，价格太高了会下跌，这是所有货币对的特点，也就是说，一张浮亏单随着行情的发展，总是存在变成浮盈单的机会。

每一次加仓，都会让该组的均价向当前报价靠近一点，这就意味着行情一旦发生反转，就有机会执行同向对冲，实现无损平仓，达到减仓的目的，甚至有机会搭乘一轮单边行情获取高额利润。

如果加仓单集中在一个狭小的报价区域，那么就意味着风险控制的可操作区间太小，灵活度不够，增加了风控的难度，因此，在操盘过程中合理的订单布局就显得非常重要。

(1) 距离最近的 2 张持仓单

在实际操盘中，我们经常需要获取与当前报价最近的 2 张单的情况来决定操盘行为，这个函数能计算出 2 张距离最近的持仓单单号。

```
void egNearestOrderTicket
(
    TradesOrders      &myTO [],              //持仓单数组
    TradesStatistical &myTS,                 //持仓单统计数组
    int               myOrderType,           //建仓类型
    double            myBasePrice,           //基准价
    int               &myNearestTicket [2]   //上下订单单号
);
```

a. 参数值

myTO []，持仓单数组。

myTS，持仓单统计数组。

myOrderType，建仓类型，0 = Buy, 1 = Sell, 2 = BuyLimit, 3 = Sell-

Limit，4＝BuyStop，5＝SellStop，9＝任意类型。

myBasePrice，基准价。如果用 Ask 或者 Bid，表示与现价距离最近，也可以使用其他的价格。

myNearestTicket［2］，上下订单单号，这是一个二维数组，myNearestTicket［0］存储较高价持仓单，myNearestTicket［1］存储较低价持仓单，myNearestTicket［x］为 0 表示没有较高（较低）价单子。这个数组变量需要预定义。

b. 返回值

较高和较低价订单号。

c. 举例

int NearestTicket［2］；//预定义上下订单单号数组
egNearestOrderTicket（TO，TS，0，Ask，NearestTicket）；

d. 代码说明

这个命令表示将持仓单组 TO 中距离 Ask 价格最近的 2 张 Buy 类型的单号保存到 NearestTicket 中。

（2）是否允许按间距加仓

加仓行为有一个必选的前提条件，就是与同类型持仓单保持间距。

```
int egInsertOrder
(
    TradesOrders        &myTO［］,        //持仓单数组
    TradesStatistical   &myTS,           //持仓单统计数组
    int                 myOrderType,     //建仓类型
    double              myPrice,         //预计建仓价
    double              myInterval       //建仓间隔（报价单位）
);
```

a. 参数值

myTO［］，持仓单数组。

myTS，持仓单统计数组。

myOrderType，建仓类型，0＝Buy，1＝Sell，2＝BuyLimit，3＝SellLimit，4＝BuyStop，5＝SellStop，9＝任意类型。

myPrice，预计建仓价，通常使用 Ask 或者 Bid。

myInterval，建仓间隔，这里采用报价单位而不是点数。

b. 返回值

1＝允许加仓，－1＝禁止加仓。

c. 举例

If (egInsertOrder (TO, TS, 0, Ask, 0.002) = = 1)

{

    //执行加仓

}

d. 代码说明

这段代码表示对于持仓单数组 TO，在报价 Ask 附近±0.002 元范围内没有 Buy 类型持仓单，允许加 Buy 单。

（3）当前 K 线持仓单数量

现在的分析技术对当前 K 线，特别是大 K 线，做出实时的信号识别，因此，当图表 K 线波动超过 2 倍加仓间距时，在同一 K 线上会执行二次加仓。为了避免同一 K 线过度交易，还需要得知当前 K 线是否有平仓。

int egOrdersInShift

(

    TradesOrders &myTO [], //持仓单数组

    string mySymbol, //货币对名称

    int myTimeFrame, //时间框架

    int myGroupType, //组类型，0-买入组，1-卖出组

    bool myHistory, //true - 含历史单，false - 不含历史单

    int myMagicNum //程序识别码，－1-全部

);

a. 参数值

myTO []，持仓单数组。

mySymbol，货币对名称。

myTimeFrame，时间框架，即图表时间周期，输入分钟，如 1 小时必须输入 60。

myGroupType，组类型，限制 2 种类型，0 表示买入组，1 表示卖出组。

myHistory，true 表示含历史单，false 表示不含历史单。

myMagicNum，程序识别码，其中－1 表示全部。

b. 返回值

持仓单和历史单（如果需要）在当前 K 线上的数量。

c. 举例

```
If (egOrdersInShift (T0, "EURUSD", 60, 0, false, -1) = = 0)
{
    //执行加仓
}
```

d. 代码说明

这段代码表示在货币对 EURUSD 的时间周期为 1 小时的图表中，当前 K 线没有持仓单，可以执行加仓。

6. 实用函数

（1）一维数组排序

一维数组排序是程序化编码中常用的方法，本函数采用"冒泡算法"对目标数组重新进行降序排序。

```
void egArraySort
(
    double  &myArray []     //目标数组
);
```

a. 参数值

myArray []，需要排序的目标数组。

b. 返回值

将一维数组 myArray 按照降序重新排序。

c. 举例

```
double  testArray [10],    //预定义目标数组
//填充目标数组，例如
//testArray [0] = 2;
//testArray [1] = 0;
//testArray [2] = 4;
…
//testArray [9] = 9;

egArraySort (testArray);
```

d. 代码说明

数组排序分三个步骤，第一步是预定义目标数组，第二步是给目标数组赋值，第三步是将目标数组重新排序。这段代码执行完毕后结果是：testArray [9] =9，testArray [8] =8，…，testArray [0] =0。

（2）操盘方法·余额保护

特定名词"一轮交易"，是指从空仓开始建仓，经历加仓、减仓操作后再次变为空仓的操作过程。

特定名词"余额增量"，指在一轮交易中所有平仓单的利润累计。

一轮交易过程中，持仓单连续地进出，其余额增量有可能会变成正数，如果此时持仓浮亏能与余额增量抵消，就意味着可以全体平仓，消除浮亏，结束一轮交易。

这是一种无损平仓的操盘方法，通常用于高频刷单赚取返佣的策略，也可以满足降低仓位、消除浮亏的需求。

下面说说余额保护。

```
bool egBalanceProtection
(
    TradesStatistical    &myTS,              //持仓单统计
    TradesOrders         &myTO [],           //持仓单数组
    double               myBalance,          //当前余额
    double               myInitBalance,      //初始余额
    double               myBPBase,           //保护基数
    double               myBPRatio,          //保护系数
    int                  &myCloseTicket []   //平仓数组
);
```

a. 参数值

myTS，持仓单统计。

myTO []，持仓单数组。

myBalance，当前余额。

myInitBalance，初始余额，记录开始执行余额保护时的账户余额。

myBPBase，保护基数，余额保护执行完毕后最少需要保留利润的金额数。

myBPRatio，保护系数（%），浮动浮亏与余额增量的比例。

myCloseTicket []，平仓数组。

b. 返回值

true＝执行了余额保护，false＝没执行余额保护。

c. 举例

egBalanceProtection（TS，TO，Balance（），5000.00，20.00，0.8，CloseTicket）；

d. 代码说明

这条命令表示从5000.00元计算，余额增量超过20.00元可以执行余额保护，当TO数组浮亏金额低于余额增量的0.8时执行余额保护。

(3) K线实体平均高度

在时间－价格图表中，K线大小不一，这个函数用于计算当前图表一定数量K线实体的平均高度。

```
int egBarAvgHigh
(
    int ShiftNum      //K线数量
);
```

a. 参数值

ShiftNum，K线数量。

b. 返回值

当前图表从当前K线开始一定数量K线实体的平均高度，单位：点数。

c. 举例

egDarAvgHigh（55）；

d. 代码说明

计算当前图表从当前K线开始向左55根K线的实体平均高度。

(4) 基于起点的K线实体平均高度

计算当前图表从指定K线位置开始一定数量K线实体的平均高度。

```
int egBarAvgHighByPos
(
    int myPos,        //K线起点
    int ShiftNum      //K线数量
);
```

a. 参数值

myPos，K 线起点。

ShiftNum，K 线数量。

b. 返回值

当前图表从指定 K 线位置开始一定数量 K 线实体的平均高度，单位：点数。

c. 举例

egBarAvgHighByPos（5，55）；

d. 代码说明

计算当前图表从左边第 5 根 K 线开始向左 55 根 K 线的实体平均高度。

（5）文件读写

文件读写是一门计算机语言常用的方法。

bool egFileRW
(
  string myString,   //读写结果变量
  int type = 0,   //操作类型，0-读，1-写
  string name = "",   //文件名，含路径" \\ "
  int modifytype = 0,   //写方式，0-新建，1-追加
  int filetype = 8   //文件格式，4-BIN，8-CSV，16-TXT
);

a. 参数值

myString，读写结果变量。

type＝0，操作类型，0＝读，1＝写。

name＝""，文件名，含路径" \\ "。

modifytype＝0，写方式，0＝新建，1＝追加，读文件操作无效。

filetype＝8，文件格式，4＝BIN，8＝CSV，16＝TXT。

b. 返回值

true＝读写成功，false＝读写失败。

c. 举例

egFileRW（"测试信息"，1，"测试文件"，0，16）；

d. 代码说明

新建一个"测试文件.txt"文件,将"测试信息"写入文件。

(6) 读 csv 文件数据到二维数组

逗号分隔值(comma-separated values,csv,有时也称字符分隔值,因为分隔字符也可以不是逗号),其文件以纯文本形式存储表格数据(数字和文本)。

csv 文件由任意数目的记录组成,记录之间以换行符分隔;每条记录均由字段组成,字段间的分隔符是特定字符,最常见的是逗号。

通常所有记录都有完全相同的字段序列,并且以纯文本形式保存。

```
bool egFileCSV_to_Array
(
    string    myFileName,           //文件名
    string    &myStrArray [] []     //字符串数组
);
```

a. 参数值

myFileName,文件名,必须是 csv 格式。

myStrArray [] [],字符串数组,需要预定义,行数不能小于 csv 文件的记录数量,列数要与 csv 列数完全一致。

b. 返回值

true=读写成功,false=读写失败。

c. 举例

```
string StrArray [50] [13] //字符串数组
egFileCSV_to_Array ("csv 文件.csv", StrArray);
```

d. 代码说明

将"csv 文件.csv"文件中的记录依次赋值到 StrArray 数组变量中。

(7) 查找有指定注释的订单

```
int egFindCommentOrder
(
    TradesOrders  &myTO [],      //持仓单数组
    string        myComment,     //订单注释
    int           myType,        //持仓单类型
```

```
    int              myMagicNum      //订单特征码，-1-全部
);
```

  a. 参数值

myTO []，持仓单数组。

myComment，订单注释。

myType，持仓单类型，0＝Buy，1＝Sell，2＝BuyLimit，3＝SellLimit，4＝BuyStop，5＝SellStop，9＝任意类型。

myMagicNum，订单特征码，-1＝全部。

  b. 返回值

订单号，-1 表示没有指定订单。

  c. 举例

```
int ticket = egFindCommentOrder (TO,"EasyGo", 0, -1);
```

  d. 代码说明

将持仓单数组 TO 中的 Buy 类型订单的注释为"EasyGo"的持仓单赋值给额变量 ticket。

  (8) 查找有指定程序识别码的订单

```
int egFindMagicNumberOrder
(
    TradesOrders     &myTO [],       //持仓单数组
    int              myMagicNum,     //程序识别码，-1-全部
    int              myType          //持仓单类型
);
```

  a. 参数值

myTO []，持仓单数组。

myMagicNum，程序识别码，-1＝全部。

myType，持仓单类型，0＝Buy，1＝Sell，2＝BuyLimit，3＝SellLimit，4＝BuyStop，5＝SellStop，9＝任意类型。

  b. 返回值

订单号，-1 表示没有指定订单。

  c. 举例

```
int ticket = egFindMagicNumberOrder (TO, 123456, 0);
```

d. 代码说明

将持仓单数组 TO 中的 Buy 类型订单的程序识别码为"123456"的持仓单赋值给额变量 ticket。

(9) 金额转换建仓量

```
double egFundsToHands
(
    string    mySymbol,    //货币对名称
    double    myFunds      //资金基数
);
```

a. 参数值

mySymbol，货币对名称，不同货币对单点价值不同。

myFunds，资金基数，输入金额数。

b. 返回值

建仓量。按四舍五入规则计算建仓量，不足最小建仓量的返回－1。

c. 举例

```
double lots = egFundsToHands ("EURUSD", 100.00);
```

d. 代码说明

将 100.00 元转换成 EURUSD 对应的建仓量。

(10) 基于基数百分比的建仓量

```
double egLotsByBaseAmount
(
    double    myScale,          //建仓比例
    double    myBaseAmount      //基数
);
```

a. 参数值

myScale，建仓比例，输入百分比数值，例如为 10% 则输入 10。

myBaseAmount，基数，输入金额数，单位：元。

b. 返回值

建仓量。按四舍五入规则计算建仓量，不足最小建仓量的按最小建仓量计算。

c. 举例

```
double lots = egLotsByBaseAmount (10, 100.00);
```

d. 代码说明

计算指定金额 100.00 元的 10% 对应的建仓量，赋值到变量 lots 中。

注意：该函数只能用于当前货币。

(11) 建仓量整形

不同货币对建仓量的格式要求有所不同，例如，有的平台规定 XAUUSD 最小建仓量为 1 手，每次递增最小单位为 1 手，如果计算出建仓量手数为 1.2 手，则不符合平台对于建仓量的格式要求，就无法正确执行建仓操作。

double egLotsFormat
(
    string   mySymbol,   //货币对名称
    double   myLots   //需要整形的建仓量
);

a. 参数值

mySymbol，货币对名称。

myLots，需要整形的建仓量，单位：手。

b. 返回值

建仓量。按四舍五入规则计算建仓量。

c. 举例

double lots = egLotsFormat（"XAUUSD"，1.2）;

d. 代码说明

将 1.2 手转换成符合 XAUUSD 建仓量规则的格式。

注意：所有程序计算的建仓量都要用这个函数做一次整形，这是常用函数。

(12) 基于量价对应的利润

针对当前货币当前报价计算指定建仓量、指定价位的利润，通常用于设置挂单。

double egLotsOpenpriceToProfit
(
    string   mySymbol,   //货币对名称
    double   mySpecifyLots, //指定建仓量
    double   mySpecifyPrice, //指定建仓价

```
    int         mySpecifyType    //持仓单类型，买入或者卖出
);
```

    a. 参数值

mySymbol，货币对名称。

mySpecifyLots，指定建仓量。

mySpecifyPrice，指定建仓价。

mySpecifyType，持仓单类型，0＝Buy，1＝Sell。

    b. 返回值

利润金额。按四舍五入规则计算。

    c. 举例

```
double profit = egLotsOpenpriceToProfit（"XAUUSD"，1.2，1227.50，0）;
```

    d. 代码说明

计算在报价 1227.50 元位置设置 1.2 手 Buy 单距离现价的利润。

（13）基于建仓量和利润对应的点数

针对指定货币持仓单计算指定建仓量、指定利润的点数。

```
int egLotsProfitToPoint
(
    string      mySymbol,         //货币对名称
    double      mySpecifyLots,    //指定建仓量
    double      mySpecifyProfit   //指定利润
);
```

    a. 参数值

mySymbol，货币对名称。

mySpecifyLots，指定建仓量。

mySpecifyProfit，指定利润。

    b. 返回值

点数。按四舍五入规则计算，是最小报价单位的整数倍。

    c. 举例

```
double point = egLotsProfitToPoint（"XAUUSD"，1.2，100.00）;
```

    d. 代码说明

计算商品 XAUUSD 持仓 1.2 手获利 100.00 元行情需要波动的点数。

(14) 当前持仓商品列表

将当前持仓商品输出至指定数组，常用于多货币操盘。

void egTradingSymbols
(
  string &mySymbol []   //商品名称数组
);

  a. 参数值

mySymbol []，商品名称数组，数组需要预定义。

  b. 返回值

mySymbol 数组中为持仓商品。

  c. 举例

string mySymbol [100]; //预定义商品列表数组
egTradingSymbols (mySymbol);
int symbol_num = ArraySize (mySymbol);

  d. 代码说明

将当前持仓商品名称输出至数组变量 mySymbol，symbol_num 为当前持仓商品总数。在实际交易中列表会发生变化，持仓总数也会发生变化。

(15) 基于指定波幅、指定利润的建仓量

预算指定波幅指定利润的建仓量，常用于计算可对冲加仓量。

double egOrderBudgetLots
(
  SymbolInfo &mySI,   //商品信息变量
  double myOrderPrice,//订单建仓价
  double myAmount,   //目标金额
  double myPrice   //市场报价
);

  a. 参数值

mySI，商品信息变量。

myOrderPrice，订单建仓价。

myAmount，目标金额。

myPrice，市场报价。

b. 返回值

建仓量，按四舍五入规则计算建仓量。

c. 举例

```
double lots = egOrderBudgetLots (SI, 1227.50, 100.00, Ask);
```

d. 代码说明

计算从当前报价 Ask 到 1227.50 元能够盈利 100.00 元所需要的建仓量。

(16) 订单利润转换点数

动态计算当前商品的持仓单浮动利润点数。

```
int egOrderEquitToPoint
(
    int    myTicket    //订单号
);
```

a. 参数值

myTicket，订单号。

b. 返回值

点数，按四舍五入规则计算。

c. 举例

```
int lots = egOrderEquitToPoint (123456);
```

d. 代码说明

计算当前商品指定单号为 123456 的持仓单的浮动利润点数。

(17) 持仓单类型转换为字符

在 MT4 程序中，订单类型采用正整数表示的，有时候需要将类型输出到屏幕，这就需要转换为人可识别的字符。

```
string egOrderTypeToString
(
    int    myType    //订单类型
);
```

a. 参数值

myType，订单类型，0＝Buy，1＝Sell，2＝BuyLimit，3＝SellLimit，

4＝BuyStop，5＝SellStop。

  b. 返回值

  点数，按四舍五入规则计算。

  c. 举例

string typestr = egOrderTypeToString (1);

  d. 代码说明

  将订单类型代码为 1 的转换成字符"Sell"。

  (18) 推送信息

  在 MT4 程序中有许多信息推送方式，这个函数将常用的信息推送集成起来，方便调用。

bool egSendInfo
(
  string myInfo,   //需要推送的信息
  bool   my _ Alert _ Window = false, //弹出窗口推送
  bool   my _ Alert _ EMail = false, //邮件推送
  bool   my _ Alert _ App = false   //手机 App 推送
);

  a. 参数值

  myInfo，需要推送的信息。

  my _ Alert _ Window＝false，弹出窗口推送，true＝执行推送，false＝不执行推送。

  my _ Alert _ EMail＝false，邮件推送，需要在 MT4 终端设置电子邮箱，true＝执行推送，false＝不执行推送。

  my _ Alert _ App＝false，手机 App 推送，true＝执行推送，false＝不执行推送。

  b. 返回值

  true＝推送成功，false＝推送失败。

  c. 举例

egSendInfo（"有新订单入场"，true，false，false）;

  d. 代码说明

  在 MT4 终端用弹出窗口方式推送一条"有新订单入场"信息。

(19) 时间框架转中文字符

在 MT4 程序中，默认 9 个时间周期，都是用分钟表示的，这个函数可将其转换为中文字符。

string egTimeFrameToString
(
    ENUM_TIMEFRAMES   my_TimeFrame   //时间周期
);

    a. 参数值

my_TimeFrame，时间周期。

    b. 返回值

中文时间周期。

    c. 举例

string timeframestr = egTimeFrameToString (PERIOD_H1);

    d. 代码说明

将 PERIOD_H1 转换为"1 小时"。

时间周期与中文字符对照表如下：

时间周期	中文字符
PERIOD_M1	1 分钟
PERIOD_M5	5 分钟
PERIOD_M15	15 分钟
PERIOD_M30	30 分钟
PERIOD_H1	1 小时
PERIOD_H4	4 小时
PERIOD_D1	1 日
PERIOD_W1	1 周
PERIOD_MN	1 月

(20) 有效时间段

在 MT4 程序中，经常要限定指定时间段操盘。

bool egTimeValid
(
    string myStartTime,   //开始时间，标准格式为 hh：mm
    string myEndTime,   //结束时间，标准格式为 hh：mm

```
    bool    myServerTime         //true 为服务器时间，false 为计算机时间
);
```

a. 参数值

myStartTime，开始时间，标准格式为 hh：mm。

myEndTime，结束时间，标准格式为 hh：mm。

myServerTime，true＝服务器时间，false＝计算机时间。

b. 返回值

true＝当前时间在有效范围内，false＝当前时间不在有效范围内。

c. 举例

```
bool timevalid = egTimeValid ("16：00", "23：00", false);
```

d. 代码说明

当前计算机时间在 16：00 至 23：00，为有效时间，变量 timevalid＝true，否则 timevalid＝false。

注意：

起始时间输入字符必须是英文字符。

如果开始时间大于结束时间，表示隔日，例如，开始时间为 23：00，结束时间为 8：00，表示有效时间从当日 23 点到次日 8 点。

（21）交易延时

MT4 成功交易受制于网络延时和服务器，这条命令为了让交易流畅，设置了延时器。

```
void egTradeDelay
(
    int    myDelayTime           //延时（毫秒）
);
```

a. 参数值

myDelayTime，延时（毫秒）。

b. 返回值

无。

c. 举例

```
egTradeDelay (500);
```

d. 代码说明

交易延时 500 毫秒。

注意：这条命令不能让程序延时 500 毫秒，而是让交易延时。

（22）报错信息转换为中文

MT4 程序为很多错误定义了代码，这个函数将错误代码转换为中文字符，方便程序调试。

```
string egGetErrorInfo
(
    int    myErrorNum      //错误代码
);
```

a. 参数值

myErrorNum，错误代码。

b. 返回值

错误代码对应的中文内容。

c. 举例

```
String errorstr = egGetErrorInfo (130);
```

d. 代码说明

将错误代码 130 对应的中文内容"止盈止损错误"赋值到变量 errorstr 中。

第四节　界面（UI）函数库

MQL4 是一个操盘语言，在图形界面上功能较弱，系统提供了最基础的绘图和屏幕输出命令。

作为一个软件，不仅仅功能实现要精准，人机交互界面也是有一定要求的，本章就汇总了常用的制作界面的函数和方法。

这些函数写在 MT4 数据文件夹的 MQL4 \ Libraries \ EasyGo 中，文件名是 egUIFunctions.ex4，同时在 MQL4 \ Include \ EasyGo 中有对应的包含文件 egUIFunctions.mqh。

1. 界面的构成

我们先来看看本书配套的仪表盘界面：

```
           EURUSD  2018.08.17 23:59:59 周5
    5000.00 账户余额
       0.00 账户盈亏       一键清仓          暂停EA
    5000.00 账户净值      SellGrp.         BuyGrp.
    0.00手/0单 历史总量    1.14371         1.14446
    0.00/0.00 历史盈亏      0 0 0            0 0 0
  0.0000/0.0000 盈亏比率     0.00            0.00
  0.0000/0.0000 凯利赔率     0.00            0.00
                         0.00/0.00000/0.00 单位数据
                                    Null 交易信号
```

这个仪表盘由若干个"对象"组成，其中灰色矩形构成了仪表盘的底板，天蓝色矩形构成了仪表盘的标题栏，标题栏右边有一个收放按钮，底板上有两个按钮，分别是"一键清仓"和"暂停EA"，还有许多文字对象，用来在底板右中显示持仓信息，右下显示单位数据和交易信号，底板左边显示交易统计数据。

每一个对象都有自己独立的"对象名"和属性，属性包括了对象的类型，如矩形、文字、按钮等，还包括在屏幕上的坐标，显示内容、颜色、大小、字体等不一而足。

初步了解了上述知识后，就可以用MQL4语言编制出漂亮的界面了。

常用箭头类符号代码可在MQL4帮助文件"MQL4 Reference/Standard Constants, Enumerations and Structures/Objects Constants/Wingdings"中查阅。

常用颜色代码可在MQL4帮助文件"MQL4 Reference/Standard Constants, Enumerations and Structures/Objects Constants/Web Colors"中查阅。

2. 输出符号到图表

在主图中指定的K线时间和价格上画符号。

```
bool egArrowOut
(
    const   bool      isout = true,          //允许输出
    const   long      chart_ID = 0,          //主图ID
    const   string    name = "Arrow",        //对象名称
```

```
    const  int         sub_window = 0,              //副图编号
    const  datetime    time = 0,                    //标注点K线时间
    const  double      price = 0,                   //标注点K线价格
    const  uchar       arrow_code = 252,            //箭头代码
    const  ENUM_ARROW_ANCHOR  anchor = ANCHOR_BOTTOM, //锚点
    const  color       clr = clrRed,                //箭头颜色
    const  ENUM_LINE_STYLE  style = STYLE_SOLID,    //显示类型
    const  int         width = 3,                   //箭头尺寸
    const  bool        back = false,                //设置为背景
    const  bool        selection = false,           //高亮移动
    const  bool        hidden = true,               //列表中隐藏对象名
    const  long        z_order = 0                  //priority for mouse click
);
```

a. 参数值

isout=true，允许输出。

chart_ID=0，主图ID。

name="Arrow"，对象名称。

sub_window=0，副图编号，如果在副图中标注，需要指明副图的编号。

time=0，标注点K线时间。

price=0，标注点K线价格。

arrow_code=252，箭头代码，可以是Wingdings列表中任意一个符号。

anchor=ANCHOR_BOTTOM，锚点。

clr=clrRed，箭头颜色。

style=STYLE_SOLID，显示类型，是指线型，包括实线、虚线、点画线等。

width=3，箭头尺寸。

back=false，设置为背景，默认设置不是背景，会遮挡其他对象，包括主图中的K线。

selection=false，高亮移动，默认不可用鼠标移动。

hidden=true，列表中隐藏对象名。

z_order=0 priority for mouse click。

b. 返回值

true 表示箭头在主图指定时间和指定价格位置成功画出，false 表示画箭头失败。

c. 举例

egArrowOut (true, 0, "aArrow", 0, Time [2], High [2], 252, ANCHOR_BOTTOM, clrRed, STYLE_SOLID, 3, false, false, true, 0);

d. 代码说明

在主图左边第 2 根 K 线的最高价位置画一个对象名称为"aArrow"的红色符号"√"，如下图所示。

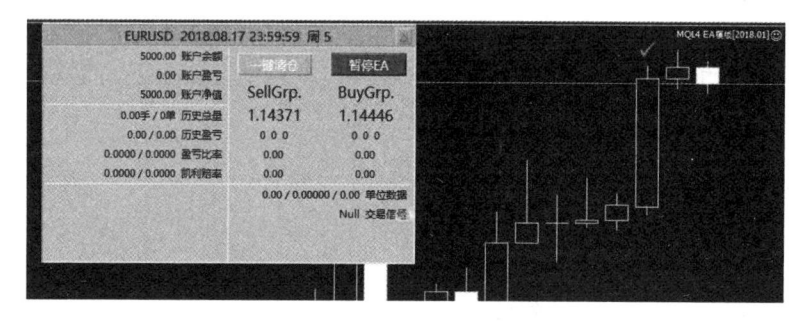

3. 输出 Bit 图片到图表（时间－价格坐标）

在主图中指定的 K 线时间和价格上显示图片，图片必须是 .bmp 格式。

```
bool  egBitmapOut
(
    const  bool      isout = true,          //允许输出
    const  long      chart_ID = 0,          //主图 ID
    const  string    name = "Bitmap",       //对象名称
    const  int       sub_window = 0,        //副图编号
           datetime  time = 0,              //锚点时间
           double    price = 0,             //锚点价格
    const  string    file = "",             //图片文件名
    const  int       width = 10,            //对象宽度
    const  int       height = 10,           //对象高度
    const  int       x_offset = 0,          //x 轴偏移
    const  int       y_offset = 0,          //y 轴偏移
    const  color     clr = clrRed,          //背景颜色
```

```
    const    ENUM_LINE_STYLE    style=STYLE_SOLID,      //线型
    const    int                point_width=1,          //移动尺寸
    const    bool               back=false,             //设置为背景
    const    bool               selection=false,        //高亮移动
    const    bool               hidden=true,            //列表中隐藏对象名
    const    long               z_order=0               //priority for mouse click
);
```

a. 参数值

isout=true，允许输出。

chart_ID=0，主图 ID。

name="Bitmap"，对象名称。

sub_window=0，副图编号，如果在副图中标注，需要指明副图的编号。

time=0，锚点时间，标注点 K 线时间。

price=0，锚点价格，标注点 K 线价格。

file=""，图片文件名，必须是.bmp格式。

width=10，对象宽度。

height=10，对象高度。

x_offset=0，x 轴偏移。

y_offset=0，y 轴偏移。

clr=clrRed，背景颜色。

style=STYLE_SOLID，显示类型，是指线型，包括实线、虚线、点画线等。

point_width=1，移动尺寸。

back=false，设置为背景，默认设置不是背景，会遮挡其他对象，包括主图中的 K 线。

selection=false，高亮移动，默认不可用鼠标移动。

hidden=true，列表中隐藏对象名。

z_order=0，priority for mouse click。

b. 返回值

true 表示指定图片在主图指定时间和指定价格位置成功显示，false 表示显示失败。

c. 举例

egBitmapOut (true, 0, "Bit", 0, Time [2], Low [2], "测试图片", 100, 100, 0, 0, clrNONE, STYLE_SOLID, 1, false, false, true, 0);

d. 代码说明

首先制作一个格式为 bmp、像素为 100×100 的图片文件，命名为"测试图片.bmp"，将其保存在数据文件夹 MQL4 \ Images 中。

执行上述命令，在主图左边第 2 根 K 线的最低价位置画一个对象名为 "Bit"、大小为 100×100 的图片，如下图所示：

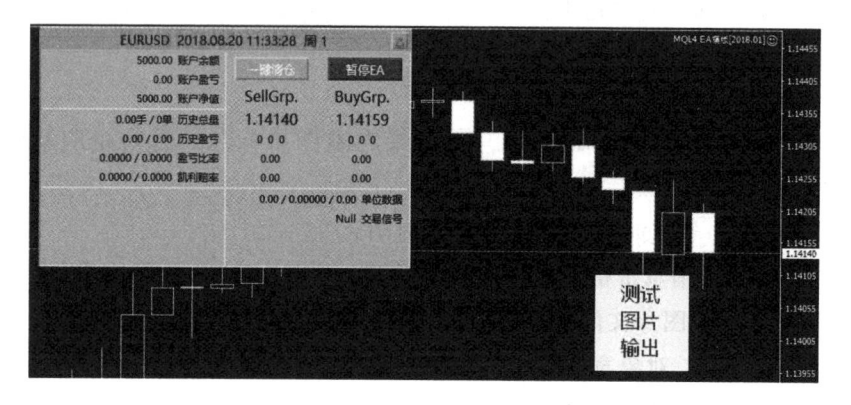

4. 输出 Bit 图片到图表（主图 x-y 像素坐标）

在主图中指定的像素坐标上显示图片，图片必须是 .bmp 格式。

```
bool    egBitmapLableOut
(
    const   bool      isout = true,           //允许输出
    const   long      chart_ID = 0,           //主图 ID
    const   string    name = "BmpLabel",      //对象名称
    const   int       sub_window = 0,         //副图编号
    const   int       x = 0,                  //x 坐标
    const   int       y = 0,                  //y 坐标
    const   string    file_on = "",           //on 模式图片名
    const   string    file_off = "",          //off 模式图片名
    const   int       width = 10,             //对象宽度
    const   int       height = 10,            //对象高度
    const   int       x_offset = 0,           //x 轴偏移
```

| 第六章 | 外汇程序化交易实践

```
   const  int         y_offset = 0,               //y轴偏移
   const  bool        state = false,              //按下/松开
   const  ENUM_BASE_CORNER   corner = CORNER_LEFT_UPPER,  //锚点位置
   const  ENUM_ANCHOR_POINT  anchor = ANCHOR_LEFT_UPPER, //锚类型
   const  color       clr = clrRed,               //背景颜色
   const  ENUM_LINE_STYLE   style = STYLE_SOLID,   //线型
   const  int         point_width = 1,            //移动尺寸
   const  bool        back = false,               //设置为背景
   const  bool        selection = false,          //高亮移动
   const  bool        hidden = true,              //列表中隐藏对象名
   const  long        z_order = 0                 //priority for mouse click
);
```

a. 参数值

isout=true，允许输出。

chart_ID=0，主图ID。

name="BmpLabel"，对象名称。

sub_window=0，副图编号，如果在副图中标注，需要指明副图的编号。

x=0，x坐标。

y=0，y坐标。

file_on=""，on模式图片名，鼠标点击切换为此图。

string file_off=""，off模式图片名，鼠标再次点击切换为此图，与上图不同，会形成动画效果。

width=10，对象宽度。

height=10，对象高度。

x_offset=0，x轴偏移。

y_offset=0，y轴偏移。

state=false，按下/松开。

corner=CORNER_LEFT_UPPER，锚点位置。

anchor=ANCHOR_LEFT_UPPER，锚类型。

clr=clrRed，背景颜色。

style=STYLE_SOLID，显示线型，包括实线、虚线、点画线等。

point_width=1，移动尺寸。

back=false，设置为背景，默认设置不是背景，会遮挡其他对象，包括主图中的 K 线。

selection=false，高亮移动，默认不可用鼠标移动。

hidden=true，列表中隐藏对象名。

z_order=0 priority for mouse click。

b. 返回值

true 表示指定图片在主图指定像素位置成功显示，false 表示显示失败。

c. 举例

egBitmapLableOut (true, 0, "bmpxy", 0, 100, 200, "测试图片", "", 100, 100, 0, 0, false, CORNER_LEFT_UPPER, ANCHOR_LEFT_UPPER, clrRed, STYLE_SOLID, 1, false, false, true, 0);

d. 代码说明

首先制作一个格式为 bmp、像素为 100×100 的图片文件，命名为"测试图片.bmp"，将其保存在数据文件夹 MQL4\Images 中。

执行上述命令，在主图横轴 100 点、纵轴 200 点的位置画一个对象名为"bmpxy"、大小为 100×100 的图片，如下图所示：

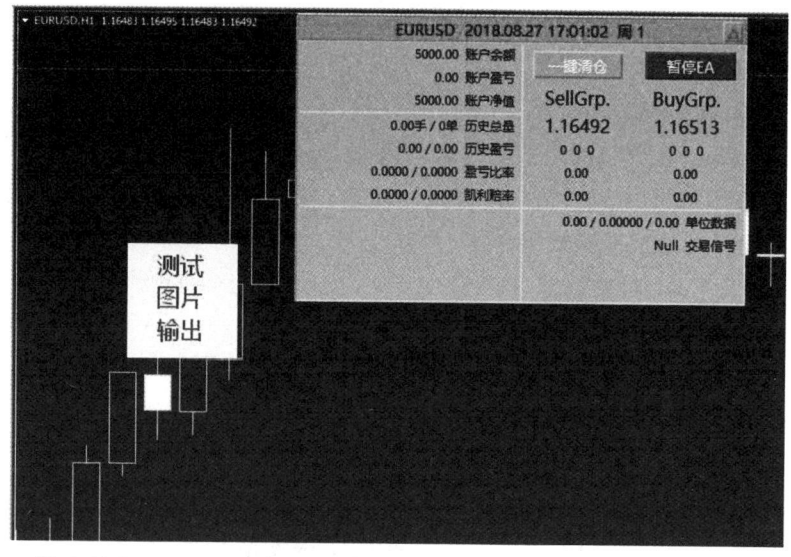

5. 输出按钮到图表

在主图中指定的像素坐标上显示按钮。

bool   egButtonOut

(
```
    const  bool            isout = true,              //允许输出
    const  long            chart_ID = 0,              //主图 ID
    const  string          name = "Button",           //对象名称
    const  int             sub_window = 0,            //副图编号
    const  int             x = 0,                     //x 坐标
    const  int             y = 0,                     //y 坐标
    const  int             width = 50,                //按钮宽度
    const  int             height = 18,               //按钮高度
    const  ENUM_BASE_CORNER corner = CORNER_LEFT_UPPER, //锚点位置
    const  string          text = "Button",           //按钮文字
    const  string          font = "Arial",            //文字字体
    const  int             font_size = 10,            //文字尺寸
    const  color           clr = clrBlack,            //文字颜色
    const  color           back_clr = clrGray,        //背景色
    const  color           border_clr = clrNONE,      //边框色
    const  bool            state = false,             //按下状态
    const  bool            back = false,              //设置为背景
    const  bool            selection = false,         //高亮移动
    const  bool            hidden = true,             //列表中隐藏对象名
    const  long            z_order = 0                // priority for mouse click
);
```

a. 参数值

isout=true，允许输出。

chart_ID=0，主图 ID。

name="Button"，对象名称。

sub_window=0，副图编号，如果在副图中标注，需要指明副图的编号。

x=0，x 坐标。

y=0，y 坐标。

width=50，按钮宽度。

height=18，按钮高度。

corner=CORNER_LEFT_UPPER，锚点位置。

text＝"Button",按钮文字。

font＝"Arial",文字字体。

font_size＝10,文字尺寸。

clr＝clrBlack,文字颜色。

back_clr＝clrGray,背景色。

border_clr＝clrNONE,边框色。

state＝false,按下/松开 。

back＝false,设置为背景,默认设置不是背景,会遮挡其他对象,包括主图中的K线。

selection＝false,高亮移动,默认不可用鼠标移动。

hidden＝true,列表中隐藏对象名。

z_order＝0 priority for mouse click。

b. 返回值

true 表示在主图指定像素位置成功画出一个按钮,false 表示显示按钮失败。

c. 举例

egButtonOut (true, 0, "Button", 0, 100, 100, 50, 18, CORNER_LEFT_UPPER, "确认", "Arial", 10, clrBlack, clrGray, clrNONE, false, false, false, true, 0);

d. 代码说明

在主图 100×100 位置显示一个带有"确认"字样的按钮,如下图所示:

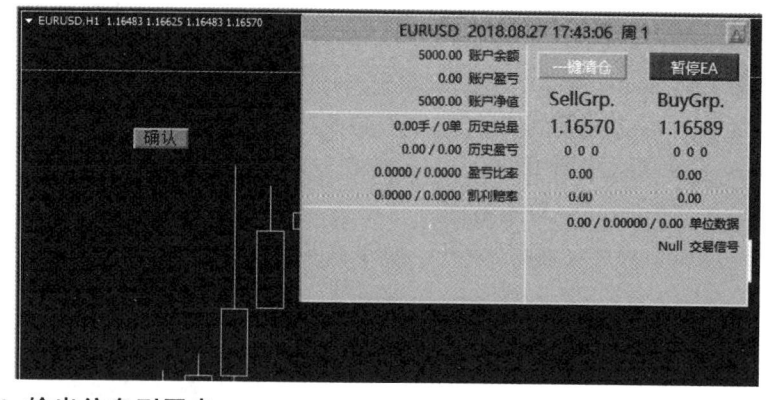

6. 输出信息到图表

在主图中左上角输出文字信息。

bool   egCommentOut

(
```
    const    bool       isout = true,       //允许输出
    const    string     text = "text"       //输出信息
```
);

a. 参数值

isout=true，允许输出。

ctext="text"，输出信息。

b. 返回值

true 表示在主图成功输出信息，false 表示信息输出失败。

c. 举例

egCommentOut（true，"输出测试信息"）；

d. 代码说明

在主图左上角显示"输出测试信息"。

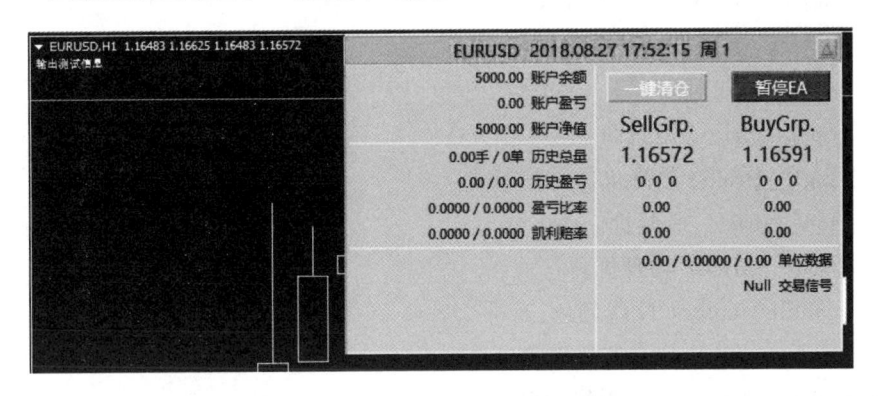

这个命令与系统默认命令"Comment"的效果一样，不同的是，这条命令可以作为 if 语句中的条件之一，"Comment"则不行，这样设计是为了方便做程序测试。

7. 画 K 线到图表

在图表中指定时间位置画 K 线。

```
void egDrawCandle
(
    const long       myChartID,        //主图 ID
    const int        myWindow,         //副图编号
    const string     object_name1,     //实体对象名称
```

```
    const string     object_name2,      //引线对象名称
    const datetime   &time,             //K线时间
    const double     &open_price,       //开盘价
    const double     &high_price,       //最高价
    const double     &low_price,        //最低价
    const double     &close_price,      //收盘价
    const color      candle_color,      //K线颜色
    const int        body_width = 3,    //实体宽度
    const int        wick_width = 1,    //引线宽度
);
```

a. 参数值

myChartID，主图 ID。

myWindow，副图编号。

object_name1，实体对象名称。

object_name2，引线对象名称。

time，K 线时间。

open_price，开盘价。

high_price，最高价。

low_price，最低价。

close_price，收盘价。

candle_color，K 线颜色。

body_width＝3，实体宽度。

wick_width＝1，引线宽度。

b. 返回值

无返回值。

c. 举例

double k_data [4];
k_data [0] = 1.16185; k_data [1] = 1.16345; k_data [2] = 1.16105; k_data [3] = 1.16300;
egDrawCandle (0, 0, "st", "yx", Time [2], k_data [0], k_data [1], k_data [2], k_data [3], clrYellow, 3, 1);

d. 代码说明

在主图 k2 位置显示一根黄色的 K 线，如下图所示：

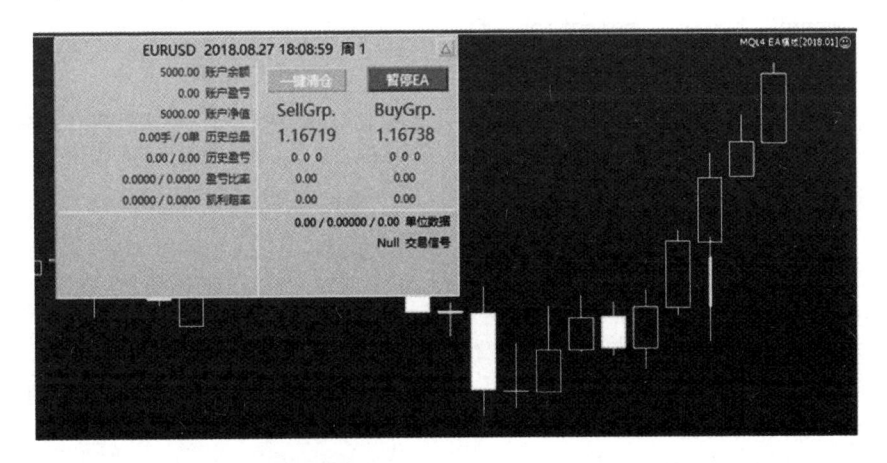

8. 输出可编辑文字框到图表

在主图中指定的像素坐标上输出可编辑文字框，通常用于参数设置。

```
bool    egEditOut
(
    const   bool      isout = true,           //允许输出
    const   long      chart_ID = 0,           //主图 ID
    const   string    name = "Edit",          //对象名称
    const   int       sub_window = 0,         //副图编号
    const   int       x = 0,                  //x 坐标
    const   int       y = 0,                  //y 坐标
    const   int       width = 50,             //编辑框宽度
    const   int       height = 18,            //编辑框高度
    const   string    text = "Text",          //编辑内容
    const   string    font = "Arial",         //字体
    const   int       font_size = 10,         //字号
    const   ENUM_ALIGN_MODE   align = ALIGN_CENTER,   //对齐方式
    const   bool      read_only = false,      //禁止编辑
    const   ENUM_BASE_CORNER  corner = CORNER_LEFT_UPPER, //锚点
    const   color     clr = clrBlack,         //字色
    const   color     back_clr = clrWhite,    //背景色
```

```
   const   color    border_clr = clrNONE,  //边框色
   const   bool     back = false,          //设置为背景
   const   bool     selection = false,     //高亮移动
   const   bool     hidden = true,         //列表中隐藏对象名
   const   long     z_order = 0            // priority for mouse click
);
```

a. 参数值

isout=true，允许输出。

chart_ID=0，主图 ID。

name="Edit"，对象名称。

sub_window=0，副图编号，如果在副图中标注，需要指明副图的编号。

x=0，x 坐标。

y=0，y 坐标。

width=50，编辑框宽度。

height=18，编辑框高度。

text="Text"，编辑内容。

font="Arial"，字体。

font_size=10，字号。

align=ALIGN_CENTER，对齐方式。

read_only=false，禁止编辑。

corner=CORNER_LEFT_UPPER，锚点。

clr=clrBlack，字色。

back_clr=clrWhite，背景色。

border_clr=clrNONE，边框色。

back=false，设置为背景，默认设置不是背景，会遮挡其他对象，包括主图中的 K 线。

selection=false，高亮移动，默认不可用鼠标移动。

hidden=true，列表中隐藏对象名。

z_order=0 priority for mouse click。

b. 返回值

true 表示在主图指定像素位置成功画出一个可编辑文字框，false 表示显示失败。

c. 举例

egEditOut (true, 0, "Edit", 0, 100, 100, 50, 18, "Text", "Arial", 10, ALIGN_CENTER, false, CORNER_LEFT_UPPER, clrBlack, clrWhite, clrNONE, false, false, true, 0);

d. 代码说明

在主图 100×100 位置上显示一个可编辑文字框，如下图所示：

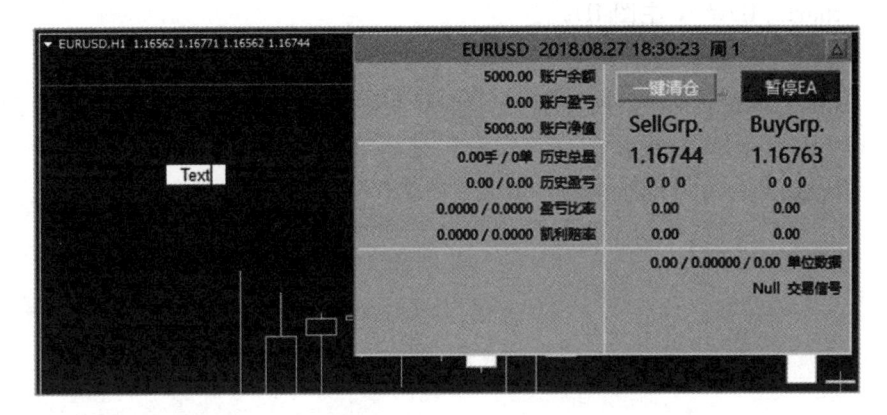

9. 输出斐波那契扇形区间到图表

在主图中指定的两个价格之间显示斐波那契扇形。

```
bool   egFiboFanOut
(
    const  bool         isout = true,              //允许输出
    const  long         chart_ID = 0,              //主图 ID
    const  string       name = "FiboFan",          //对象名称
    const  int          sub_window = 0,            //副图编号
    datetime            time1 = 0,                 //第 1 点时间
    double              price1 = 0,                //第 1 点价格
    datetime            time2 = 0,                 //第 2 点时间
    double              price2 = 0,                //第 2 点价格
    const  color        clr = clrRed,              //线色
    const  ENUM_LINE_STYLE  style = STYLE_DASHDOTDOT,   //线型
    const  int          width = 1,                 //线宽
    const  bool         back = false,              //设置为背景
```

const	bool	selection = false,	//高亮移动
const	bool	hidden = true,	//列表中隐藏对象名
const	long	z_order = 0	// priority for mouse click

);

a. 参数值

isout=true，允许输出。

chart_ID=0，主图 ID。

name="FiboFan"，对象名称。

sub_window=0，副图编号，如果在副图中标注，需要指明副图的编号。

time1=0，第 1 点时间。

price1=0，第 1 点价格。

time2=0，第 2 点时间。

price2=0，第 2 点价格。

clr=clrRed，线色。

style=STYLE_DASHDOTDOT，线型。

width=1，线宽。

back=false，设置为背景，默认设置不是背景，会遮挡其他对象，包括主图中的 K 线。

selection=false，高亮移动，默认不可用鼠标移动。

hidden=true，列表中隐藏对象名。

z_order=0 priority for mouse click。

b. 返回值

true 表示在主图指定的两个价格之间显示斐波那契扇形，false 表示显示失败。

c. 举例

egFiboFanOut (true, 0, "FiboFan", 0, Time [1], High [1], Time [4], Low [4], clrRed, STYLE_DASHDOTDOT, 1, false, false, true, 0);

d. 代码说明

在主图 k1 最高价到 k4 最低价之间画斐波那契扇形，如下图所示：

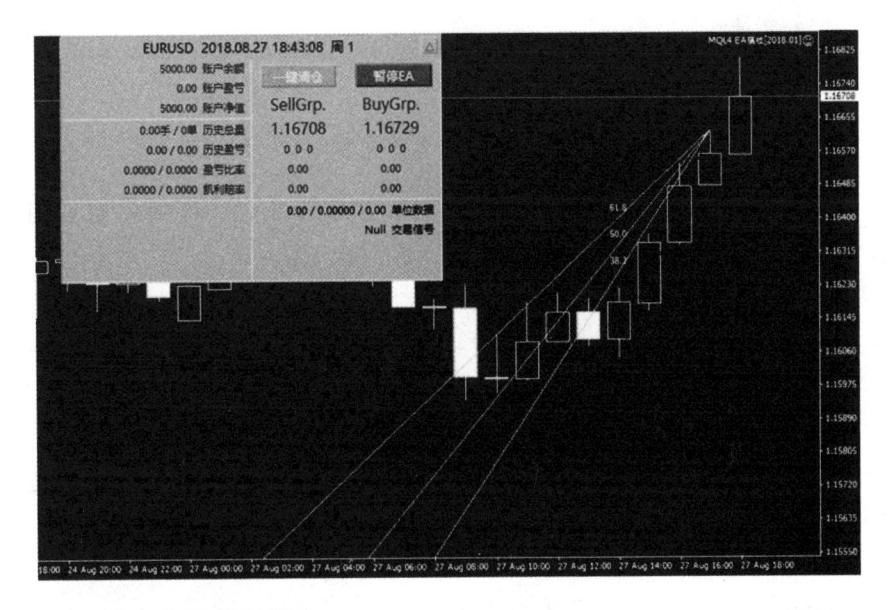

10. 输出水平线到图表

在主图中指定的价格位置画一根水平线,通常用于显示持仓单组的平均线,也用于画线交易。

```
bool    egHLineOut
(
    const   bool       isout = true,              //允许输出
    const   long       chart_ID = 0,              //主图 ID
    const   string     name = "HLine",            //对象名称
    const   int        sub_window = 0,            //副图编号
    const   double     price = 0,                 //线价格
    const   color      clr = clrRed,              //线色
    const   ENUM_LINE_STYLE  style = STYLE_SOLID, //线型
    const   int        width = 1,                 //线宽
    const   bool       back = false,              //设置为背景
    const   bool       selection = false,         //高亮移动
    const   bool       hidden = true,             //列表中隐藏对象名
    const   long       z_order = 0                //priority for mouse click
);
```

a. 参数值

isout=true，允许输出。

chart_ID=0，主图ID。

name="HLine"，对象名称。

sub_window=0，副图编号，如果在副图中标注，需要指明副图的编号。

price=0，线价格。

clr=clrRed，线色。

style=STYLE_SOLID，线型。

width=1，线宽。

back=false，设置为背景，默认设置不是背景，会遮挡其他对象，包括主图中的K线。

selection=false，高亮移动，默认不可用鼠标移动。

hidden=true，列表中隐藏对象名。

z_order=0 priority for mouse click。

b. 返回值

true表示在主图指定价格位置画一根水平线，false表示画线失败。

c. 举例

egHLineOut (true, 0, "HLine", 0, Close [3], clrRed, STYLE_SOLID, 1, false, false, true, 0);

d. 代码说明

在主图k3收盘价位置画一根水平线，如下图所示：

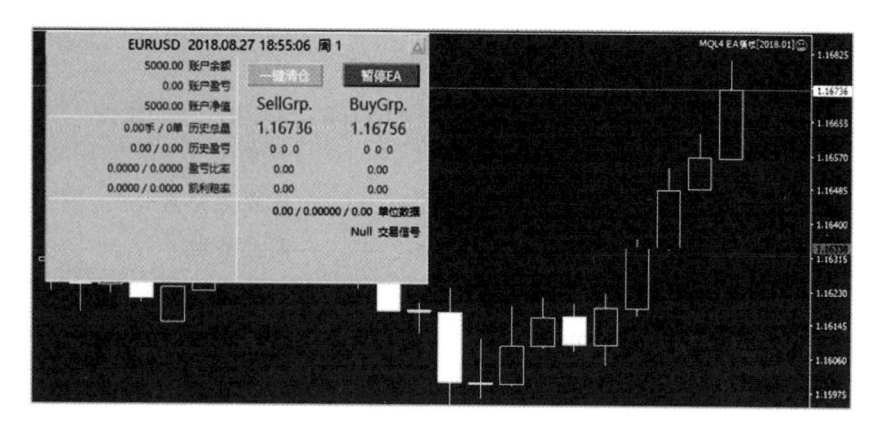

11. 输出标签到图表

在主图中指定像素位置显示一个文字标签，这是一个最常用的函数。

bool   egLableOut
(
    const   bool   isout = true,   //允许输出
    const   string   text = "Label",   //输出内容
    const   string   name = "Label",   //对象名称
    const   int   font_size = 10,   //字体尺寸
    const   color   clr = clrRed,   //字体颜色
    const   long   chart_ID = 0,   //主图 ID
    const   int   sub_window = 0,   //副图编号
    const   ENUM_BASE_CORNER   corner = CORNER_LEFT_UPPER,   //锚点
    const   int   x = 0,   //x 坐标
    const   int   y = 0,   //y 坐标
    const   string   font = "Arial",   //字体类型
    const   double   angle = 0.0,   //字体角度
    const   ENUM_ANCHOR_POINT   anchor = ANCHOR_LEFT_UPPER,   //原始坐标
    const   bool   back = false,   //设置为背景
    const   bool   selection = false,   //高亮移动
    const   bool   hidden = true,   //列表中隐藏对象名
    const   long   z_order = 0   // priority for mouse click
);

    a. 参数值

isout＝true，允许输出。
text＝"Label"，输出内容。
name＝"Label"，对象名称。
font_size＝10，字体尺寸。
clr＝clrRed，字体颜色。
chart_ID＝0，主图 ID。
sub_window＝0，副图编号。
corner＝CORNER_LEFT_UPPER，锚点。

x＝0，x 坐标。

y＝0，y 坐标。

font＝"Arial"，字体类型。

angle＝0.0，字体角度。

anchor＝ANCHOR_LEFT_UPPER，原始坐标。

back＝false，设置为背景，默认设置不是背景，会遮挡其他对象，包括主图中的 K 线。

selection＝false，高亮移动，默认不可用鼠标移动。

hidden＝true，列表中隐藏对象名。

z_order＝0 priority for mouse click。

b. 返回值

true 表示在主图指定像素位置显示一个文字标签，false 表示显示失败。

c. 举例

egLableOut (true, "显示一个标签", "Label", 10, clrRed, 0, 0, COR-NER_LEFT_UPPER, 100, 100, "Arial", 0.0, ANCHOR_LEFT_UPPER, false, false, true, 0);

d. 代码说明

在主图像素 100×100 位置显示一个文字标签，如下图所示：

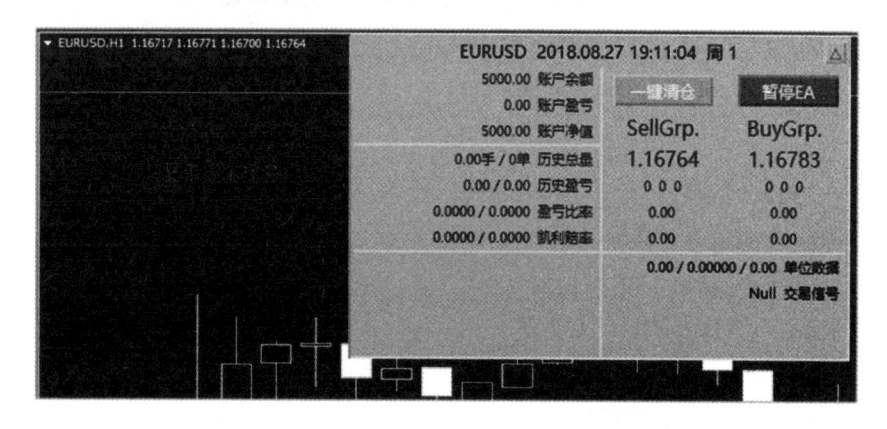

12. 删除关键字对象

在主图中删除名称中有关键字的对象，通常用于仪表盘切换，退出程序删除 EA 输出的对象。

```
void egObjectsDeleteByKeyword
(
    const  long  chart_ID = 0,    //主图ID
    string keyword = ""
);
```

  a. 参数值

chart_ID=0，主图ID。

keyword＝""，关键字。

  b. 返回值

无返回值。

  c. 举例

egObjectsDeleteByKeyword（0,"egTest"）;

  d. 代码说明

删除主图中所有名称中含有关键字"egTest"的对象。

  13. 对象颜色

根据参数正负值计算对应的颜色，通常用于根据盈亏自动显示颜色。

```
color egObjectColor
(
    double myInput       //数值
);
```

  a. 参数值

myInput，数值。

  b. 返回值

数值＞0 返回绿色，数值＜0 返回红色，数值＝0 返回灰色。

  c. 举例

color obj_clr = egObjectColor（-1.5）;

  d. 代码说明

返回红色到变量 obj_clr。

  14. 输出信息到日志

在 EA 日志中输出文字，通常用于成功操作订单后，输出一条信息，以备审计。

```
bool    egPrintOut
(
    const   bool     isout = true,      //允许输出
    const   string   text = "text"      //输出信息
);
```

a. 参数值

isout=true，允许输出。

text="text"，输出信息。

b. 返回值

true 表示在日志中成功输出信息，false 表示输出失败。

c. 举例

egPrintOut（true,"测试信息"）;

d. 代码说明

在 EA 日志中输出"测试信息"字样，如下图所示：

时间	信息
2018.08.28 00:30:53.....	MQL4 EA模版[2018.01] EURUSD,H1: 测试信息
2018.08.28 00:30:53.....	MQL4 EA模版[2018.01] EURUSD,H1: 测试信息
2018.08.28 00:30:53.....	MQL4 EA模版[2018.01] EURUSD,H1: 测试信息
2018.08.28 00:30:53.....	MQL4 EA模版[2018.01] EURUSD,H1: 测试信息
2018.08.28 00:30:53.....	MQL4 EA模版[2018.01] EURUSD,H1: 测试信息
2018.08.28 00:30:53.....	MQL4 EA模版[2018.01] EURUSD,H1: 测试信息
2018.08.28 00:30:53	MQL4 EA模版[2018.01] EURUSD,H1: 测试信息

交易 | 展示 | 账户历史 | 新闻 | 警报 | 邮箱1 | 公司 | 市场 | 信号 | 代码库 | **EA** | 日志

这个命令与系统默认命令"Print"效果一样，不同的是，这条命令可以作为 if 语句中的条件之一，"Print"则不行，这样设计，是为了方便做程序测试。

15. 输出矩形到图表（像素）

在主图中指定的像素位置显示一个矩形，通常用于画仪表盘的底板或者边框。

```
bool    egRectangleOut
(
    const   bool     isout = true,       //允许输出
    const   long     chart_ID = 0,       //主图 ID
```

```
    const  string             name = "RectLabel",        //对象名称
    const  int                sub_window = 0,            //副图编号
    const  long               x = 0,                      //x坐标
    const  long               y = 0,                      //y坐标
    const  int                width = 50,                 //矩形宽度
    const  int                height = 18,                //矩形高度
    const  color              back_clr = clrGray,         //背景色
    const  ENUM_BORDER_TYPE   border = BORDER_SUNKEN,     //矩形效果
    const  ENUM_BASE_CORNER   corner = CORNER_LEFT_UPPER, //锚点
    const  color              clr = clrRed,               //边框颜色
    const  ENUM_LINE_STYLE    style = STYLE_SOLID,        //边框类型
    const  int                line_width = 1,             //边框宽度
    const  bool               back = false,               //设置为背景
    const  bool               selection = false,          //高亮移动
    const  bool               hidden = true,              //列表中隐藏对象名
    const  long               z_order = 0                 // priority for mouse click
);
```

a. 参数值

isout=true，允许输出。

chart_ID=0，主图ID。

name="RectLabel"，对象名称。

sub_window=0，副图编号，如果在副图中标注，需要指明副图的编号。

x=0，x坐标。

y=0，y坐标。

width=50，矩形宽度。

height=18，矩形高度。

back_clr=clrGray，背景色。

border=BORDER_SUNKEN，矩形效果。

corner=CORNER_LEFT_UPPER，锚点。

clr=clrRed，边框颜色。

style=STYLE_SOLID，边框类型。

line_width=1，边框宽度。

back＝false，设置为背景，默认设置不是背景，会遮挡其他对象，包括主图中的 K 线。

selection＝false，高亮移动，默认不可用鼠标移动。

hidden＝true，列表中隐藏对象名。

z_order＝0 priority for mouse click。

b. 返回值

true 表示在主图指定像素位置显示一个矩形，false 表示显示失败。

c. 举例

egRectangleOut（true，0，"RectLabel"，0，100，100，50，18，clrGray，BORDER_SUNKEN，CORNER_LEFT_UPPER，clrRed，STYLE_SOLID，1，false，false，true，0）；

d. 代码说明

在主图像素 100×100 位置显示一个凹进去形状的矩形，如下图所示：

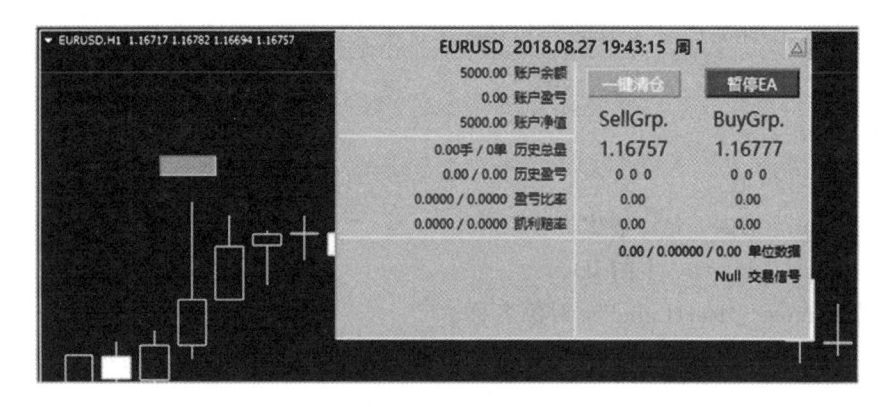

16. 输出矩形到图表（时间价格）

在主图中指定的时间价格位置显示一个矩形，通常用于标注震荡区间。

```
bool    egRectangleTP
(
    const   bool       isout = true,          //允许输出
    const   long       chart_ID = 0,          //主图 ID
    const   string     name = "RectLabel",    //对象名称
    const   int        sub_window = 0,        //副图编号
            datetime   time1 = 0,             //第 1 点时间
            double     price1 = 0,            //第 1 点价格
```

```
            datetime  time2 = 0,          //第 2 点时间
            double    price2 = 0,         //第 2 点价格
    const   color     Rectangle_clr = clrGray,    //矩形颜色
    const   ENUM_LINE_STYLE  style = STYLE_SOLID,    //边框线型
    const   int       width = 1,          //边框宽度
    const   bool      fill = false,       //矩形填充颜色
    const   bool      back = false,       //设置为背景
    const   bool      selection = false,  //高亮移动
    const   bool      hidden = true,      //列表中隐藏对象名
    const   long      z_order = 0         // priority for mouse click
);
```

a. 参数值

isout=true，允许输出。

chart_ID=0，主图 ID。

name="RectLabel"，对象名称。

sub_window=0，副图编号，如果在副图中标注，需要指明副图的编号。

time1=0，第 1 点时间。

price1=0，第 1 点价格。

time2=0，第 2 点时间。

price2=0，第 2 点价格。

Rectangle_clr=clrGray，矩形颜色。

style=STYLE_SOLID，边框线型。

width=1，边框宽度。

fill=false，矩形填充颜色。

back=false，设置为背景，默认设置不是背景，会遮挡其他对象，包括主图中的 K 线。

selection=false，高亮移动，默认不可用鼠标移动。

hidden=true，列表中隐藏对象名。

z_order=0 priority for mouse click。

b. 返回值

true 表示在主图指定时间价格位置显示一个矩形，false 表示显示失败。

c. 举例

egRectangleTP (true, 0, "RectLabel", 0, Time [4], High [4], Time [1], Low [1], clrGray, STYLE_SOLID, 1, false, false, false, true, 0);

d. 代码说明

在主图中从 k4 最高价到 k1 最低价画一个空心的矩形，如下图所示：

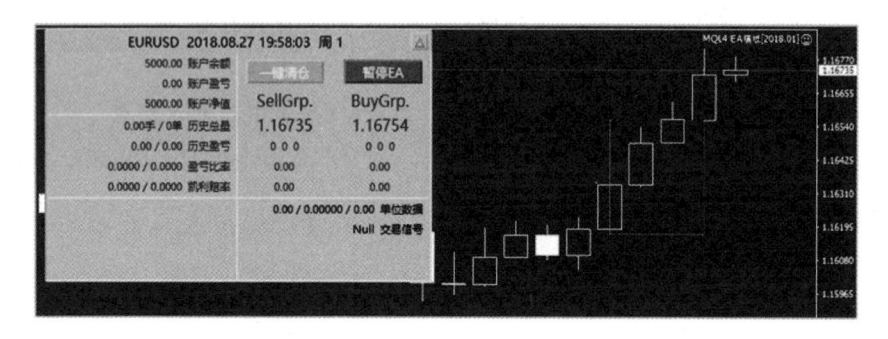

注意，两个价格是有顺序的，第一点是矩形的左侧，第二点是矩形的右侧。

17. 输出文字到图表（时间价格）

在主图中指定的时间价格位置显示文字。

```
bool    egTextOut
        (
            const   bool            isout = true,           //允许输出
            const   string          text = "Text",          //输出内容
            const   string          name = "Text",          //对象名称
            const   int             font_size = 8,          //字体尺寸
            const   color           clr = clrGreen,         //字体颜色
            const   long            chart_ID = 0,           //主图 ID
            const   int             sub_window = 0,         //附图编号
            const   datetime        time = 0,               //标注点时间
            const   double          price = 0,              //标注点价格
            const   string          font = "Arial",         //字体类型
            const   double          angle = 0.0,            //字体角度
            const   ENUM_ANCHOR_POINT    anchor = ANCHOR_LEFT_UPPER,  //原始坐标
```

```
    const   bool       back = false,           //设置为背景
    const   bool       selection = false,      //高亮移动
    const   bool       hidden = true,          //列表中隐藏对象名
    const   long       z_order = 0             // priority for mouse click
);
```

a. 参数值

isout=true,允许输出。

text="Text",输出内容。

name="Text",对象名称。

font_size=8,字体尺寸。

clr=clrGreen,字体颜色。

chart_ID=0,主图 ID。

sub_window=0,附图编号。

time=0,标注点时间。

price=0,标注点价格。

font="Arial",字体类型。

angle=0.0,字体角度。

anchor=ANCHOR_LEFT_UPPER,原始坐标。

back=false,设置为背景,默认设置不是背景,会遮挡其他对象,包括主图中的 K 线。

selection=false,高亮移动,默认不可用鼠标移动。

hidden=true,列表中隐藏对象名。

z_order=0 priority for mouse click。

b. 返回值

true 表示在主图指定时间价格位置显示文字,false 表示显示失败。

c. 举例

egTextOut (true, "跟随报价显示文字", "Text", 8, clrGreen, 0, 0, Time [0], Close [0], "Arial", 0.0, ANCHOR_LEFT_UPPER, false, false, true, 0);

d. 代码说明

在主图中跟随报价显示文字,如下图所示:

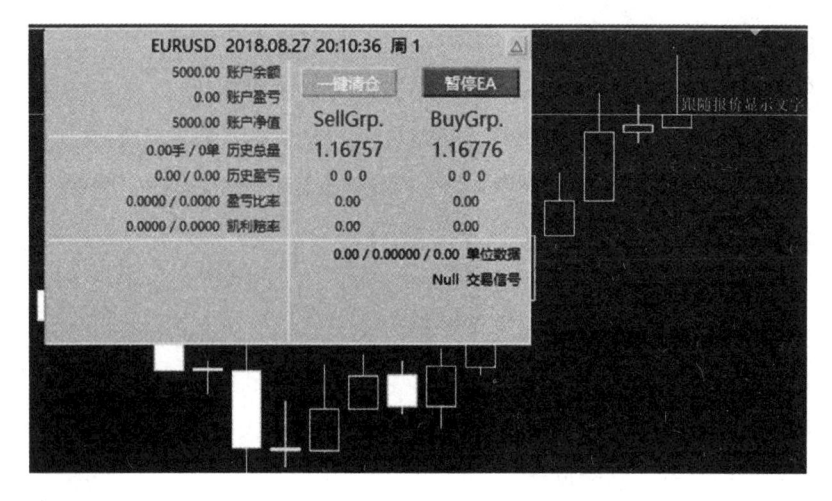

18. 输出线段到图表

在主图中指定的两个时间价格之间画一根线段，通常用于画线交易、行情分析等。

```
bool  egTrendOut
(
    const  bool    isout = true,              //允许输出
    const  long    chart_ID = 0,              //主图 ID
    const  string  name = "TrendLine",        //对象名称
    const  int     sub_window = 0,            //副图编号
    datetime       time1 = 0,                 //第 1 点时间
    double         price1 = 0,                //第 1 点价格
    datetime       time2 = 0,                 //第 2 点时间
    double         price2 = 0,                //第 2 点价格
    const  color   clr = clrRed,              //线色
    const  ENUM_LINE_STYLE  style = STYLE_SOLID,  //线型
    const  int     width = 1,                 //线宽
    const  bool    back = false,              //设置为背景
    const  bool    selection = false,         //高亮移动
    const  bool    ray_right = false,         //true 为射线
    const  bool    hidden = true,             //列表中隐藏对象名
    const  long    z_order = 0                // priority for mouse click
);
```

a. 参数值

isout=true,允许输出。

chart_ID=0,主图 ID。

name="TrendLine",对象名称。

sub_window=0,副图编号。

time1=0,第 1 点时间。

price1=0,第 1 点价格。

time2=0,第 2 点时间。

price2=0,第 2 点价格。

clr=clrRed,线色。

style=STYLE_SOLID,线型。

width=1,线宽。

back=false,设置为背景,默认设置不是背景,会遮挡其他对象,包括主图中的 K 线。

selection=false,高亮移动,默认不可用鼠标移动。

ray_right=false,true 为射线。

hidden=true,列表中隐藏对象名。

z_order=0 priority for mouse click。

b. 返回值

true 表示在主图指定两个时间价格之间画一根线段,false 表示显示失败。

c. 举例

egTrendOut (true, 0, "TrendLine", 0, Time [4], High [4], Time [1], Low [1], clrRed, STYLE_SOLID, 1, false, false, false, true, 0);

d. 代码说明

在主图中,从 k4 最高价到 k1 最低价之间画一个线段,如下图所示:

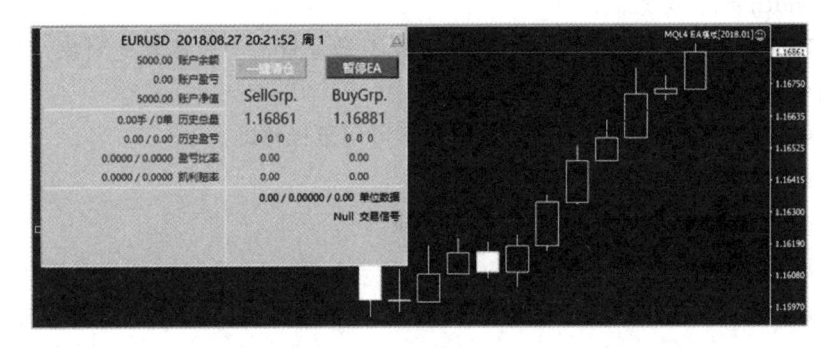

19. 输出垂直线到图表

在主图中指定的 K 线时间位置画一根垂直线。

```
bool    egVLineOut
(
const   bool            isout = true,              //允许输出
const   long            chart_ID = 0,              //主图 ID
const   string          name = "VLine",            //对象名称
const   int             sub_window = 0,            //副图编号
const   datetime        time = 0,                  //线时间
const   color           clr = clrRed,              //线色
const   ENUM_LINE_STYLE style = STYLE_SOLID,       //线型
const   int             width = 1,                 //线宽
const   bool            back = false,              //设置为背景
const   bool            selection = false,         //高亮移动
const   bool            hidden = true,             //列表中隐藏对象名
const   long            z_order = 0                // priority for mouse click
);
```

a. 参数值

isout=true，允许输出。

chart_ID=0，主图 ID。

name="VLine"，对象名称。

sub_window=0，副图编号，如果在副图中标注，需要指明副图的编号。

time=0，线时间。

clr=clrRed，线色。

style=STYLE_SOLID，线型。

width=1，线宽。

back=false，设置为背景，默认设置不是背景，会遮挡其他对象，包括主图中的 K 线。

selection=false，高亮移动，默认不可用鼠标移动。

hidden=true，列表中隐藏对象名。

z_order=0 priority for mouse click。

b. 返回值

true 表示在主图指定 K 线时间位置画一根垂直线，false 表示显示失败。

c. 举例

egVLineOut (true, 0, "VLine", 0, Time [3], clrRed, STYLE _ SOLID, 1, false, false, true, 0);

d. 代码说明

在主图 k3 位置画一根垂直线，如下图所示：

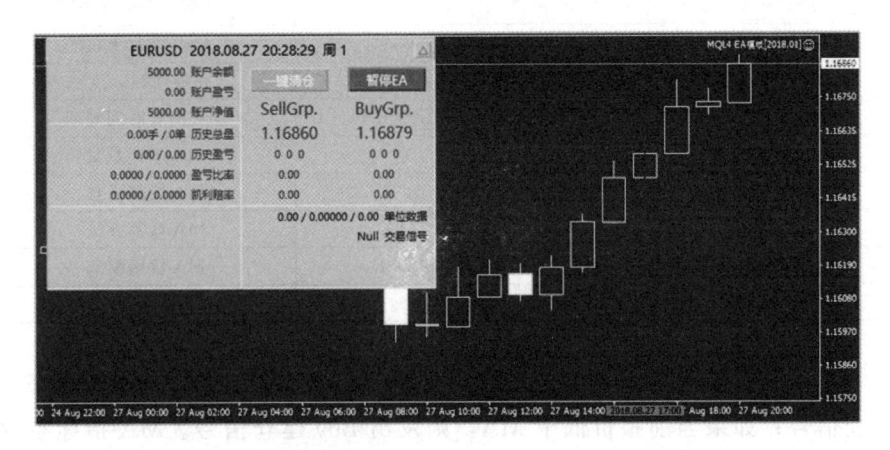

第五节　八阶晋级

古语云："此技无他，唯手熟尔。"

学习编程，最讲究的就是动手，接下来用八节篇幅汇总 EA、指标、DLL、数据库等基础内容，建议先按照文章顺序"照搬照抄"完成每一个任务，然后合上书本反复独立完成，反复理解每一句代码的写法。

每一节内容都包含了任务描述，这其实就是开发软件的需求报告，程序编码将严格按照需求报告要求编制，这是一个非常重要的环节，不能为了赶工而忽略。每个程序配套一个需求报告，这不仅仅是为了方便日后的升级维护，也是为了方便其他程序员迅速接手，程序执行逻辑的备忘，也是非常重要的。再强调一次，需求报告这个环节很重要，不能忽略。

1. 第一阶："单挑" EA

在这一节将详细描述编程模板预定义的各种变量，其他章节不再赘述，请务必反复研习，充分了解模板常用功能。

（1）任务描述

大家都知道，交易次数越多，盈亏比就越接近 50%，而交易中连赢、连输的概率往往大于50%，我们就利用这个特点来交易。这就是我们本节要完成的策略，取名叫"单挑"。

预设参数：

输入项变量	参数值	描述
npt_loss_lots	0.01	连输建仓量（手）
npt_take_lots	0.1	连赢建仓量（手）
npt_tp	200.0	止盈间距（点）
npt_sl	200.0	止损间距（点）
npt_ma_timeframe	PERIOD_CURRENT	MA图表时间周期
npt_ma_period	14	MA采样数量
npt_ma_shift	0	MA均线平移
npt_ma_method	MODE_SMA	MA计算方法
npt_ma_applied_price	PRICE_CLOSE	MA价格模式
npt_ma_k_shift	0	MAK线取值序列

使用MA作为建仓类型的信号，如果当前报价高于MA，则发出Sell建仓信号；如果当前报价低于MA，则发出Buy建仓信号。MA指标参数可调。

如果上一单亏损，本次建仓量=npt_loss_lots；如果上一单盈利，本次建仓量=npt_take_lots；没有历史交易记录，本次建仓量=npt_take_lots。建仓类型跟随建仓信号，建仓量可调。

止盈止损：有持仓单，按照预设止盈止损参数设置。

每次持仓1张单。

(2) 程序准备

在MT4数据文件夹"MQL4\Experts"中创建一个"单挑"的文件夹，如下图所示：

启动 MetaEditor 编辑器，打开 EA 模板程序，另存为"单挑"：

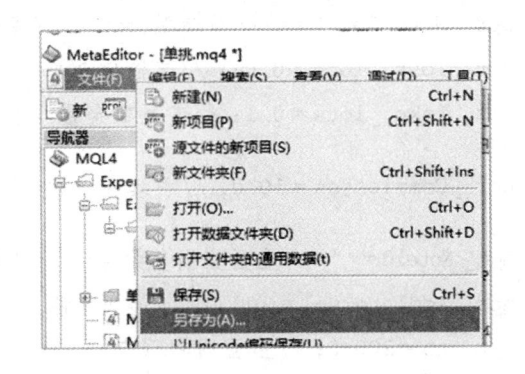

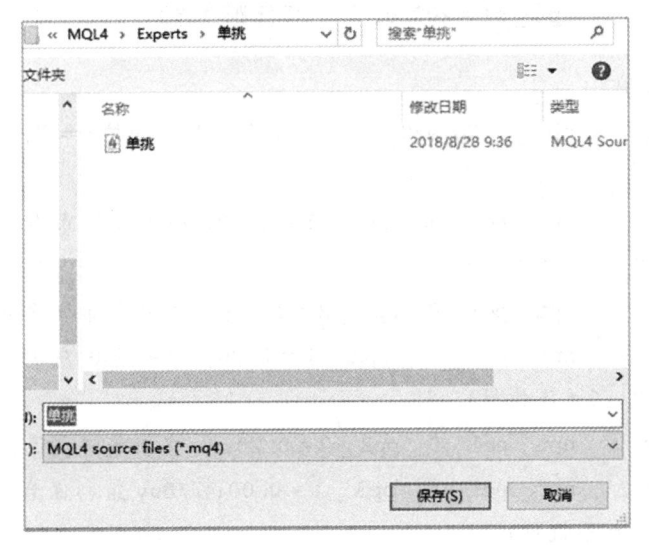

（3）编写预设参数

编程模板集成了常用的 EA 预设参数，找到对应的位置进行修改：

代码中行首的 input 表示在程序预设参数窗口显示该内容，删除 input 就不会显示了，模板程序对很多常用功能做了预定义，不要删除整行，否则会出错。源码更改如下：

```
// ======================= 外部预设参数 =============================
input    string     npt_Note00 = "=== 仓位参数 ===";//【仓位参数】
input    double     npt_loss_lots = 0.01;//连输建仓量（手）
input    double     npt_take_lots = 0.1;//连赢建仓量（手）

         double     npt_Commission = 10.0;//手续费（元/手）

input    string     npt_Note10 = "=== 止盈止损参数 ===";//【止盈止损参数】
         double     npt_AddInterval = 200.0;//加仓间距
input    int        npt_tp = 200.0;//止盈间距（点）
input    int        npt_sl = 200.0;//止损间距（点）

//---利润保护
         string     npt__Note20 = "=== 平仓-利润保护 ===";//【平仓-利润保护】
         double     npt_pc1_0_pp1_1 = 0.00;//当前货币利保启动金额（正数=金额，0=不执行）
         double     npt_pc1_0_pp1_2 = 0.20;//当前货币利保回撤比例
         double     npt_pc1_0_pp2_1 = 0.00;//当前账户利保启动金额（正数=金额，0=不执行）
         double     npt_pc1_0_pp2_2 = 0.20;//当前账户利保回撤比例
         double     npt_pc1_0_pp3_1 = 0.00;//Buy组利保启动金额（正数=金额，0=不执行）
         double     npt_pc1_0_pp3_2 = 0.30;//Buy组利保回撤比例
         double     npt_pc1_0_pp4_1 = 0.00;//Sell组利保启动金额（正数=金额，0=不执行）
         double     npt_pc1_0_pp4_2 = 0.30;//Sell组利保回撤比例
ProfitProtect PP[4];//利保变量，0=当前货币，1=当前账户，2=Buy组，3=Sell组
input string       npt_Note50 = "=== 指标参数 ===";//【指标参数】
input ENUM_TIMEFRAMES    npt_ma_timeframe = PERIOD_CURRENT;//MA图表时间周期
input int          npt_ma_period = 14;//MA采样数量
input int          npt_ma_shift = 0;//MA均线平移
```

input ENUM_MA_METHOD   npt_ma_method = MODE_SMA；//MA 计算方法
input ENUM_APPLIED_PRICE   npt_ma_applied_price = PRICE_CLOSE；
//MA 价格模式
input int   npt_ma_k_shift = 0；//MA K 线取值序列
double my_ma_value [5]；//MA 数值，维数根据实际需要重新定义，默认 5 个
input string   npt_Note99 = " === 其他参数 === "；//【其他参数】
    string   npt_Verify_Code = ""；//授权验证码
    string   Verify_Code = ""；
input int   npt_MagicNumber = 20180828；//EA 订单识别码（-1 = 接管其他订单）
    double   npt_TickValue_Correcting = 0.0；//单点价值校正（元/点＊手）
    color   npt_clrDashboard = clrSilver；//显示仪表盘背景颜色
bool npt_HistoryData = true；//不启用历史数据，如果启用，占计算机资源
// ========================== 内部全程变量 ==============================

点击"编写"，工具箱窗口出现"0 error (s)，0 warning (s)"字样，表示程序写法正确，已经生成了".ex4"文件，可以加载到图表执行。

MT4 中只有后缀为".ex4"的文件才能执行，源码的后缀是".mq4"的不能直接执行。

在图表中加载程序，看看预设参数部分是否符合要求：

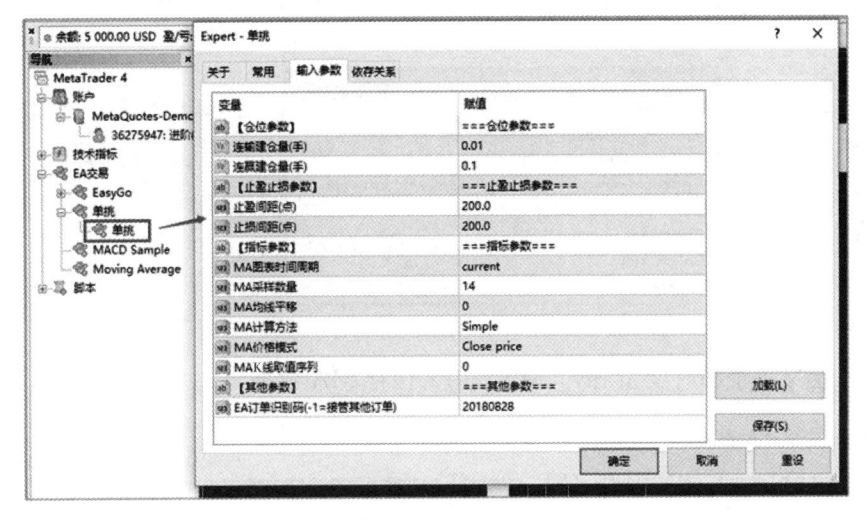

加载后截图如下：

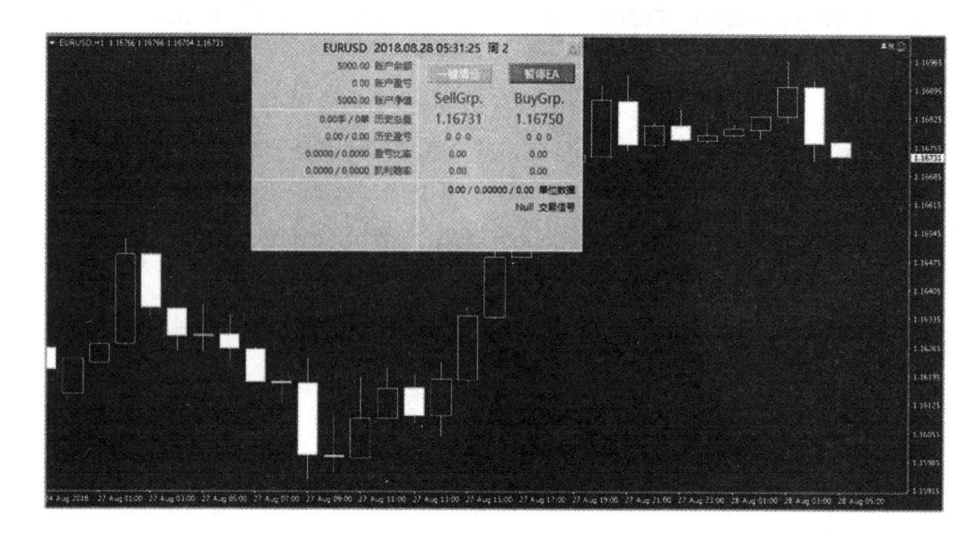

(4) 编写信号模块

信号模块在函数 egTradingSignal 中编写，打开函数列表可以直达：

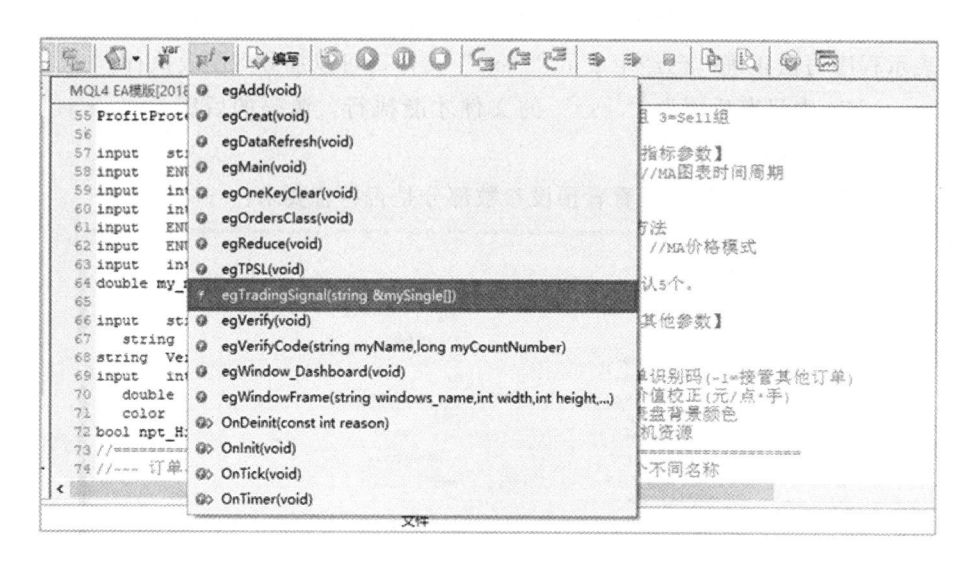

定义一个临时变量 my_MA，用来保存 MA 数据：

//---读取 MA 数据

　　double my_MA = iMA (SI.symbol, npt_ma_timeframe, npt_ma_period, npt_ma_shift, npt_ma_method, npt_ma_applied_price, npt_ ma_k_shift);

　　Comment（my_MA）;

　　单击"iMA"，然后按下"F1"键，就会出现这个指标的帮助信息，按照说明输入各种参数。

　　其中，"SI.symbol"是模板已经预定义好的变量，指当前货币名称。SI的定义，部分截图如下：

```
73 //==================内部全程变量==================
74 //---- 订单与环境变量，如果订单需要进行多组分类，则需要定义多个不同名称
75 AccountInfo            AI;         //账户信息变量
76 SymbolInfo             SI;         //商品信息变量
77 TradesOrders           TO[];       //持仓单信息变量
78 TradesStatistical      TS;         //持仓单统计变量
79 TradesOrders           TO_Buy[];   //持仓单信息变量
80 TradesStatistical      TS_Buy;     //持仓单统计变量
81 TradesOrders           TO_Sell[];  //持仓单信息变量
82 TradesStatistical      TS_Sell;    //持仓单统计变量
83 HistoryOrders          HO[];       //历史单信息变量
84 HistoryStatistical     HS;         //历史单统计变量
85 //---- 默认变量，不需要变更
```

SI信息刷新在egDataRefresh模块：

```
322 void egDataRefresh()
323 {
324 //---- 刷新基础数据
325     MagicNumber=npt_MagicNumber;
326     egRefreshEV(AI,SI);                              //环境变量
327     egRefreshTO(TO,TS.symbol,MagicNumber);           //持仓单信息
328     egRefreshTS(TO,TS,AI,SI);                        //持仓单统计
329 //---- 单点价值校正
330     if (npt_TickValue_Correcting>0) SI.trade_tick_value=npt_TickValue_Correcting;
331     if (npt_HistoryData && prvHistoryOrders!=OrdersHistoryTotal())
332     {
333         egRefreshHO(HO,TS.symbol,MagicNumber);       //历史单信息
334         egRefreshHS(HO,HS);                          //历史单统计
335         prvHistoryOrders=OrdersHistoryTotal();
336     }
337     egOrdersClass();  //持仓单分类
```

　　iMA命令参数最后一个参数"npt_ma_k_shift"预设为0，表示获取当前K线的MA数值，如果预设为1，则表示获取左边第一根K线的数值。我们用"Comment（my_MA）;"在屏幕左上角显示该数据，同时在主图中加载MA指标，设置好相应的参数，做一个验证，点击"编写"，来到MT4终端，两值相等，验证通过：

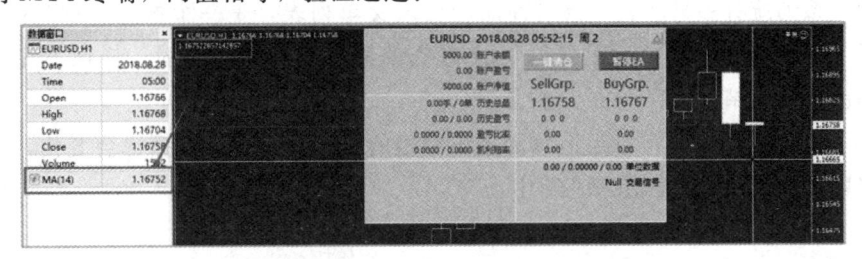

继续编写信号计算语句：

//---信号计算

　　//如果当前报价低于MA，发出Buy建仓信号

　　if (Close[0]＜my_MA) mySingle[0] = "Buy";

　　//如果当前报价高于MA，发出Sell建仓信号

　　if (Close[0]＞my_MA) mySingle[0] = "Sell";

点击"编写"，来到MT4终端，仪表盘交易信号部分会显示信号类型：

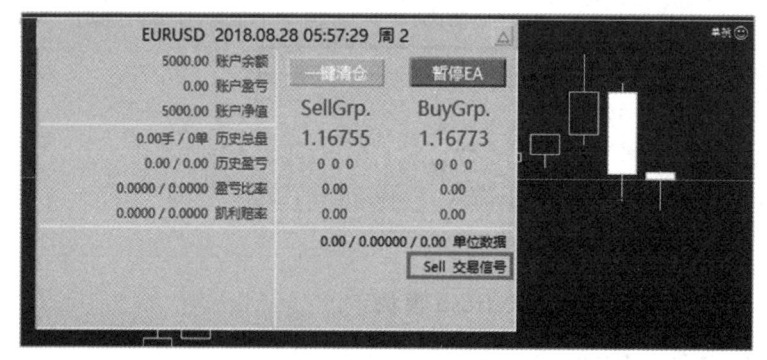

（5）编写建仓模块

从现在开始，就要执行订单操作了。编程模板已经对持仓单和历史单做了预定义，并且对相应的订单组做了统计，详细介绍如下。

预定义变量：

TO表示当前商品持仓单列表，是一个数组，TS是针对TO单组进行的一系列统计；HO表示当前商品历史成交单列表，是一个数组，HS是针对HO单组进行的一系列统计。这些变量都是结构体类型的，详情参见本书前面的章节。

报价变化，持仓单组信息和历史单组的信息及其统计数据也会变化，数据刷新在模块egDataRefresh中：

```
329 void egDataRefresh()
330 {
331 //--- 刷新基础数据
332     MagicNumber=npt_MagicNumber;
333     egRefreshEV(AI,SI);                              //环境变量
334     egRefreshTO(TO,TS.symbol,MagicNumber);           //持仓单信息
335     egRefreshTS(TO,TS,AI,SI);                        //持仓单统计
336 //--- 单点价值校正
337     if (npt_TickValue_Correcting>0) SI.trade_tick_value=npt_TickValue_Correcting;
338     if (npt_HistoryData && prvHistoryOrders!=OrdersHistoryTotal())
339     {
340         egRefreshHO(HO,TS.symbol,MagicNumber);       //历史单信息
341         egRefreshHS(HO,HS);                          //历史单统计
342         prvHistoryOrders=OrdersHistoryTotal();
343     }
344     egOrdersClass(); //持仓单分类
```

这些内容不需要重新编程，只要了解如何获取想要的数据即可。

先计算建仓量，在 egDataRefresh 模块中，根据需求报告要求计算建仓量，放到 SI. unit_lots 变量中：

//---建仓量

SI. unit_lots = npt_take_lots；//连赢建仓量赋值

//如果上一单亏损，本次建仓量 = npt_loss_lots

if (true

&& HS. buy_orders + HS. sell_orders＞0 //有历史成交单

&& HO [egOrderPosHst (HO, egOrderLocationSearchHst (HO, "*", 0, 9, -1, 1))] . profit＜0 //最后一张平仓单为亏损

)

{

SI. unit_lots = npt_loss_lots；//连输建仓量赋值

}

"最后一张平仓单为亏损"简写就是"HO [] . profit＜0"，HO 跟随的方括号中的序号是最后一张平仓单在 HO 数组中的序号，这个序号的算法是"egOrderPosHst（HO，订单号）"，此处的订单号是"最后一张平仓单"，算法是"egOrderLocationSearchHst（HO，"*", 0, 9, -1, 1）"，组合起来就写成了上面的样子。看似复杂，多多思考，也就能明白了。这种写法在后面的教程中会频繁出现，届时将直接书写，不再做详细描述。

这一段的逻辑设计流程是先将连赢建仓量赋值给变量 SI. unit_lots，没有历史成交单视同连赢，然后搜索最后一张历史单，发现亏损单，则将连输建仓量重新赋值给 SI. unit_lots。

再添加两个监控变量，一个是单位高度，即止盈距离，换算成报价单

位,另一个是单位利润,即此单预计获利金额:

//---单位高度

SI.unit_high = npt_tp * SI.point;

//---单位利润

SI.unit_profit = SI.unit_lots * npt_tp * SI.trade_tick_value;

其中,"SI.point"表示报价单位,"SI.trade_tick_value"表示当前货币单点价值。点击"编写",终端仪表盘显示如下:

单位数据从左到右依次显示建仓量、止盈距离、预计利润。

来到egCreat模块,编写建仓语句:

//---有持仓单,不执行建仓动作

if (TS.buy_orders + TS.sell_orders>0) return (false);

其中,"TS.buy_orders"表示 buy 类型持仓单数量,"TS.sell_orders"表示 sell 类型持仓单数量。

添加建仓语句:

//---根据信号建仓

if (true

&& SignalCode [0] = = "Buy"

&& egOrderCreat (OP_BUY, SI.unit_lots, MyOrderComment, MagicNumber, SI, SI.ask)

&& egPrintOut (PrintOut,"【建仓】Buy 组市价建仓")

)

{

return (true);

}
if（　true

　　　&& SignalCode［0］＝＝"Sell"

　　　&& egOrderCreat（OP_SELL, SI.unit_lots, MyOrderComment,
MagicNumber, SI, SI.bid）

　　　&& egPrintOut（PrintOut,"【建仓】Sell 组市价建仓"）

　　）

{

　　return（true）;

}

点击"编写",终端仪表盘显示如下:

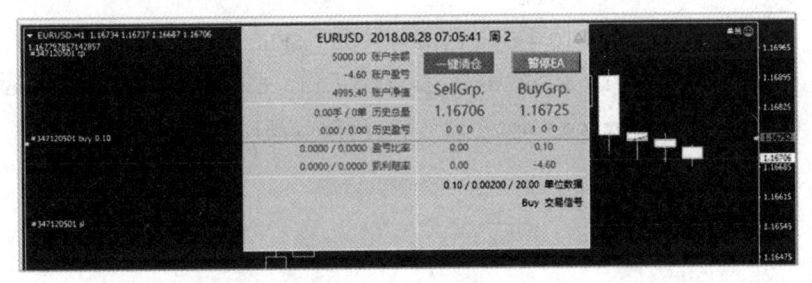

程序创建了一张 0.1 手的 Buy 单,细心的读者会发现,这张持仓单已经设置了止盈止损。是的,我们的编程模板已经预置了这项功能。

(6) 编写止盈止损模块

快速来到模块,先来解读一下这段代码:

/*

函　　数:止盈止损

输出参数:

算　　法:

*/

bool egTPSL（）

{

　　if（TS.buy_orders + TS.sell_orders == 0）return（false）;

　　int i = 0;

　　for（i = 0; i<ArraySize（TO）; i++）

　　{

```
        if ( false
            //止损
            || ( true
                && TO[i].stoploss= =0
                && npt_sl>0
                && ( false
                    || ( true
                        && TO[i].type= =OP_BUY
                        && egSetTakeLoss (TO[i].ticket,1,NormalizeDou-
ble (TO[i].openprice-npt_sl*SI.point,SI.digits),SI)
                        )
                    || ( true
                        && TO[i].type= =OP_SELL
                        && egSetTakeLoss (TO[i].ticket,1,NormalizeDou-
ble (TO[i].openprice+npt_sl*SI.point,SI.digits),SI)
                        )
                    )
                )
            //止盈
            || ( true
                && TO[i].takeprofit= =0
                && npt_tp>0
                && ( false
                    || ( true
                        && TO[i].type= =OP_BUY
                        && egSetTakeLoss (TO[i].ticket,0,Normali-
zeDouble (TO[i].openprice+npt_tp*SI.point,SI.digits),SI)
                        )
                    || ( true
                        && TO[i].type= =OP_SELL
                        && egSetTakeLoss (TO[i].ticket,0,NormalizeDou-
ble (TO[i].openprice-npt_tp*SI.point,SI.digits),SI)
                        )
                    )
```

```
            )
        )
    {}
}
return (false);
}
```

这段代码用到了 for 循环命令来遍历所有持仓单，为没有设置止盈止损的持仓单设置止盈止损，其中，ArraySize（TO）表示 TO 数组中持仓单的数量，也就是循环的次数；TO［i］.stoploss 表示序号为 i 的持仓单的止损价，TO［i］.takeprofit 则表示止盈价。

代码中使用了自定义函数 egSetTakeLoss，这个函数针对止盈止损价位、停止水平位（stoplevel）等规则做了容错处理，直接用系统命令很容易出错，导致没价值的调试，浪费时间，还不可靠。

编程模板预置的止盈止损是常规的做法，读懂这段代码就可以修改逻辑，实现定制化的止盈止损了。

（7）逻辑测试

至此，单挑程序已经写完了，验证逻辑是否正确，历史数据测试可以让我们快速验证。

在 MT4 终端打开"策略测试"窗口，按照下图做好设置：

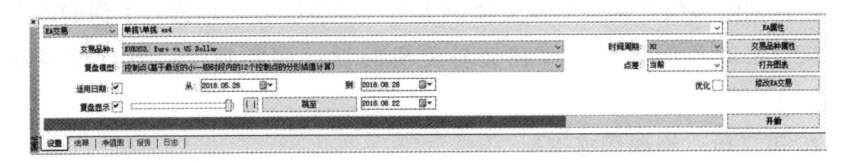

确保测试货币对在适用日期范围内有历史数据，点击"开始"，系统开始测试：

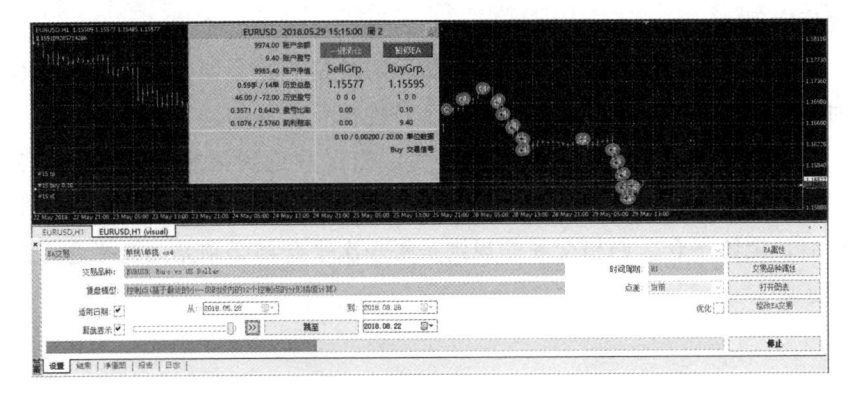

点击"日志",可以看到订单操作的输出信息,测试结束后还可以打开"报告"查看这段行情分析报告。

历史数据测试的重要功能是验证程序逻辑的符合性,快速找出逻辑错误并进行修正。也可通过修改参数,找到一套普适的执行参数。

(8) 关于模块化编程

编程模板采用了模块化设计,将交易分为信号、建仓、加仓、止盈止损、平仓减仓五个模块。在本例中,如果你有更好的信号方案,那就到"egTradingSignal"中去修改,只要将结果正确输出即可。止盈止损是持仓单出场的方式之一,如果有其他的平仓方案,不妨去"egReduce"模块里添加,其实这个模块中就预留了"利润保护"平仓功能,只需要将相应的参数设置为非零就能启动。

编程模板集成了很多实用的功能模块,有外观漂亮、实用的仪表盘模块,有程序授权验证模块,有利润保护模块,有持仓单分类模块等。

从本节例子中我们不难看出,厘清了交易逻辑之后,利用具有丰富功能的编程模板,真正要写的代码没有多少;经过多年实践验证过的编程模版,具备了很好的容错性能,编码过程中可以避免很多低级错误,使编程达到了高质、高效、高速的标准,这让人能将更多的精力放在设计和调整策略逻辑上,而不是浪费时间修改各种 bug。

请计划学习编程的读者反复阅读本书,多多练习,再进入下面的内容学习。接下来的范例将重点放在交易逻辑的设计和实现上,不再过多阐述细节。

2. 第二阶:经典网格 EA

网格交易法是所有交易员和程序员必须充分理解并熟练掌握的基本操盘方法。本节重点介绍了基于几何模型的经典网格,即等距等量网格的用法以及程序实现。

与商品价格长期看涨不同,外汇货币对价格总是会回归的,这是所有货币对的共性。网格交易法正是利用这个特性执行交易的。

一张 Buy 单建仓后可能会出现浮亏,当浮亏达到指定点数例如 200 点时,执行一次加仓,如此持续加仓,直到行情反转,当 Buy 持仓单组整体浮盈后,全体平仓。网格交易的规则是每一次平仓都必须是无损平仓,如下图所示:

随着行情下落，从#1建仓Buy单开始，每间隔200点等量加仓一次，加仓4次，共计5张Buy持仓单后，行情发生了反转，当报价超过5张持仓单均价后，Buy组就实现了整体保本，进而浮盈，此时就可以执行无损平仓了，Buy组全体市价平仓。

(1) 任务描述

执行等距等量网格交易。

预设参数：

输入项变量	参数值	描述
npt_init_lots	0.01	建仓量（手）
npt_add_intervel	200.0	加仓间距（点）

建仓信号：无。

建仓：单边空仓，市价建仓，建仓量＝npt_init_lots手。

加仓：Buy组有持仓单，最低价Buy单浮亏超过npt_add_intervel点，市价加仓Buy单，加仓量＝npt_init_lots手。

Sell组有持仓单，最高价Sell单浮亏超过npt_add_intervel点，市价加仓Sell单，加仓量＝npt_init_lots手。

平仓：Buy组均价浮盈超过npt_add_intervel点，Buy组市价平仓。

Sell组均价浮盈超过npt_add_intervel点，Sell组市价平仓。

任何时候都要保持多空双向持仓，多空双方各自为政，互不相干。

(2) 程序准备

在MT4数据文件夹"MQL4\Experts"中创建一个名为"网格"的文

件夹，如下图所示：

启动 MetaEditor 编辑器，打开 EA 模板程序，另存为"网格"：

（3）编写预设参数

参数部分源码如下：

// ======================= 外部预设参数 ============================

   string   npt _ Note00 = " === 仓位参数 === "；//【仓位参数】

input double   npt _ init _ lots = 0.01；//建仓量（手）

   double   npt _ Commission = 10.0；//手续费（元/手）

   string   npt _ Note10 = " === 控制参数 === "；//【控制参数】

input double   npt _ add _ intervel = 200.0；//加仓间距（点）

//---利润保护

   string   npt _ _ Note20 = " === 平仓－利润保护 === "；//【平仓－利润保护】

```
    double              npt_pc1_0_pp1_1 = 0.00;//当前货币利
保启动金额（正数 = 金额，0 = 不执行）
    double              npt_pc1_0_pp1_2 = 0.20;//当前货币利
保回撤比例
    double              npt_pc1_0_pp2_1 = 0.00;//当前账户利
保启动金额（正数 = 金额，0 = 不执行）
    double              npt_pc1_0_pp2_2 = 0.20;//当前账户利
保回撤比例
    double              npt_pc1_0_pp3_1 = 0.00;//Buy 组利保启
动金额（正数 = 金额，0 = 不执行）
    double              npt_pc1_0_pp3_2 = 0.30;//Buy 组利保回
撤比例
    double              npt_pc1_0_pp4_1 = 0.00;//Sell 组利保
启动金额（正数 = 金额，0 = 不执行）
    double              npt_pc1_0_pp4_2 = 0.30;//Sell 组利保
回撤比例
ProfitProtect PP[4];//利保变量，0 = 当前货币，1 = 当前账户，2 = Buy
组，3 = Sell 组

    string              npt_Note50 = "=== 指标参数 ===";//【指
标参数】
    ENUM_TIMEFRAMES     npt_ma_timeframe = PERIOD_H1;//MA 图表时间
周期
    int                 npt_ma_period = 14;//MA 采样数量
    int                 npt_ma_shift = 0;//MA 均线平移
    ENUM_MA_METHOD      npt_ma_method = MODE_SMA;//MA 计算方法
    ENUM_APPLIED_PRICE  npt_ma_applied_price = PRICE_CLOSE;//
MA 价格模式
    int                 npt_ma_k_shift = 0;//MA K 线取值序列
    double my_ma_value[5];//MA 数值，维数根据实际需要重新定义，
默认 5 个

    input string        npt_Note99 = "=== 其他参数 ===";//【其
他参数】
```

```
string                  npt_Verify_Code = ""; //授权验证码
string Verify_Code = "";
input int               npt_MagicNumber = 20180909; //EA 订单识别
```
码（-1=接管其他订单）
```
double                  npt_TickValue_Correcting = 0.0; //单点
```
价值校正
```
color                   npt_clrDashboard = clrSilver; //显示仪表
```
盘背景颜色
```
bool npt_HistoryData = true; //不启用历史数据，如果启用，占计算
```
机资源

点击"编写"后，在 MT4 中加载程序，预设参数显示如下：

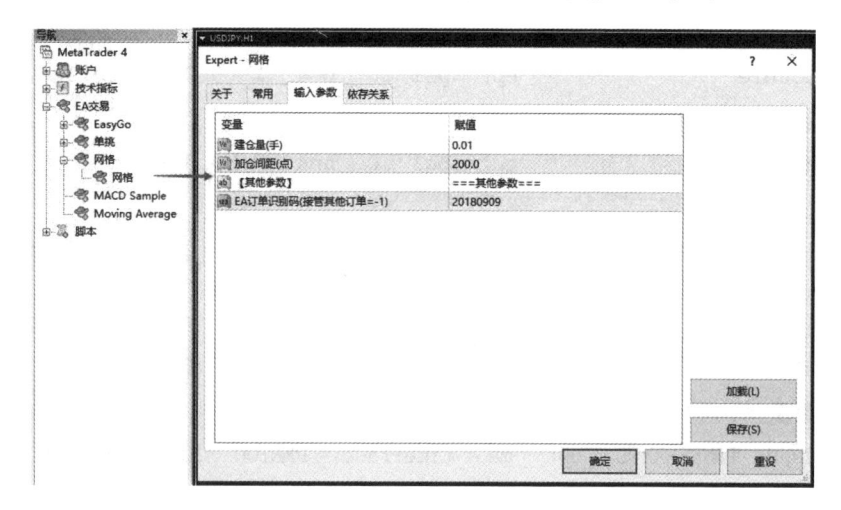

（4）编写信号模块

经典网格不需要信号。

（5）编写建仓模块

单边空仓，立即市价建仓。在 egCreat 模块中编写如下：

```
/*
函    数：建仓
输出参数：
算    法：
*/
bool egCreat()
{
```

```
//---Buy 组空仓建仓
    if（  true
        && TS.buy_orders == 0
        && egOrderCreat（OP_BUY, npt_init_lots, MyOrderComment, MagicNumber, SI, SI.ask)
        && egPrintOut（PrintOut,"【建仓】Buy 组市价建仓"）
        ）
    {
        return（true）;
    }
//---Sell 组空仓建仓
    if（  true
        && TS.sell_orders == 0
        && egOrderCreat（OP_SELL, npt_init_lots, MyOrderComment, MagicNumber, SI, SI.bid)
        && egPrintOut（PrintOut,"【建仓】Sell 组市价建仓"）
        ）
    {
        return（true）;
    }
    return（false）;
}
```

点击"编写",终端仪表盘显示如下:

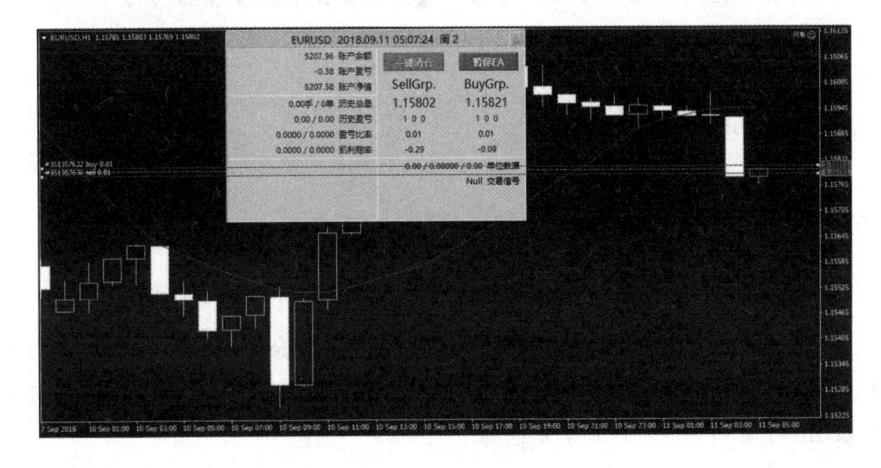

程序加载后,自动创建多、空各一张,共计两张0.01手的持仓单。

(6) 编写加仓模块

加仓:Buy组有持仓单,最低价Buy单浮亏超过npt_add_intervel点,市价加仓Buy单,加仓量=npt_init_lots手。Sell组有持仓单,最高价Sell单浮亏超过npt_add_intervel点,市价加仓Sell单,加仓量=npt_init_lots手。

在egAdd模块中编写,如下:

```
/*
函    数:加仓
输出参数:
算    法:
*/
bool egAdd()
{
//---Buy组加仓
    if( true
        && TS.buy_orders>0 //有持仓单
        && TO[egOrderPos(TO, egOrderLocationSearch(TO, SI.symbol, 1, OP_BUY, -1, -1))].openprice - SI.bid>npt_add_intervel * SI.point//最低价Buy单浮亏达标
        && egOrderCreat(OP_BUY, npt_init_lots, MyOrderComment, MagicNumber, SI, SI.ask)
        && egPrintOut(PrintOut,"【加仓】Buy组市价加仓")
        )
    {
        return(true);
    }
//---Sell组加仓
    if( true
        && TS.sell_orders>0 //有持仓单
        && SI.ask - TO[egOrderPos(TO, egOrderLocationSearch(TO, SI.symbol, 1, OP_SELL, -1, 1))].openprice>npt_add_intervel * SI.point//最高价Sell单浮亏达标
```

```
                && egOrderCreat (OP_SELL, npt_init_lots, MyOrderComment,
MagicNumber, SI, SI.bid)
                && egPrintOut (PrintOut, "【加仓】Sell 组市价加仓")
            )
        {
            return (true);
        }
        return (false);
}
```

其中,"最低价 Buy 单浮亏达标"条件语句采用了复合函数的写法,详解如下:

逻辑是最低价 Buy 单减去平仓价大于加仓间距,TO[n].openprice－平仓价＞加仓间距。

n 是最低价 Buy 单在持仓单数组 TO 中的序号,用 egOrderPos(TO,订单号)计算。

最低价 Buy 单订单号用 egOrderLocationSearch(TO,SI.symbol,1,OP_BUY,－1,－1)计算。

平仓价使用 SI.bid 即 Buy 单平仓价。

加仓间距换算成货币报价 npt_add_intervel * SI.point。

上述写法在以后的编程中将频繁使用,熟练掌握、灵活运用能让代码更加简洁,阅读起来条理性更强。

点击"编写",在终端历史测试窗口进行逻辑验证:

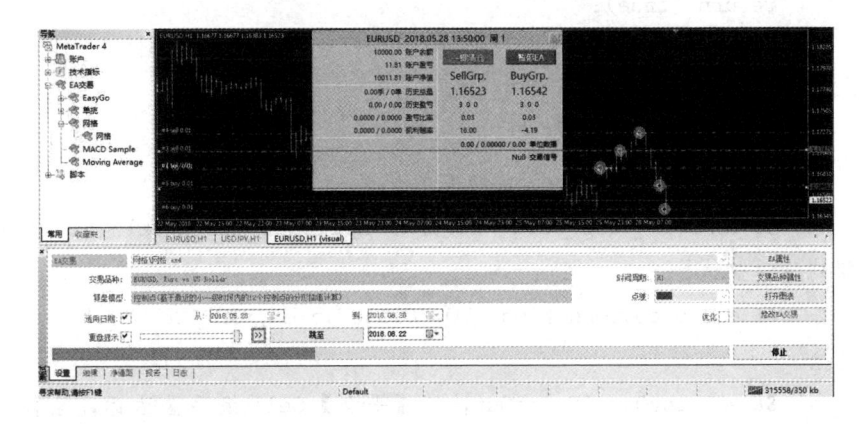

从图形中确认加仓正确,打开日志可以看到每一个加仓行为都有记录:

时间	信息
● 2018.09.11 10:19:11....	2018.05.28 13:16:40 网格 EURUSD,H1:【加仓】Buy组市价加仓
⚠ 2018.09.11 10:19:11....	2018.05.28 13:16:40 网格 EURUSD,H1: open #6 buy 0.01 EURUSD at 1.16426 ok
● 2018.09.11 10:19:10....	2018.05.28 12:15:00 网格 EURUSD,H1:【加仓】Buy组市价加仓
⚠ 2018.09.11 10:19:10....	2018.05.28 12:15:00 网格 EURUSD,H1: open #5 buy 0.01 EURUSD at 1.16685 ok
● 2018.09.11 10:19:05....	2018.05.28 08:20:00 网格 EURUSD,H1:【加仓】Sell组市价加仓
⚠ 2018.09.11 10:19:05....	2018.05.28 08:20:00 网格 EURUSD,H1: open #4 sell 0.01 EURUSD at 1.17266 ok
● 2018.09.11 10:18:49....	2018.05.28 04:15:00 网格 EURUSD,H1:【加仓】Sell组市价加仓
⚠ 2018.05.28 10:18:49	2018.05.28 04:15:00 网格 EURUSD,H1: open #3 0.01 sell EURUSD at 1.17071 ok

设置 | 结果 | 净值图 | 报告 | 日志

（7）编写平仓模块

平仓：Buy组均价浮盈超过npt_add_intervel点，Buy组市价平仓。Sell组均价浮盈超过npt_add_intervel点，Sell组市价平仓。

在egReduce模块中从"//---（其他减仓平仓）"开始编写平仓逻辑，自带的利润保护部分不用修改，本次任务用不着。

```
//---Buy 组获利平仓
    if（ true
        && TS.buy_orders>0 //有持仓单
        && SI.bid - TS.buy_grp_avg>npt_add_intervel * SI.point
//组均价浮盈达标
        && egCloseByCondition（TO, CloseTicket, OP_BUY, 9）//Buy组清仓
        && egPrintOut（PrintOut,"【平仓】Buy组浮盈达标，全体清仓"）
        ）
    {
        return（true）;
    }
//---Sell 组获利平仓
    if（ true
        && TS.sell_orders>0 //有持仓单
        && TS.sell_grp_avg - SI.ask>npt_add_intervel * SI.point
//组均价浮盈达标
        && egCloseByCondition（TO, CloseTicket, OP_SELL, 9）//Sell组清仓
        && egPrintOut（PrintOut,"【平仓】Sell组浮盈达标，全体清仓"）
```

```
        )
        {
            return (true);
        }
```

这段程序使用了预定义组均价变量 TS.buy_grp_avg 和 TS.sell_grp_avg 来计算组是否浮盈达标。

组平仓采用了 egCloseByCondition 条件平仓函数。

点击"编写",在终端历史测试窗口进行逻辑验证:

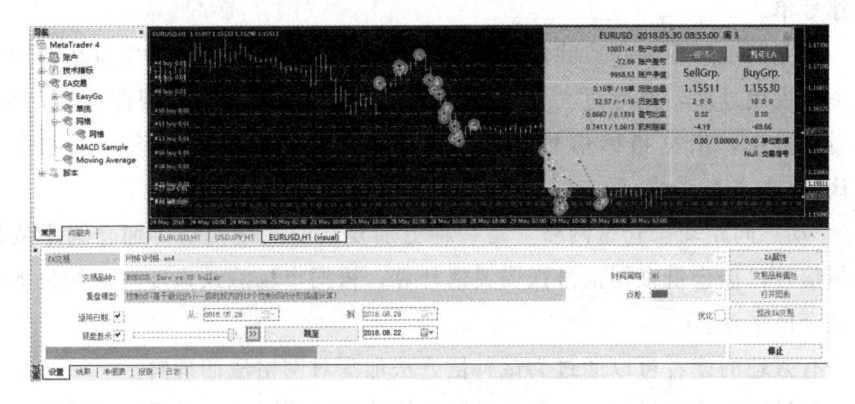

从订单平仓线路确认逻辑正确,打开日志窗口:

日志输出正常。

(8) 网格法延伸

经典网格测试净值图如下:

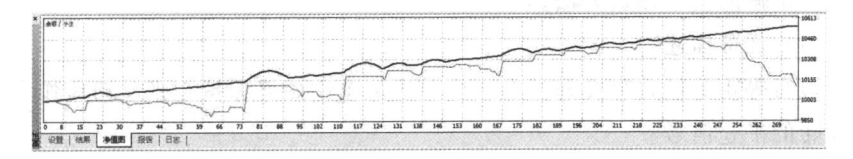

余额曲线稳定上升,净值曲线有较大回撤,这是由浮亏造成的。

网格法是基本的操盘方法之一，从模型上不难看出，如果行情不反转到保本价，持续下跌，保证金将用光，然后被强平直至爆仓。

任何一种操盘方法都有其优劣，浮亏增加的根本原因不是你用了网格法，而是你在正确的时间里用了不正确的方法。网格法最不适合单边行情，而单边（包括震荡）行情永远都是走出来的，没办法预测，针对单边行情，有以下几个变种模型可以弥补网格法的不足：

"等距倍仓网格"，顾名思义，就是加仓量逐渐加大，把持仓均价拉到贴近报价附近，市场哪怕有一点点反弹，都有机会无损平仓，解决掉远离现价的浮亏单。

按照固定间距加仓，我们常常会发现多数持仓单都在逆势中进场，导致保证金占用过多，浮亏过大，难以应付。"动态间距网格"因此应运而生，面对浮亏单，依据指标信号执行二次加仓，就能大幅度消除等距加仓的弊病。

"动态间距动态仓量网格"是一种更加复杂的网格模型，加仓间距依据指标信号，加仓量根据信号强弱灵活计算，根据市场涨跌强度决定部分平仓还是全体平仓。

有兴趣的读者可以通过尝试补偿方法加深对网格法的理解。

通过网格法布局的持仓单，可以在评估市场情况后灵活采用其他的操盘方法，趋势操盘法就是可选项之一。

3. 第三阶：经典趋势 EA

如果说网格法是解决浮亏的最佳方法，那么趋势法就是获取暴利的最佳方法了。市场趋势到达后才发现没有持仓或者持仓量过少，那就会失去赢得利润的机会，一个不能获取暴利的模块算不上完整的操盘策略。

本节讲述的经典趋势模型是通过浮盈持仓单来判断趋势的，并不使用技术指标。对于双向持仓单结构，有一方出现了浮盈，就说明市场已经处于这个方向的趋势，具体做法是先将反向单认亏，然后在趋势方向加仓。

和网格交易法一样，趋势交易法也是所有交易员和程序员必须充分理解并熟练掌握的基本操盘方法。

（1）任务描述

执行等距等量趋势交易。在一个单边加仓中始终保持 1 张反向单作为趋势反转的平仓信号。

预设参数：

输入项变量	参数值	描述
npt_init_lots	0.1	建仓量（手）
npt_add_intervel	200.0	加仓间距（点）

建仓信号：无。

建仓：空仓，市价双向各建仓一单，建仓量=npt_init_lots 手。

加仓：Buy 组有持仓单，最高价 Buy 单浮盈超过 npt_add_intervel 点，市价加仓 Buy 单，加仓量=npt_init_lots 手。市价加仓 Sell 单，加仓量=npt_init_lots 手。

Sell 组有持仓单，最低价 Sell 单浮盈超过 npt_add_intervel 点，市价加仓 Sell 单，加仓量=npt_init_lots 手。市价加仓 Buy 单，加仓量=npt_init_lots 手。

平仓：Buy 组完成加仓，Sell 组有 2 张持仓单，最低价单市价认亏平仓。Buy 组有 2 张以上持仓单，Sell 组有 1 张单浮盈 npt_add_intervel 点，全体清仓。

Sell 组完成加仓，Buy 组有 2 张持仓单，最高价单市价认亏平仓。Sell 组有 2 张以上持仓单，Buy 组有 1 张单浮盈 npt_add_intervel 点，全体清仓。

（2）程序准备

在 MT4 数据文件夹"MQL4\Experts"中创建一个名为"趋势"的文件夹，如下图所示：

启动 MetaEditor 编辑器，打开 EA 模板程序，将之另存为"趋势"：

(3) 编写预设参数

```
30 //===================外部预设参数=====================
31     string          npt_Note00="===仓位参数===";//【仓位参数】
32 input double        npt_init_lots=0.1; //建仓量(手)
33     double          npt_Commission=10.0; //手续费(元/手)
34
35     string          npt_Note10="===控制参数===";//【控制参数】
36 input double        npt_add_interval=200.0;//加仓间距(点)
37
```

参数部分源码如下：

// ======================= 外部预设参数 ============================
  string   npt _ Note00 = " === 仓位参数 === "；//【仓位参数】

input double   npt _ init _ lots = 0.01；//建仓量（手）

    double   npt _ Commission = 10.0；//手续费（元/手）

    string   npt _ Note10 = " === 控 制 参 数 === "；//【控制参数】

input double   npt _ add _ interval = 200.0；//加仓间距（点）

//---利润保护

    string   npt _ _ Note20 = " === 平仓 – 利润保护 === "；//【平仓 – 利润保护】

    double   npt _ pc1 _ 0 _ pp1 _ 1 = 0.00；//当前货币利保启动金额（正数 = 金额，0 = 不执行）

    double   npt _ pc1 _ 0 _ pp1 _ 2 = 0.20；//当前货币利保回撤比例

    double   npt _ pc1 _ 0 _ pp2 _ 1 = 0.00；//当前账户利保启动金额（正数 = 金额，0 = 不执行）

    double   npt _ pc1 _ 0 _ pp2 _ 2 = 0.20；//当前账户利保回撤比例

    double   npt _ pc1 _ 0 _ pp3 _ 1 = 0.00；//Buy 组利保启动金额（正数 = 金额，0 = 不执行）

    double   npt _ pc1 _ 0 _ pp3 _ 2 = 0.30；//Buy 组利保回撤比例

```
        double            npt_pc1_0_pp4_1 = 0.00;   //Sell 组利保
启动金额（正数=金额，0=不执行）
        double            npt_pc1_0_pp4_2 = 0.30;   //Sell 组利保
回撤比例
ProfitProtect PP[4];  //利保变量，0=当前货币，1=当前账户，2=Buy
组，3=Sell组

        string            npt_Note50 = "=== 指标参数 ==="; //【指
标参数】
        ENUM_TIMEFRAMES   npt_ma_timeframe = PERIOD_H1;  //MA 图表时
间周期
        int               npt_ma_period = 14;  //MA 采样数量
        int               npt_ma_shift = 0;   //MA 均线平移
        ENUM_MA_METHOD    npt_ma_method = MODE_SMA;  //MA 计算方法
        ENUM_APPLIED_PRICE  npt_ma_applied_price = PRICE_CLOSE;
//MA 价格模式
        int               npt_ma_k_shift = 0;  //MA K 线取值序列
        double my_ma_value[5];   //MA 数值，维数根据实际需要重新
定义，默认5个

        input  string     npt_Note99 = "=== 其他参数 ==="; //【其
他参数】
        string            npt_Verify_Code = "";  //授权验证码
        string Verify_Code = "";
        input  int        npt_MagicNumber = 20180911;  //EA 订单识
别码（-1=接管其他订单）
        double            npt_TickValue_Correcting = 0.0;  //单点
价值校正
        color             npt_clrDashboard = clrSilver;  //显示仪表
盘背景颜色
        bool npt_HistoryData = true;  //不启用历史数据，如果启用，占计算
机资源
```

点击"编写"后在 MT4 中加载程序，预设参数显示如下：

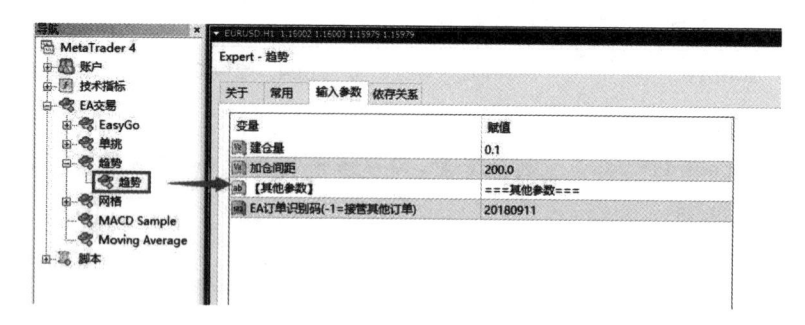

(4) 编写信号模块

经典趋势不需要信号。

(5) 编写建仓模块

空仓，立即市价双向建仓。在 egCreat 模块中编写如下：

```
/*
函    数：建仓
输出参数：
算    法：
*/
bool egCreat ()
{
//---Buy 组空仓建仓
    if ( true
        && TS.buy _ orders == 0
        && egOrderCreat (OP _ BUY, npt _ init _ lots, MyOrderComment, MagicNumber, SI, SI.ask)
        && egPrintOut (PrintOut, "【建仓】Buy 组市价建仓")
        )
    {
        return (true);
    }
//---Sell 组空仓建仓
    if ( true
        && TS.sell _ orders = = 0
```

&& egOrderCreat（OP_SELL, npt_init_lots, MyOrderComment, MagicNumber, SI, SI.bid)
&& egPrintOut (PrintOut,"【建仓】Sell 组市价建仓")
)
{
return (true);
}
return (false);
}

点击"编写"，终端仪表盘显示如下：

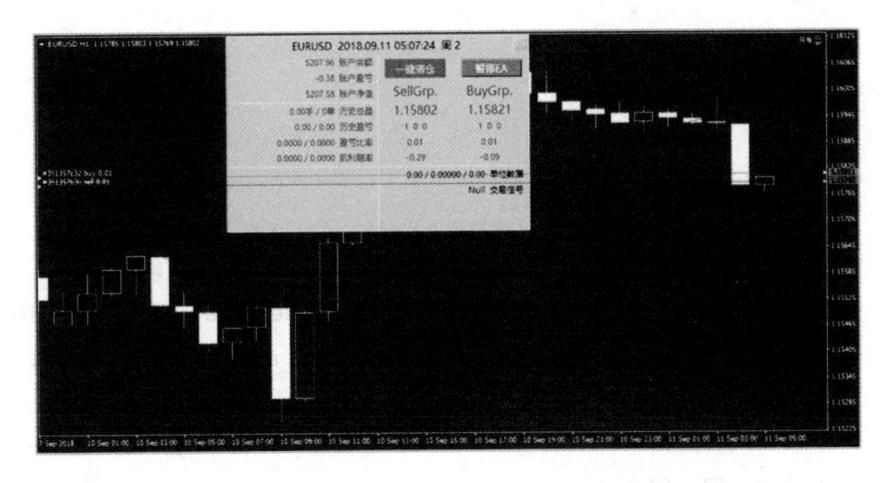

程序加载后，自动创建多、空各一张，共计两张 0.01 手的持仓单。

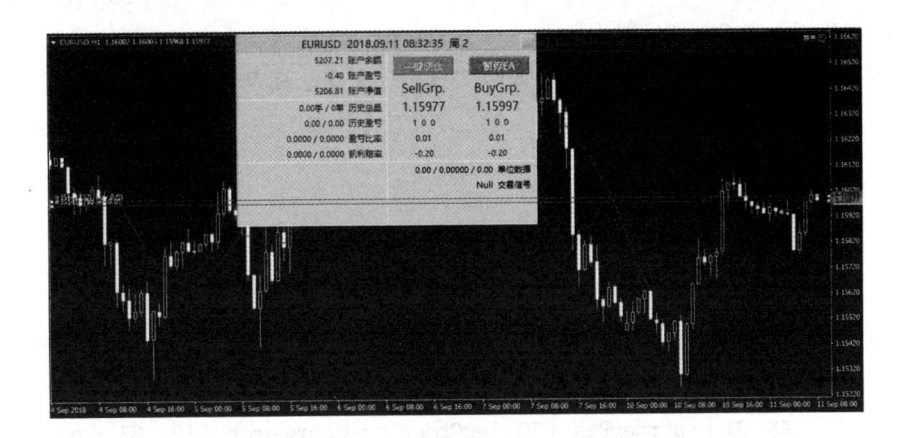

(6) 编写加仓模块

加仓：Buy 组有持仓单，最高价 Buy 单浮盈超过 npt_add_intervel 点，市价加仓 Buy 单，加仓量＝npt_init_lots 手。市价加仓 Sell 单，加仓量＝npt_init_lots 手。Sell 组有持仓单，最低价 Sell 单浮盈超过 npt_add_intervel 点，市价加仓 Sell 单，加仓量＝npt_init_lots 手。市价加仓 Buy 单，加仓量＝npt_init_lots 手。

在 egAdd 模块中编写如下：

```
/*
函    数：加仓
输出参数：
算    法：
*/
bool egAdd ()
{
//---Buy 组加仓
    if (   true
        && TS.buy_orders＞0 //有持仓单
        && SI.bid - TO [egOrderPos (TO, egOrderLocationSearch (TO, SI.symbol, 1, OP_BUY, -1, 1))].openprice＞npt_add_intervel * SI.point//最高价 Buy 单浮盈达标
        && egOrderCreat (OP_BUY, npt_init_lots, MyOrderComment, MagicNumber, SI, SI.ask)
        && egOrderCreat (OP_SELL, npt_init_lots, "趋势确认", MagicNumber, SI, SI.bid)
        && egPrintOut (PrintOut, "【加仓】Buy 组市价加仓")
      )
    {
        return (true);
    }
//---Sell 组加仓
    if (   true
        && TS.sell_orders＞0 //有持仓单
        && TO [egOrderPos (TO, egOrderLocationSearch (TO, SI.symbol,
```

1, OP_SELL, -1, -1))].openprice-SI.ask>npt_add_intervel*SI.point//最低价Sell单浮盈达标

&& egOrderCreat（OP_SELL, npt_init_lots, MyOrderComment, MagicNumber, SI, SI.bid）

&& egOrderCreat（OP_BUY, npt_init_lots, "趋势确认", MagicNumber, SI, SI.ask）

&& egPrintOut（PrintOut, "【加仓】Sell组市价加仓"）
)
{
    return (true);
}
return (false);
}

顺势单加仓的同时，添加一张反向单，订单注释为"趋势确认"，作为平仓模块的识别条件。点击"编写"，在终端历史测试窗口进行逻辑验证，日志中每一个加仓行为都符合要求。

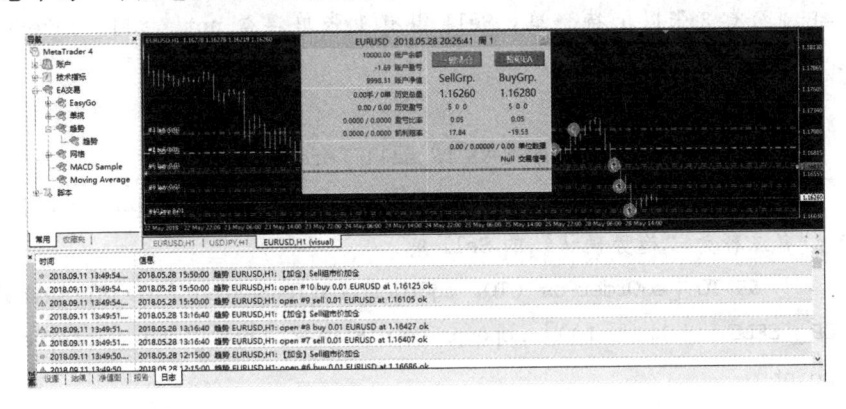

（7）编写平仓模块

平仓：Buy组完成加仓，Sell组有2张持仓单，最低价单市价认亏平仓。Buy组有2张以上持仓单，Sell组有1张单浮盈npt_add_intervel点，全体清仓。Sell组完成加仓，Buy组有2张持仓单，最高价单市价认亏平仓。Sell组有2张以上持仓单，Buy组有1张单浮盈npt_add_intervel点，全体清仓。

在egReduce模块中从"//---（其他减仓平仓）"开始编写平仓逻辑，自带的利润保护部分不用修改，本次任务用不着。

//---Buy 组完成加仓，Sell 组有 2 张持仓单，最低价单市价认亏平仓。
//   Buy 组有 2 张以上持仓单，有 2 张以上其中注释为"趋势确认"的 Sell 单
  if（ true
   && TS.buy_orders＞1 && TS.sell_orders＞1
   && egFindCommentOrder（TO,"趋势确认",OP_SELL,-1)!=-1 //有注释为"趋势确认"的 Sell 单
   && egPrintOut（PrintOut,"【平仓】Sell 组保留趋势确认单,最低价持仓单市价平仓"）
  ）
  {
   //最低价单市价认亏平仓
   CloseTicket [0] = egOrderLocationSearch（TO, SI.symbol, 1, OP_SELL, -1, -1）;
   return（true）;
  }
//---Buy 组有 2 张以上持仓单，Sell 组有 1 张单浮盈 npt_add_intervel 点，全体清仓
  if（ true
   && TS.buy_orders＞1 && TS.sell_orders==1
   && egFindCommentOrder（TO,"趋势确认",OP_SELL,-1)!=-1 //有注释为"趋势确认"的 Sell 单
   && TO [egOrderPos（TO, egOrderLocationSearch（TO, SI.symbol, 1, OP_SELL, -1, -1))].openprice - SI.ask＞npt_add_intervel * SI.point
   && egCloseByCondition（TO, CloseTicket, 9, 9）
   && egPrintOut（PrintOut,"【平仓】Sell 组趋势确认单浮盈达标,全体清仓"）
  ）
  {
   return（true）;
  }

//---Sell 组完成加仓，Buy 组有 2 张持仓单，最高价单市价认亏平仓。
// Sell 组有 2 张以上持仓单，有 2 张以上其中注释为"趋势确认"的 Buy 单
  if (true
    && TS.buy_orders>1 && TS.sell_orders>1
    && egFindCommentOrder (TO, "趋势确认", OP_BUY, -1)! = -1 //有注释为"趋势确认"的 Buy 单
    && egPrintOut (PrintOut, "【平仓】Buy 组保留趋势确认单，最高价持仓单市价平仓")
)
  {
    //最高价单市价认亏平仓
    CloseTicket [0] = egOrderLocationSearch (TO, SI.symbol, 1, OP_BUY, -1, 1);
    return (true);
  }
//---Sell 组有 2 张以上持仓单，Buy 组有 1 张单浮盈 npt_add_intervel 点，全体清仓
  if (true
    && TS.sell_orders>1 && TS.buy_orders = =1
    && egFindCommentOrder (TO, "趋势确认", OP_BUY, -1)! = -1 //有注释为"趋势确认"的 Sell 单
    && SI.bid - TO [egOrderPos (TO, egOrderLocationSearch (TO, SI.symbol, 1, OP_BUY, -1, 1))].openprice>npt_add_intervel * SI.point
    && egCloseByCondition (TO, CloseTicket, 9, 9)
    && egPrintOut (PrintOut, "【平仓】Buy 组趋势确认单浮盈达标，全体清仓")
)
  {
    return (true);
  }

这段程序给 CloseTicket 变量赋值，将指定单号的持仓单平仓。

全体平仓采用了 egCloseByCondition 条件平仓函数。

用订单注释实现趋势识别。

点击"编写",在终端历史测试窗口进行逻辑验证:

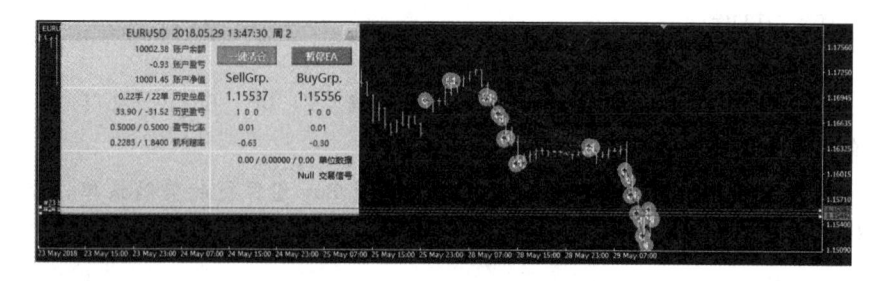

从订单平仓线路确认逻辑正确,打开日志窗口:

日志输出正常。

(8) 趋势法延伸

经典网格测试净值图如下:

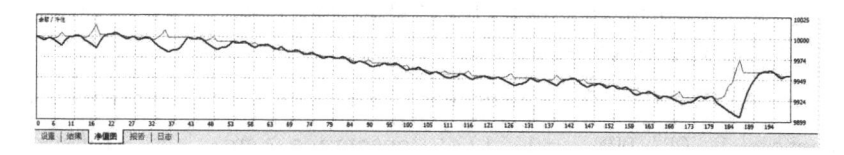

余额曲线持续下降,是由震荡行情导致的,净值曲线总是在余额曲线之上,这正是趋势法的资金特征。

趋势法是基本操盘方法之一,从模型上不难看出,如果单边行情很少,后果将是余额不断减少。

只有趋势法才有机会获取暴利,针对这个模型,可以提供几个调优的思路:

采用趋势指标作为全体平仓的信号,而不是模型中以"趋势确认"单盈亏作为清仓信号。

加仓量可以设置为增量,在有浮盈的前提下不妨加大加仓量。

"震荡"行情是趋势法的"克星",在实际操盘中必须及时识别行情状态，灵活使用操盘方法。任何单一的操盘方法都不能"包打天下"。

4. 第四阶：变色趋势线指标

技术指标是量化市场的重要手段，主要用来提供操盘信号，本节重点讲述 MT4 指标的编写方法。

（1）任务描述

当布林指标出现上下轨开口形态时，表示单边行情启动，此时中轨向上运行表示行情启动了上行趋势，用绿线画中轨线，直到出现行情启动下行趋势。

当布林指标出现上下轨开口形态时，表示单边行情启动，此时中轨向下运行表示行情启动了下行趋势，用红线画中轨线，直到出现行情启动上行趋势。

本指标在主图 K 线中用双色方法描绘行情涨跌，输入参数为布林指标参数，输出 2 个参数。

（2）程序准备

在 MT4 数据文件夹"MQL4 \ Indicators \ EasyGo"中打开"MQL4 指标模版［2018.01］.mq4"，另存为"［指标］变色趋势.mq4"，如下图所示：

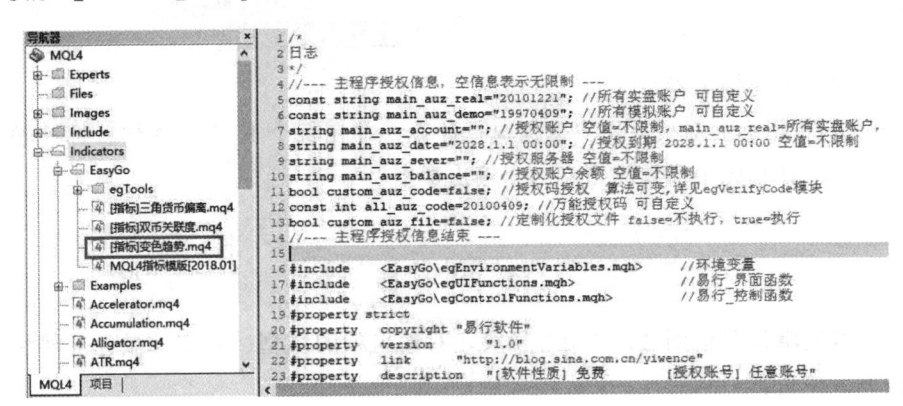

启用主图显示，屏蔽副图显示，并修改输出参数为 2 个：

（3）编写预设参数

找到"外置预设参数"部分，指标自适应当前图表，删除第一行时间周期前的"input"，表示不作为预设参数。

布林指标默认参数显示的"时间周期"为 20，实际上是对 20 根 K 线取平均值，为了避免概念混淆，可取名为"采样数量"。

删除"其他参数"和"授权验证码"前面的"input"，不显示，这个指标不做任何权限限制。

点击"编写"后，加载该指标，显示预设参数：

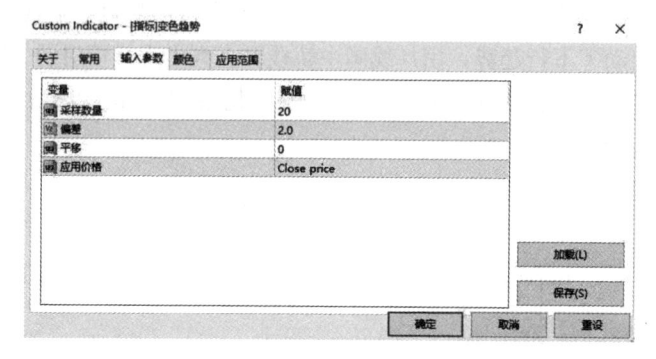

（4）编写输出参数

MT4 指标会对所有历史数据执行计算，并在每个 K 线所在位置标注输出结果，在程序中需要先定义 2 个输出数组。

将编辑位置移到"OnInit"模块，对输出项的线型、粗细、颜色等属性做如下编辑：

"IndicatorDigits（Digits）;"表示显示输出的数据小数点位数跟随当前货币对报价的小数位数。

命令"SetIndexStyle（0，DRAW_LINE，STYLE_SOLID，1，clrGreen）;"用于设置输出显示的属性，其中，"DRAW_LINE"表示画线，如需要画符号、柱线等，可采用"DRAW_ARROW"、"DRAW_HISTO-

GRAM",详见 MQL4 官方手册。

"STYLE_SOLID"表示线型,可选项有实线、虚线、点画线、点点画线等,详见 MQL4 官方手册。

"1"表示线条粗细,1 是最细的。

"clrGreen"表示上行线用绿色描绘,颜色可选,详见 MQL4 官方手册。

命令"SetIndexBuffer(0,buffers_up,INDICATOR_DATA);"用于分配输出项的序号,"上行"线分配输出序号为 0,"下行"线分配输出序号为 1。

命令"SetIndexLabel(0,"上行");"用来显示输出项名称。

命令"ArrayInitialize(buffers_up,EMPTY_VALUE);"用来初始化输出项数据。

源码如下:

```
//---定义输出项
    IndicatorDigits(Digits);
    //上行属性
    SetIndexStyle(0, DRAW_LINE, STYLE_SOLID, 1, clrGreen);//初始化输出项
    SetIndexBuffer(0, buffers_up, INDICATOR_DATA);//定义输出项
    SetIndexLabel(0,"上行");//定义输出名称
    ArrayInitialize(buffers_up, EMPTY_VALUE);
    //下行属性
    SetIndexStyle(1, DRAW_LINE, STYLE_SOLID, 1, clrRed);//初始化输出项
    SetIndexBuffer(1, buffers_dw, INDICATOR_DATA);//定义输出项
    SetIndexLabel(1,"下行");//定义输出名称
    ArrayInitialize(buffers_dw, EMPTY_VALUE);
```

点击"编写"后该指标在数据窗口显示如下:

数据窗口	
GBPUSD,M5	
Date	2018.09.25
Time	06:35
Open	1.31031
High	1.31033
Low	1.31021
Close	1.31031
Volume	116
Bands(20) Upper	1.31089
Bands(20) Lower	1.31018
上行	
下行	

(5) 编写输出参数算法

将编辑位置移到"OnCalculate"模块，这个模块共有 10 个参数，依次解释如下：

"rates_total"表示图表中 K 线数量。

"prev_calculated"表示指标已经计算过的 K 线数量。

"time []"表示指定序号 K 线的开盘时间。

"open []"表示指定序号 K 线的开盘价。

"high []"表示指定序号 K 线的最高价。

"low []"表示指定序号 K 线的最低价。

"close []"表示指定序号 K 线的收盘价。

"tick_volume []"表示指定序号 K 线的单一报价的成交量。

"volume []"表示指定序号 K 线的成交量。

"spread []"表示指定序号 K 线的单一报价的点差。

大多数技术指标加载后会对所有历史数据执行一次运算，为了减少计算量，之后所有的报价不再对历史数据重复计算，这就需要用到"rates_total"和"prev_calculated"两个参数。

"tick_volume []"和"spread []"实时性非常强，只获取最后一个报价的相关信息。

先编辑一个历史数据循环框架，如下图所示：

```
78 int OnCalculate(const int rates_total,
79                 const int prev_calculated,
80                 const datetime &time[],
81                 const double &open[],
82                 const double &high[],
83                 const double &low[],
84                 const double &close[],
85                 const long &tick_volume[],
86                 const long &volume[],
87                 const int &spread[])
88 {
89     if (egVerify()!=0) return(INIT_FAILED);    //授权认证
90     //在这里输入指标算法及输出变量赋值
91     int limit=rates_total-prev_calculated;
92     for(int i=0; i<limit; i++)
93     {
94
95     }
96     return(rates_total);
97 }
```

在 for 循环语句中，我们需要获取每一个 K 线的布林值，编写并验证取值代码：

```
90      //在这里输入指标算法及输出变量赋值
91      int limit=rates_total-prev_calculated;
92      //定义布林三个输出变量
93      double bands_upper=0; //布林上线
94      double bands_middle=0; //布林中线
95      double bands_lower=0; //布林下线
96      for(int i=0; i<limit; i++)
97      {
98          bands_upper=iBands(NULL,npt_timeframe,npt_period,npt_deviation,npt_shift,npt_applied_price,MODE_UPPER,i);
99          bands_middle=iBands(NULL,npt_timeframe,npt_period,npt_deviation,npt_shift,npt_applied_price,MODE_MAIN,i);
100         bands_lower=iBands(NULL,npt_timeframe,npt_period,npt_deviation,npt_shift,npt_applied_price,MODE_LOWER,i);
101     //验证三个布林输出参数是否正确
102     if (i==1)
103     {
104         Comment(bands_upper," ",bands_middle," ",bands_lower);
105     }
106     }
107     return(rates_total);
```

点击"编写"后该指标在主图显示如下：

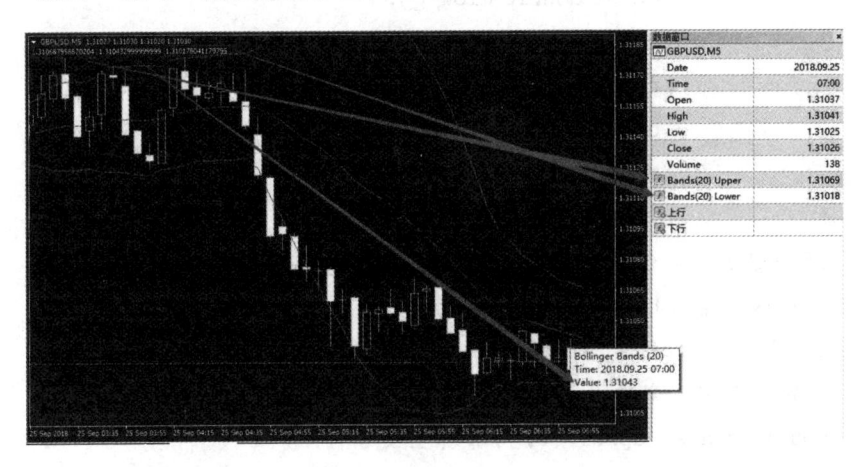

在左上角显示 1 号 K 线对应的布林值，经核对无误。"验证三个布林输出参数是否正确"代码部分是编程中常用的验证数据方法，希望读者熟练掌握。

MT4 对 K 线序列的定义：当前 K 线标号为 0，通常记为 k1，左边第一根 K 线标号为 1，通常记为 k2，以此类推，如果 K 线数量共计 100 根，那么最左边的 K 线记为 k100。

对于历史数据的计算，分为从左向右和从右向左两个计算顺序，本例为从左向右计算，先从 K 线标号最大的开始计算，因此，for 循环要修改为：

for（int i = limit - 2；i >= 0；i - -）

上行线计算逻辑：如果前一 K 线为上行，则当前 K 线标记为上行；如果当前 K 线满足"下行趋势启动条件"，则当前 K 线标记为下行。

下行线计算逻辑：如果前一 K 线为下行，则当前 K 线标记为下行；如果当前 K 线满足"上行趋势启动条件",则当前 K 线标记为上行。

如果前一 K 线既不是上行也不是下行,则标记为空值"EMPTY_VALUE"。

模块 OnCalculate 里的代码如下:

```
int OnCalculate (const int rates_total,
                const int prev_calculated,
                const datetime &time [],
                const double &open [],
                const double &high [],
                const double &low [],
                const double &close [],
                const long &tick_volume [],
                const long &volume [],
                const int &spread [])
{
    if (egVerify ()!=0)    return (INIT_FAILED);//授权认证
    //在这里输入指标算法及输出变量赋值
    int limit = rates_total - prev_calculated;
    //定义布林三个输出变量
    double bands_upper = 0;//布林上线
    double bands_middle = 0;//布林中线
    double bands_lower = 0;//布林下线
    double bands_upper1 = 0;//前一布林上线
    double bands_middle1 = 0;//前一布林中线
    double bands_lower1 = 0;//前一布林下线
    if (limit - 2<0) limit = 2;
    for (int i = limit - 2; i >= 0; i--)
    {
        bands_upper = iBands (NULL, npt_timeframe, npt_period, npt_deviation, npt_shift, npt_applied_price, MODE_UPPER, i);
        bands_middle = iBands (NULL, npt_timeframe, npt_period, npt_deviation, npt_shift, npt_applied_price, MODE_MAIN, i);
        bands_lower = iBands (NULL, npt_timeframe, npt_period,
```

```
npt_deviation, npt_shift, npt_applied_price, MODE_LOWER, i);
        bands_upper1 = iBands (NULL, npt_timeframe, npt_period,
npt_deviation, npt_shift, npt_applied_price, MODE_UPPER, i+1);
        bands_middle1 = iBands (NULL, npt_timeframe, npt_period,
npt_deviation, npt_shift, npt_applied_price, MODE_MAIN, i+1);
        bands_lower1 = iBands (NULL, npt_timeframe, npt_period,
npt_deviation, npt_shift, npt_applied_price, MODE_LOWER, i+1);
//验证三个布林输出参数是否正确
/*
if (i = = 1)
{
    Comment (bands_upper, " ", bands_middle, " ", bands_lower,
"\n", bands_upper1, " ", bands_middle1, " ", bands_lower1 );
}
*/
        //上行线
        if (buffers_up [i+1] = = EMPTY_VALUE) buffers_up [i] =
EMPTY_VALUE;
        if (buffers_dw [i+1] = = EMPTY_VALUE) buffers_dw [i] =
EMPTY_VALUE;
        if (buffers_up [i+1]! = EMPTY_VALUE) buffers_up [i] =
bands_middle;
        if (buffers_dw [i+1]! = EMPTY_VALUE) buffers_dw [i] =
bands_middle;
        //上下轨开口
        if (  true
            && bands_upper>bands_upper1
            && bands_lower<bands_lower1
            )
        {
            //标注为上行
            if (bands_middle>bands_middle1)
```

```
            {
                buffers_up[i] = bands_middle;
                buffers_dw[i] = EMPTY_VALUE;
            }
            //标注为下行
            if(bands_middle<bands_middle1)
            {
                buffers_dw[i] = bands_middle;
                buffers_up[i] = EMPTY_VALUE;
            }
        }
    return(rates_total);
}
```

5. 第五阶：多货币具备天然风险制衡特性

无论是网格法还是趋势法，针对单一货币操盘，都存在不可消除的弊端，浮亏一旦起来，想要消除难上加难。

一个1万元的账户，有的人说用最小仓量执行网格法，怎么都不会死，这个说法只能建立在没有大事件（如瑞郎事件）发生的前提下，但是会出现一个很现实的问题，就是资金利用率过小。在浮亏不大的时候，只能赚取一些蝇头小利，大部分资金都处于闲置状态，而在浮亏较大的时候，为了抵抗风险，等待行情回归，又需要有很长的一段不赚钱的时间。

多货币同时操作可以很大程度上解决这个问题，多货币操盘会让持仓单产生天然的风险制衡，整体浮亏得到天然制衡，这是一个值得研究的方向。

目前行业内有双币关联度、三角货币、多货币套利等多种解决方案。

（1）双币关联度

在指定时间周期和采样数量前提下，有些双币存在着高度的关联性，注意观察下图：

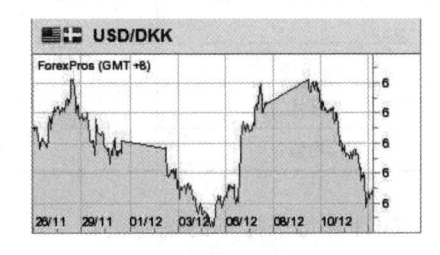

EUR/USD 与 EUR/CAD 图表非常相似，几乎同步涨跌，这叫作正关联。EUR/USD 与 USD/DKK 图表正好相反，此涨彼落，走出来的形状像一面镜子，这叫作负关联。

正关联的双币通常一多一空等量建仓，负关联的双币通常各建一张同类型的等量持仓单。因为存在波幅差异和报价先后因素，总是会有机会等待双币组合出现浮动盈利，这就是平仓的机会了。

习惯上用两个货币对之间的关联系数来表示它们之间的关联度。系数超过 80% 越接近 100%，相似性越高；系数低于 −80% 越接近 −100%，相反性越高。

关联度算法如下。

① 取样：分别获取 EURUSD 和 EURCAD 货币对 1 小时图表上 5 个 K 线的开盘价，列表如下：

取样	EURUSD	EURCAD
1	1.30787	1.28764
2	1.30637	1.28639
3	1.30619	1.28621
4	1.30674	1.28674
5	1.30652	1.28673

②计算2个货币对的均值：

均值＝样本开盘价之和/样本数量

取样	EURUSD	EURCAD
1	1.30787	1.28764
2	1.30637	1.28639
3	1.30619	1.28621
4	1.30674	1.28674
5	1.30652	1.28673
总计	6.53369	6.43371
均值	1.306738	1.286742

③计算每个样本的偏差值：

偏差值＝样本开盘价－均值

取样	EURUSD	x偏差	EURCAD	y偏差
1	1.30787	0.00113200	1.28764	0.00089800
2	1.30637	－0.00036800	1.28639	－0.00035200
3	1.30619	－0.00054800	1.28621	－0.00053200
4	1.30674	0.00000200	1.28674	－0.00000200
5	1.30652	－0.00021800	1.28673	－0.00001200
总计	6.53369		6.43371	
均值	1.30673800		1.28674200	

④计算每个样本偏差平方以及两个样本偏差乘积：

样本偏差平方＝样本偏差×样本偏差

样本偏差乘积＝x偏差×y偏差

取样	x偏差平方	y偏差平方	偏差乘积
1	0.0000012814240	0.0000008064040	0.0000010165360
2	0.0000001354240	0.0000001239040	0.0000001295360
3	0.0000003003040	0.0000002830240	0.0000002915360
4	0.0000000000040	0.0000000000040	－0.0000000000040
5	0.0000000475240	0.0000000001440	0.0000000026160
总计	0.0000017646800	0.0000012134800	0.0000014402200

⑤计算关联系数：

关联系数＝偏差乘积总计/[开方（x偏差平方总计×y偏差平方总计）]

2个货币对5个样本的关联系数＝0.984191351。

2个货币对关联系数接近1，高达98.42%，由此得出高相似度的结论。如果接近－1，说明相反度很高。

⑥总结公式：定义关联系数为CC，货币对开盘价分别为x、y，取样数量为n，样品序号为i（1≤i≤n），样品均值分别为ax、ay，则计算公式如下：

$$CC = \frac{\sum_{i=1}^{n}(x_i - ax) \times (y_i - ay)}{\sqrt{\sum_{i=1}^{n}(x_i - ax)^2 \sum_{i=1}^{n}(y_i - ay)^2}}$$

根据上述计算规则，编写"[指标]双币关联度"，参数如下：

变量	赋值
第一货币名称	EURUSD
第二货币名称	GBPUSD
时间周期	current
采样数量	30
价格模式	Close price

加载后显示如下：

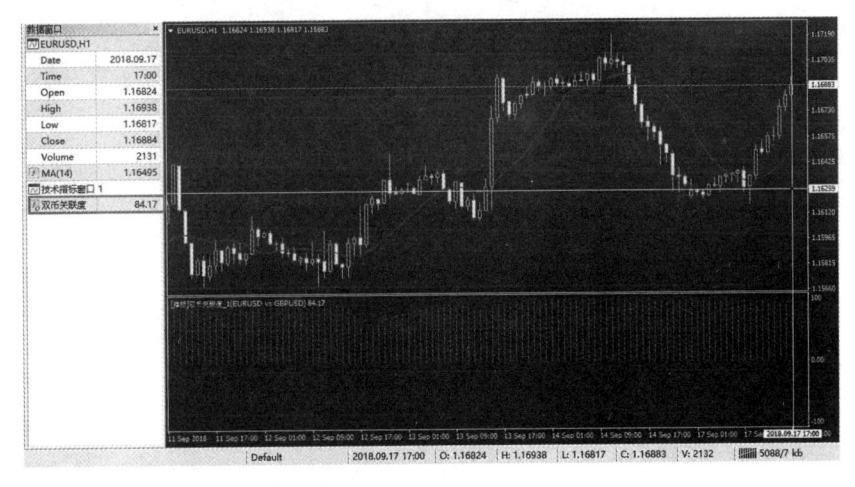

从图中可以看出EURUSD和GBPUSD具备高度相似性。

以下是计算双币关联度的函数源码：

/*

函　　　数：计算双币关联度
输出参数：
算　　　法：
*/
double egRelational(
　　　　　　　　string mysymbol1, //第一货币对
　　　　　　　　string mysymbol2, //第二货币对
　　　　　　　　ENUM_TIMEFRAMES mytimeframe, //时间周期
　　　　　　　　int mysampling_num, //采样数量
　　　　　　　　ENUM_APPLIED_PRICE myprice, //价格模式
　　　　　　　　int mypos //K线序号
　　　　　　　　)
{
　　if(　mypos+mysampling_num＞iBars(mysymbol1, mytimeframe)-1
　　　 || mypos+mysampling_num＞iBars(mysymbol2, mytimeframe)-1
　　　)
　　{
　　　　return(0.0);
　　}
　　int i=0; //循环计数器变量
　　double avg1=0, avg2=0; //双币均值变量
//---构建双币报价数据
　　//采样数量 容错数量为55
　　if(mysampling_num＜=0) mysampling_num=55;
　　//初始化双币报价数组
　　ArrayResize(symbol1_price, mysampling_num);
　　ArrayResize(symbol2_price, mysampling_num);
　　//按价格模式，采集双币报价数据
　　for(i=mypos; i＜mypos+mysampling_num; i++)
　　{
　　　　symbol1_price[i-mypos]=iMA(mysymbol1, mytimeframe,
1, 0, MODE_SMA, myprice, i);
　　　　symbol2_price[i-mypos]=iMA(mysymbol2, mytimeframe,

```
        1, 0, MODE_SMA, myprice, i);
    }
//---计算双币均值
    avg1 = iMAOnArray(symbol1_price, 0, mysampling_num, 0, MODE_SMA, 0);
    avg2 = iMAOnArray(symbol2_price, 0, mysampling_num, 0, MODE_SMA, 0);
//---计算双币偏差
    ArrayResize(symbol1_piancha, mysampling_num);
    ArrayResize(symbol2_piancha, mysampling_num);
    for(i=0; i<mysampling_num; i++)
    {
        symbol1_piancha[i] = symbol1_price[i] - avg1;
        symbol2_piancha[i] = symbol2_price[i] - avg2;
    }
//---计算双币偏差平方和、偏差乘积和
    double symbol1_piancha_sum = 0; //第一货币偏差平方和
    double symbol2_piancha_sum = 0; //第二货币偏差平方和
    double symbol3_piancha_sum = 0; //双货币偏差平方和
    for(i=0; i<mysampling_num; i++)
    {
        symbol1_piancha_sum += symbol1_piancha[i] * symbol1_piancha[i];
        symbol2_piancha_sum += symbol2_piancha[i] * symbol2_piancha[i];
        symbol3_piancha_sum += symbol1_piancha[i] * symbol2_piancha[i];
    }
    if(MathSqrt(symbol1_piancha_sum * symbol2_piancha_sum) != 0)
    {
        return(symbol3_piancha_sum/MathSqrt(symbol1_piancha_sum * symbol2_piancha_sum) * 100);
    }
```

```
return (0.0);
}
```

本指标源码详见附录。

(2) 三角货币

在国际外汇兑换中，EUR 与 GBP 不能直接兑换，而是需要经 USD 中转，即先买入 EURUSD，将欧元换成美元，然后再卖出 GBPUSD，将美元换成 GBP，EURGBP 的汇率兑换价计算公式为 EURUSD/GBPUSD，外汇交易平台有可以直接交易的 EURGBP 品种。

列表计算 EURUSD 兑换价：

EURUSD 市场价	GBPUSD 市场价	EURGBP 兑换价	EURGBP 市场价
1.16373	1.30990	0.88841	0.88902

市场兑换价与市场价价差为 0.88841－0.88902＝－0.00061，共计－61点。

这说明 EURUSD 实际兑换价低于市场价 61 点，EURUSD 市场价行情必定有所回落，EURUSD 品种有利于做空。

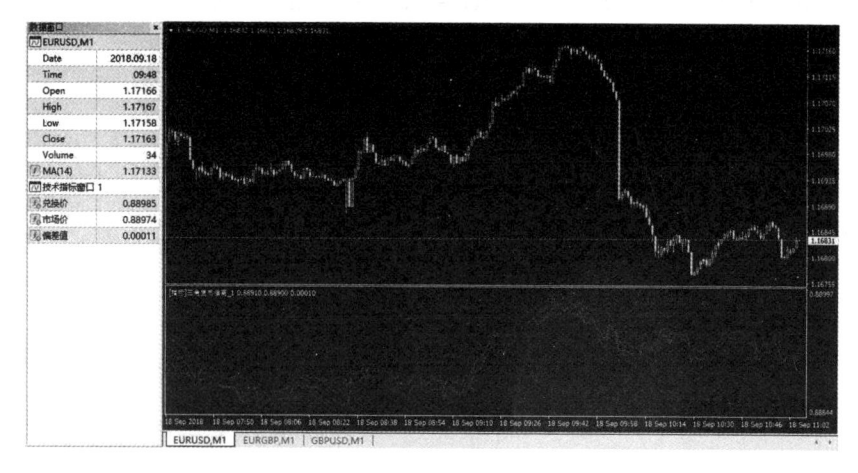

编制一个三角货币偏离的指标，在副图显示如下：

图中有两根曲线，一根是兑换价，另一根是市场价。纵览历史数据，两个价格基本保持一致，偏差值也不大，也就是说，三币套利的机会并不多。偏差值出现负数，即红线在绿线之上是明显的交易机会，但这种机会稍纵即逝。

本指标源码详见附录。

第六章 外汇程序化交易实践

（3）多货币套利

多货币同时持仓会形成风险自然制衡，这已经在实盘中得到了验证。我们在此提交一个 10 货币日内套利的 EA 范例程序。

这个程序执行一个日内达标停止交易规则：多货币如果整体获利达到指定加仓轮次的获利金额，默认 $50、$80、$80、$120、$150，则全体平仓，当日不再交易；如果整体浮亏达标，默认 $-500，则全体平仓，当日不再交易。

==风险参数==	==风险参数==
最大风险熔断金额(>=0不执行熔断)	-500.0
==加仓参数==	==加仓参数==
初始建仓 账户浮盈平仓金额	50.0
第一次加仓 账户浮亏加仓金额	-50.0
第一次加仓 账户浮盈平仓金额	80.0
第二次加仓 账户浮亏加仓金额	-100.0
第二次加仓 账户浮盈平仓金额	120.0
第三次加仓 账户浮亏加仓金额	-150.0
第三次加仓 账户浮盈平仓金额	150.0

程序提供一个可以自定义最多 10 个货币同时操作的预设参数，包括建仓类型、建仓量、加仓量，开启 EA 时立刻同时建仓。

如果单轮浮亏达标，则按照预设加仓轮次对应的建仓量共计执行三次加仓，每次加仓的前提条件都包括浮亏加仓金额、浮盈平仓金额。三次加仓之后不再执行加仓。

==货币对参数==	==货币对参数==
#1货币对名称(完整名称)	EURUSD
建仓类型	Null
初始建仓量	0.1
第一次加仓量	0.1
第二次加仓量	0.1
第三次加仓量	0.1
#2货币对名称(完整名称)	AUDUSD
建仓类型	Null
初始建仓量	0.1
第一次加仓量	0.1
第二次加仓量	0.1
第三次加仓量	0.1
#3货币对名称(完整名称)	USDJPY
建仓类型	Null
初始建仓量	0.1
第一次加仓量	0.1
第二次加仓量	0.1
第三次加仓量	0.1

我们在实盘交易时任意选择了 4 个货币对，建仓类型随意设置，两多两

空，三次加仓都设置等量加仓，连续跑了 1 个月，只有 2 次执行了认亏平仓，其他结果都是盈利平仓。有利润、有交易量（可以得到返佣）、浮亏不大的交易结果，是每个人都可以欣然接受的。

如果能较好地把握每个货币对的趋势，选择合适的建仓类型和建仓量，效果应该更好。这有待各位读者慢慢验证。

本程序加载到任意图表，即可实时操作指定的货币群，采用时间触发模式，每 100 毫秒刷新一次，可以确保及时获取每个货币的最新报价和相关信息。

本 EA 源码下载地址：https://pan.baidu.com/s/1VxGqo9h41IJ5thtiQB08Fg。读者也可以发送邮件至 yuceduicejuece@163.com 获取源码。

6. 第六阶：DLL 编程

DLL 是计算机编程中的一个专业术语，意思是共享函数库。

外汇操作大部分的动作都可以被反复使用在各种策略中，如果这些动作在每次编程的时候都要重新写一遍，那就太麻烦了，于是就有了 DLL 这个概念，把所有可以被重复使用的动作都打包到 DLL 里，在编程的时候，只需要调用想要的动作，写一条命令即可。专业上，将这些打包在 DLL 中的动作叫作函数。

我们这本书配套的函数库就是一种类似 DLL 的做法，不过不叫作 DLL。与 MQL4 函数库（Libraries）不同，DLL 库文件可以使用通用语言编写，如 C、C♯、C++等，用这种方式编写的函数库通用性更强，可以在任何一个支持 DLL 调用的编程语言中使用。

大家都知道 MQL4 的函数库不能在 MT5 中使用，也不能在其他 EA 编程语言（如 MC）中使用，但 DLL 函数库就不同了，可以被 MT5、MC、文华财经、大智慧、MATLAB 等直接调用，不用做任何改动。

说了这么多，想必大家已经知道 DLL 的重要性了，这确实是一名程序员必备的基本技能，也是本书必不可少的重点章节。

（1）DLL 运行机制

用下图描述 DLL 运行机制：

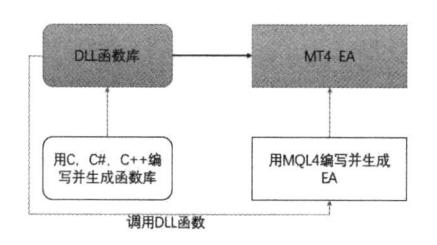

DLL 函数库是用 C、C♯、C++编写并生成的，这需要相应的编程环境。

在 MQL4 的 MetaEditor 中编程，可以直接调用 DLL 函数库，再生成可执行的 MT4 程序。

实际运行过程中，MT4EA 会直接调用 DLL 函数。

（2）搭建 DLL 编程环境

用 CodeBlocks＋wxWidgets 组合搭建 DLL 开发环境，这个组合已经被编者打包成了一个免安装、只需解压就可使用的软件包。

CodeBlocks 是一个程序编程器，支持 C、C♯、C++等语言的程序编写。wxWidgets 是一个图形界面编辑器。这两个软件都是开源的，被业内广泛使用，口碑都非常不错。

按照这个网址 https：//pan.baidu.com/s/1VxGqo9h41IJ5thtiQB08Fg 下载软件包（353.7M）到桌面：

将压缩包里的两个文件夹解压到 C 盘：

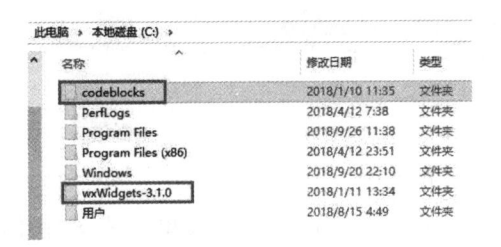

进入 C：\codeblocks 文件夹，双击运行 codeblocks，第一个界面为：

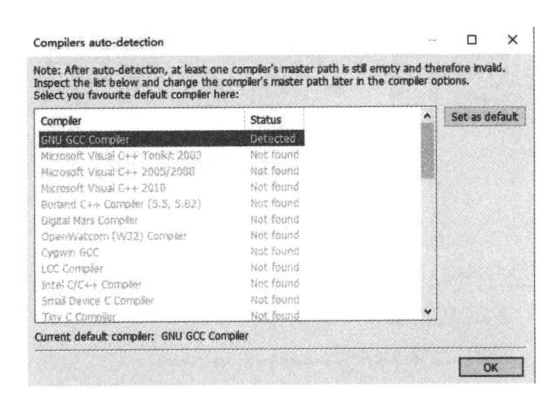

这里表示使用 GNU GCC 编译器，点击"OK"按钮，CodeBlocks 启动界面，提示选择编程模版：

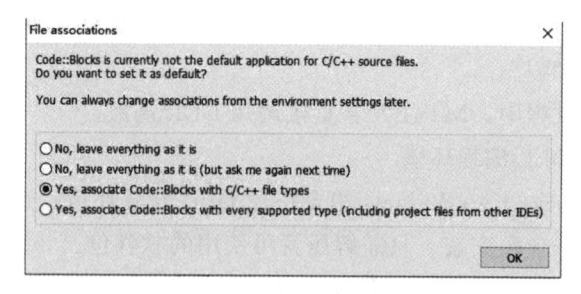

我们选择 C/C++ 模版，点击"OK"按钮就进入 CodeBlocks 编程界面了：

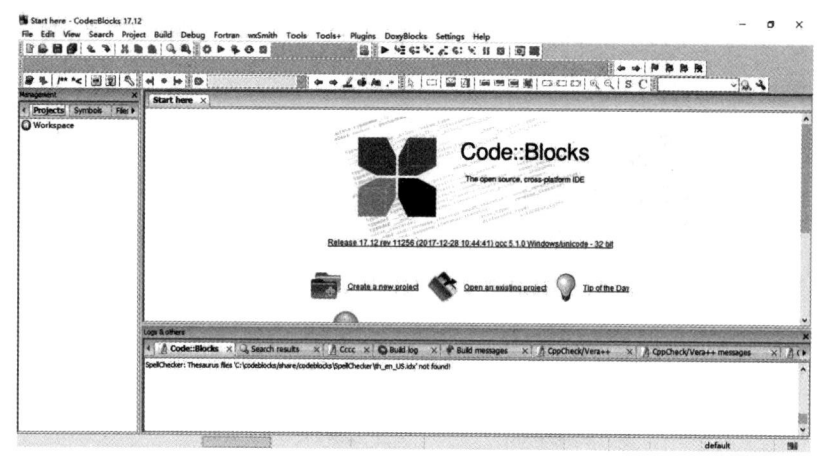

（3）编写一个 DLL 程序

按"File-New-Project..."的顺序在菜单条依次打开，选择"Dynamic Link Library"：

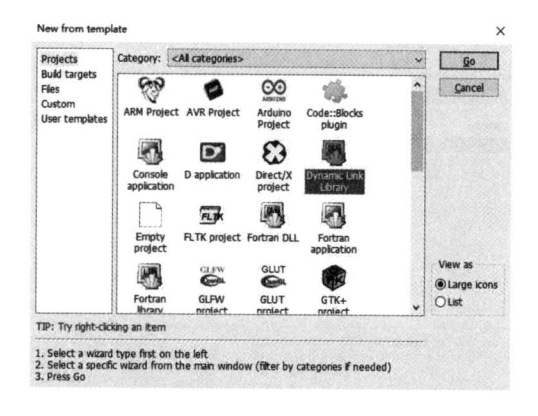

点击"Go"按钮，打开 DLL 编程向导：

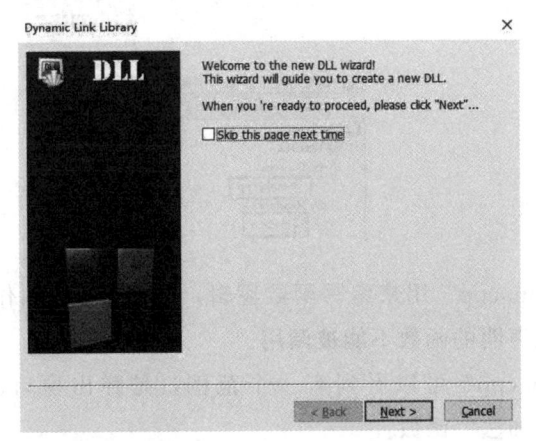

点击"Next"按钮，为 DLL 程序填写项目名称、程序文件夹以及程序名称：

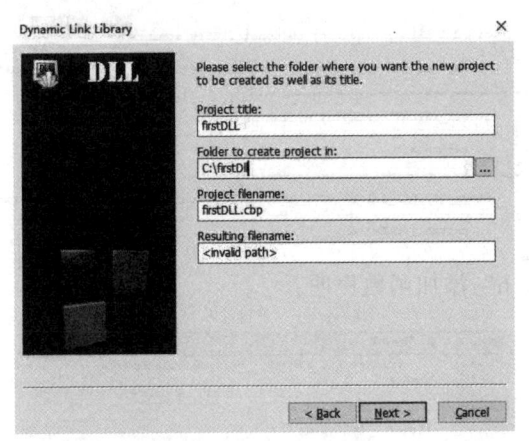

点击"Next"按钮，弹出如下界面后点击"Finish"按钮：

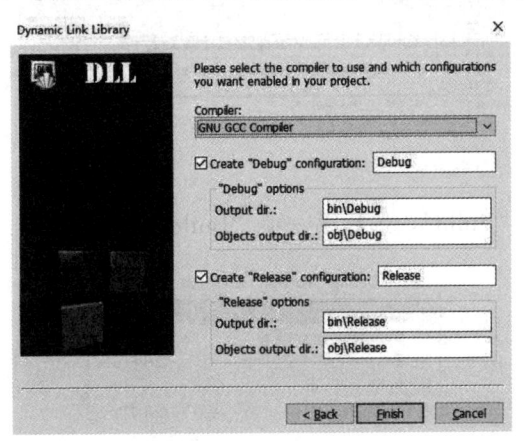

点开"Management"窗口中左边的"＋"，能看到已经生成了两个程序：

其中，"main.cpp"用来编写函数逻辑，"main.h"叫作头文件，用来声明函数，未经声明的函数不能被调用。

双击"main.cpp"可以看到有一个范例，是弹出窗口函数，不用管，我们添加一个"加法"函数：

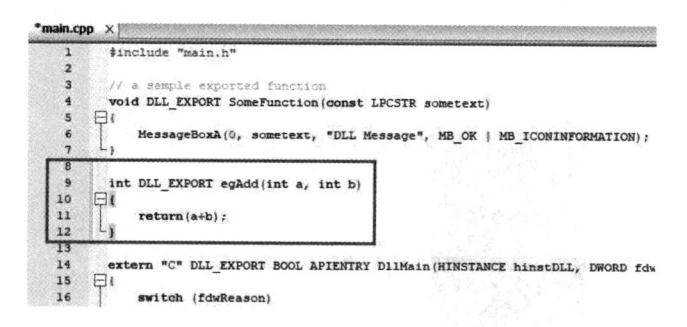

双击"main.h"添加函数声明：

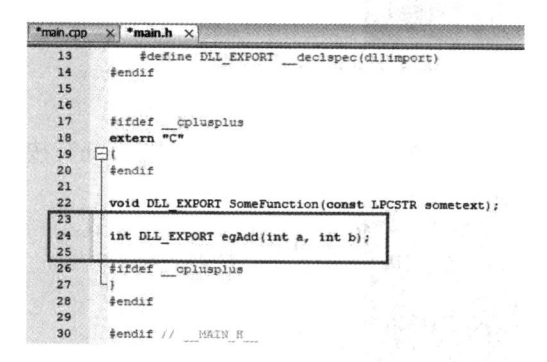

点击菜单栏"Build"，选择第一项"Build"，执行编译：

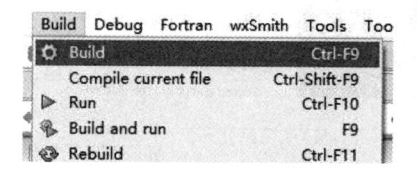

编译后在编辑器下方的日志栏中显示 0 错误、0 警告，说明已经生成了我们需要的 DLL 文件：

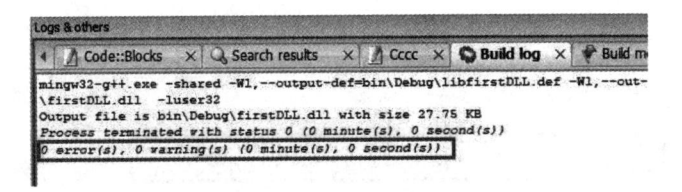

打开资源管理器，在文件夹"C：\ firstDll \ firstDLL \ bin \ Debug"中找到"firstDLL.dll"文件：

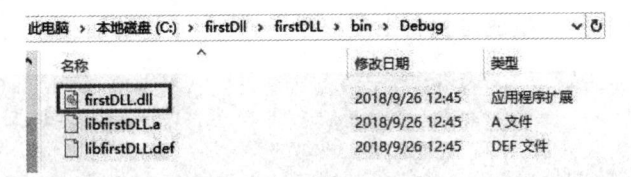

将其复制粘贴到 MT4 的"\ MQL4 \ Libraries"文件夹中：

（4）编写一个调用 DLL 的 MT4 程序

打开 MetaEditor 编辑器，按"文件—新建—EA 交易（模版）"的顺序创建一个名为 callDLL 的 EA 程序，在程序开头编写调用 DLL 文件的函数声明：

在 OnInit 模块中编写执行语句，这是初始化模块，程序加载后将执行一次：

```
16 //+------------------------------------------------------------------+
17 //| Expert initialization function                                   |
18 //+------------------------------------------------------------------+
19 int OnInit()
20   {
21 //---
22    Comment(egAdd(4,6));  //在屏幕左上角显示4+6的结果10
23    SomeFunction("H");    //弹出消息窗口，显示"H"
24 //---
25    return(INIT_SUCCEEDED);
26   }
27 //+------------------------------------------------------------------+
28 //| Expert deinitialization function                                 |
```

点击"编写"，生成可执行 EA 程序，到 MT4 终端加载该程序：

（5）DLL 延伸

当你顺利完成了上述编程后，是不是有一种特别的成就感？但别高兴太早，继续学习。

我们刚才制作的 DLL 程序是 32 位的，在 MT5 中不能使用，必须用 64 位的编译器才能编译出 MT5 能用的。消息框不能显示汉字，英文字符只能显示 1 个。

别灰心，毕竟这些问题都属于 C++的编程范畴，有兴趣或者有需求的读者可以进一步加深这方面的造诣。

学会了 DLL 编程，可以做很多事情，例如，关键算法可以写成 DLL，这样别人就难以破解了。再例如，可以编写非常漂亮的操作界面，还有就是下一节我们要介绍的调用数据库。

加油吧！

7. 第七阶：MySQL 编程

MT4 以及市面上所有的自动化交易语言都不具备数据库功能，在控单过程中免不了要对持仓单做各种排序和统计，调取历史交易记录进行分析，虽然我们的编程模板有这些功能，但都不是数据库级别的，不能很好她支持大量的实时计算。

MySQL 是目前最通用的数据库，单机能支持上百万条记录的统计、排序；可以部署成云数据库，存储并计算来自不同地域、不同用户的数据；数据库语言容易掌握，资料也非常多；该数据库是开源的，如果你愿意，可以免费得到源代码。

通过与数据库互联，我们可以方便地实现：

① 将持仓和历史数据及计算结果存储到数据库。
② 通过 MySQL 数据库实现跨平台数据交互。
③ 通过 MySQL 对上传数据进行深度分析处理。
④ 通过互联网远程监视和控制 MT4 账户。

数据库操作是 EA 程序员必备的基本技能。

操作 MySQL 要先创建一个指定的数据库，例如 "MT4_DB"，然后在这个数据库中创建不同用途的"表"，例如，账户信息 "account" 表，所有的记录都将保存在指定的表中。"表"由行列构成，每一行为一条记录，每一条记录由若干字段组成，例如，一个 "account" 表的构成如下：

ID	Name	AccountBalance	Date
123456	laoyee	1234.00	2018.10.24
...	...	...	...

鉴于本书的主题，为了避免喧宾夺主，更多与 MySQL 相关的知识请自行查找。

下面开始我们的 MySQL 之旅。

(1) MT4 与 MySQL 连接框架

在 MetaTrader 客户端，我们通过 MQL 程序和 MySQL 相连接，其连接示意图如下：

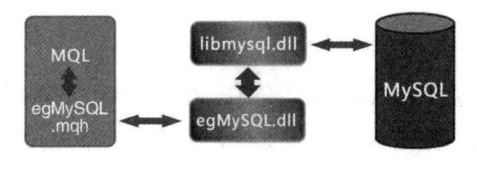

在 MT4 客户端使用接口库 egMySQL.mqh，它包含的指令用于导入 egMySQL.dll 动态库的函数，我们通过它访问 MySQL 的标准库 libmysql.dll。

egMySQL.dll 连接库处理操作的结果，共享访问数据库的连接和游标。我们可以在同一时间创建和使用多个连接，查询一个或多个数据库。libmysql.dll 负责发送查询到数据库并接收检索结果。

（2）软件准备

我们特意准备了一个软件包，软件包下载地址为：https://pan.baidu.com/s/1VxGqo9h41IJ5thtiQB08Fg。读者也可以发送邮件至 yuceduicejuece@163.com 获取软件包，该软件包包含以下内容：

- MT4
- 配套软件
- MySQL_MT4
- HeidiSQL_9.5_64_Portable
- WampServer 安装文件及补丁

软件名称	描述
MySQL_MT4 快捷方式和 MT4 文件夹	一套完整的 MT4 软件，无须安装，解压到桌面后直接点击运行 MySQL_MT4 即可启动 MT4。该软件包已经包含了连接 MySQL 所需的各种文件
HeidiSQL_9.5_64_Portable	一套图形化界面操作 MySQL 的软件，无须安装，解压到硬盘后，直接双击运行 heidisql 即可启动
WampServer 安装文件及补丁	一套包含了 Apache、PHP 和 MySQL 的服务器软件，安装启动后，既可以为单机提供 MySQL 支持，也可以为网站服务器提供云服务

（3）安装 MT4

将软件包里的"MySQL_MT4"和"MT4"文件夹解压到桌面，双击"MySQL_MT4"就可以启动 MT4 了。

在"MT4\MQL4\Libraries\EasyGo"文件夹中有两个 dll 文件，分别是"egMySql.dll"和"libmysql.dll"，这是与 MySQL 连接的函数库。

在"MT4\MQL4\Include\EasyGo"文件夹中有一个头文件"egMySQL.mqh"，用来声明可用的函数。

在"MT4\MQL4\Scripts\MySQL"文件夹中有若干个执行数据库操作的范例程序。

（4）安装 WampServer

WampServer 包含了 Apache、PHP 和 MySQL 的服务器软件，安装启动后，既可以为单机提供 MySQL 支持，也可以为网站服务器提供云服务。

将软件包解压到桌面：

依次运行"vc"开头的 4 个补丁程序，这是在 Windows 操作系统下的支持文件，运行完毕重新启动计算机。

如果你的操作系统是 32 位的，双击运行"wampserver3.0.6_x86"，是 64 位的操作系统则运行"wampserver3.0.6_x64"，安装 WampServer。

安装成功后运行 WampServer，显示如下：

屏幕下方 WampServer 图标显示为绿色，表示 MySQL 正常启动，默认没有密码。

接下来开始编制 MT4 调用 MySQL 的程序，所有程序均采用 MT4 脚本代码编制。

（5）安装 HeidiSQL

将"HeidiSQL_9.5_64_Portable"解压到桌面，双击运行 heidisql，如下图所示：

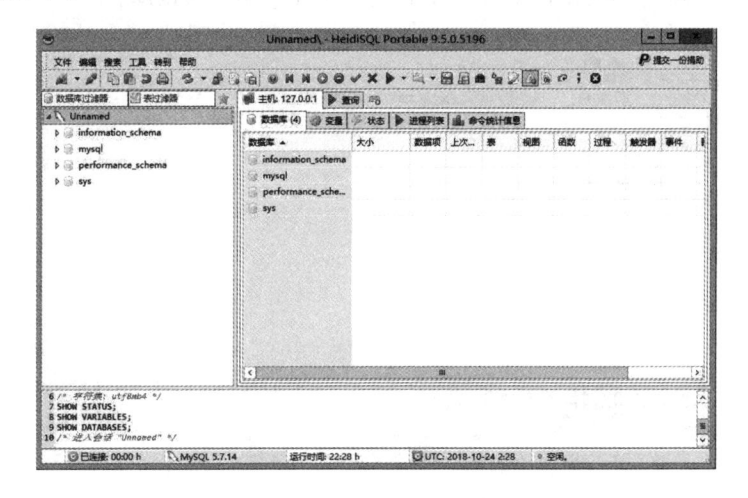

这是一个绿色开源软件，无须安装。在 MySQL 启动后，打开上述界面，就可以对数据库记录进行增、删、改操作，用 MySQL 脚本语言执行数据库的检索、查询、统计。

（6）创建一个数据库

用 HeidiSQL 创建一个 MT4 专属的数据库，步骤如下：

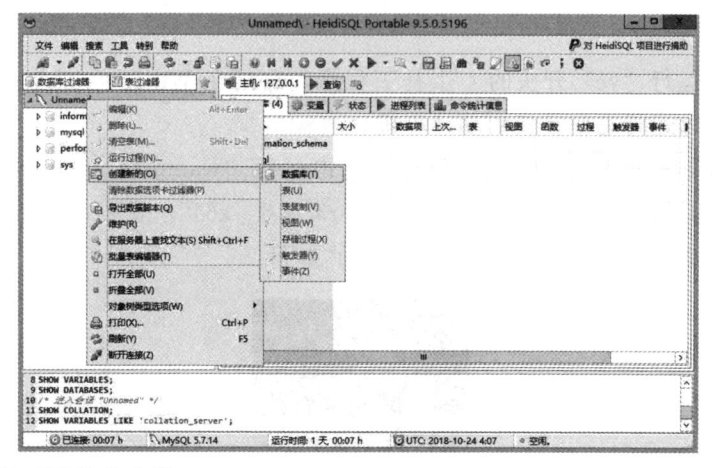

按照下图输入参数：

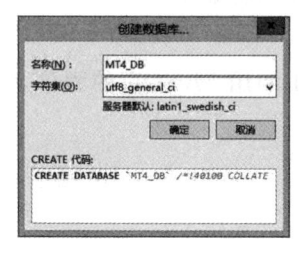

点击"确定"按钮，增加一个新的"mt4_db"数据库：

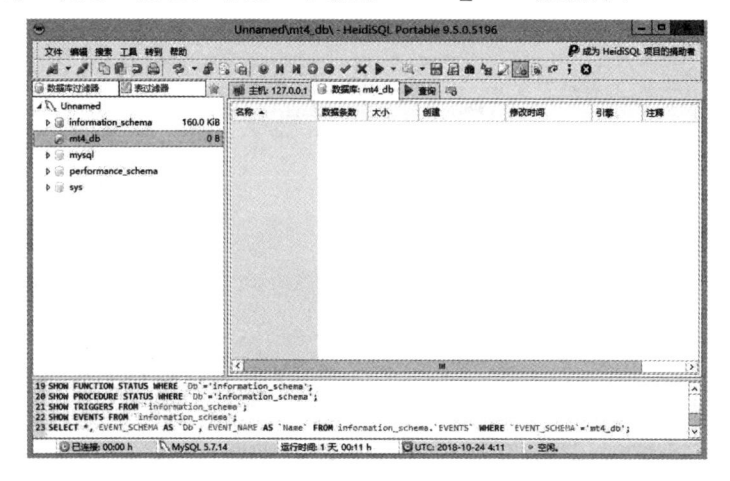

(7) 连接数据库

用 MetaEditor 打开脚本程序"1 连接数据库.mq4":

点击"编写"后,在 MT4 终端加载该脚本,在"终端"窗口的"EA"标签栏中显示如下,说明已经正确连接了数据库:

脚本源码:

```
#property strict
#property show_inputs
#include <EasyGo\\egMySQL.mqh>

extern string npt_Host      = "127.0.0.1";   //MySQL 服务器地址
extern string npt_User      = "root";        //登录用户名
extern string npt_Password  = "";            //登录密码
extern string npt_Database  = "mt4_db";      //数据库名称
extern string npt_Socket    = "";            //Socket 参数
extern int    npt_Port      = 3306;          //端口号
extern int    npt_ClientFlag = 0;            //ClientFlag 参数
```

```
void OnStart ()
{
    int ID1, ID2;                    // 连接好的数据库标识
    // 连接数据库
    ID1 = MySqlConnect (npt_Host, npt_User, npt_Password, npt_Database, npt_Port, npt_Socket, npt_ClientFlag);
    if (ID1 == -1) {Print ("连接失败！错误：" + MySqlErrorMessage);}
    else {Print ("连接正确！连接ID：", ID1);}
    ID2 = MySqlConnect (npt_Host, npt_User, npt_Password, npt_Database, npt_Port, npt_Socket, npt_ClientFlag);
    if (ID2 == -1) {Print ("连接失败！错误：" + MySqlErrorMessage);}
    else {Print ("连接正确！连接ID：", ID2);}
    MySqlDisconnect (ID2); //关闭ID2的连接
    MySqlDisconnect (ID1); //关闭ID1的连接
    // 数据库使用完毕请一定切记要关闭连接！关闭连接！关闭连接！
    Print ("关闭所有数据连接!");
}
```

本例中几个关键点解释如下：

"# include < EasyGo \\ egMySQL.mqh >"表示使用头文件 egMySQL.mqh 中声明的函数。

"MySqlConnect"是连接数据库的命令。

"MySqlDisconnect"是关闭数据库的命令，数据库使用完毕请一定要关闭连接！

（8）创建一个表

用 MetaEditor 打开 "2创建表.mq4"，点击 "编写" 后，在 MT4 终端加载该脚本，在 "终端" 窗口的 "EA" 标签栏中显示如下，说明已经正确建立了表：

第六章 | 外汇程序化交易实践

脚本源码：

```
#property strict
#property show_inputs
#include <EasyGo\\egMySQL.mqh>
extern string npt_Host      = "127.0.0.1";   //MySQL 服务器地址
extern string npt_User      = "root";        //登录用户名
extern string npt_Password  = "";            //登录密码
extern string npt_Database  = "mt4_db";      //数据库名称
extern string npt_Socket    = "";            //Socket 参数
extern int    npt_Port      = 3306;          //端口号
extern int    npt_ClientFlag = 0;            //ClientFlag 参数
void OnStart()
{
    int ID;                                  // 连接好的数据库标识
// === 打印读取信息
    Print("地址：", npt_Host, "，用户名：", npt_User, "，数据库：", npt_Database);
    // === 连接数据库
    ID = MySqlConnect(npt_Host, npt_User, npt_Password, npt_Database, npt_Port, npt_Socket, npt_ClientFlag);
    if(ID == -1){Print("连接失败！错误："+ MySqlErrorMessage);}
    else {Print("连接正确！连接 ID：", ID);}
// === 创建一个名为"account"的表
    string Query;
    Query = "DROP TABLE IF EXISTS 'account'"; //MySQL 命令，如果有"account"这个表，则删除"account"这个表
    MySqlExecute(ID, Query); //执行 MySQL 命令，如果有"account"这个表，则删除"account"这个表
    //在数据库里建立"account"这个表的命令
    Query = "CREATE TABLE 'account'(ID int, Name varchar(50), AccountBalance double(10, 2), Date datetime)";
    if(MySqlExecute(ID, Query)){Print("建立表：account 成功。");}
    else {Print("建立表：account 错误：", MySqlErrorMessage);}
```

MySqlDisconnect（ID）；//关闭 ID 的连接
// 数据库使用完毕请一定切记要关闭连接！关闭连接！关闭连接！
Print（"关闭所有数据连接！"）；
}

本例中，字符串变量"Query"是 MySQL 命令。

用 HeidiSQL 查看数据库结果：

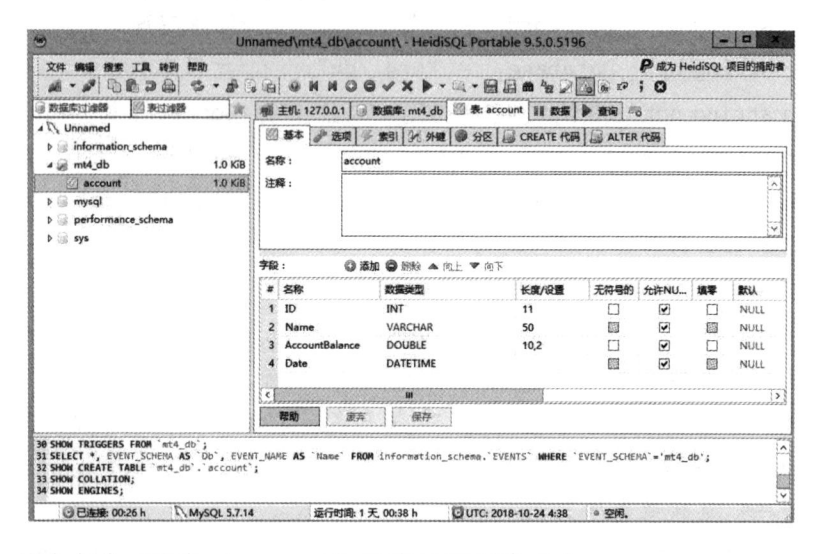

这个名为"账户（account）"的表已经创建成功。

接下来重点介绍数据库记录的增、删、改，为了更具实战意义，我们再创建一个持仓单表，取名为"tradingorders"。打开脚本"3 创建持仓单表.mq4"，点击"编写"后，在 MT4 终端加载该脚本。脚本源码：

```
#property strict
#property show_inputs
#include <EasyGo\\egMySQL.mqh>
extern string npt_Host      = "127.0.0.1";   //MySQL 服务器地址
extern string npt_User      = "root";        //登录用户名
extern string npt_Password  = "";            //登录密码
extern string npt_Database  = "mt4_db";      //数据库名称
extern string npt_Socket    = "";            //Socket 参数
extern int    npt_Port      = 3306;          //端口号
extern int    npt_ClientFlag = 0;            //ClientFlag 参数
```

```
void OnStart ()
{
    int  ID;                                    // 连接好的数据库标识
    ID = MySqlConnect (npt_Host, npt_User, npt_Password, npt_Da-
tabase, npt_Port, npt_Socket, npt_ClientFlag); //连接数据库
    if (ID == -1){Print ("连接失败！错误:" + MySqlErrorMessage);}
else {Print ("连接正确！连接 ID:", ID);}
    string egQuery;
    egQuery = "DROP TABLE IF EXISTS 'tradingorders'"; //MySQL 命令，
如果有"tradingorders"这个表，则删除"tradingorders"这个表
    MySqlExecute (ID, egQuery); //执行 MySQL 命令，如果有"tradingorders"
这个表，则删除"tradingorders"这个表
    //在数据库里建立"tradingorders"这个表的命令
    egQuery = "CREATE TABLE 'tradingorders' ('Number' INT, 'Ticket'
INT, 'Symbol' VARCHAR (50), 'Type' INT," +
            "'Lots' double (10, 2), 'OpenTime' VARCHAR (50), 'Open-
Price' double (12, 6), 'CloseTime' VARCHAR (50)," +
            "'ClosePrice' double (12, 6), 'Expiration' VARCHAR (50),
'Profit' double (10, 2), 'StopLoss' double (12, 6)," +
            "'TakeProfit' double (10, 6), 'Swap' double (10, 2),
'Commission' double (10, 2), 'MagicNumber' INT," +
            "PRIMARY KEY ('Ticket')) ENGINE = InnoDB DEFAULT CHARSET
= utf8 COLLATE utf8_general_ci;";
    if (ID > -1 && MySqlExecute (ID, egQuery)) Print ("建表成功！");
else Print ("建表错误:" + MySqlErrorMessage);
    MySqlDisconnect (ID); //关闭 ID 的连接
    // 数据库使用完毕请一定切记要关闭连接！关闭连接！关闭连接！
    Print ("关闭所有数据连接！");
}
```

本例中，创建的"tradingorders"表包含了持仓单所有的字段：账号（Number）、订单号（Ticket，设置为关键字）、商品名称（Symbol）、订单类型（Type）、建仓量（Lots）、建仓时间（OpenTime）、建仓价（OpenPrice）、平仓时间（CloseTime）、平仓价（ClosePrice）、订单期限（Expiration)、利润（Profit）、止损价（StopLoss）、止盈价（TakeProfit）、掉期（Swap）、税金（Commission）、程序识别码（MagicNumber）。

用 HeidiSQL 查看数据库结果：

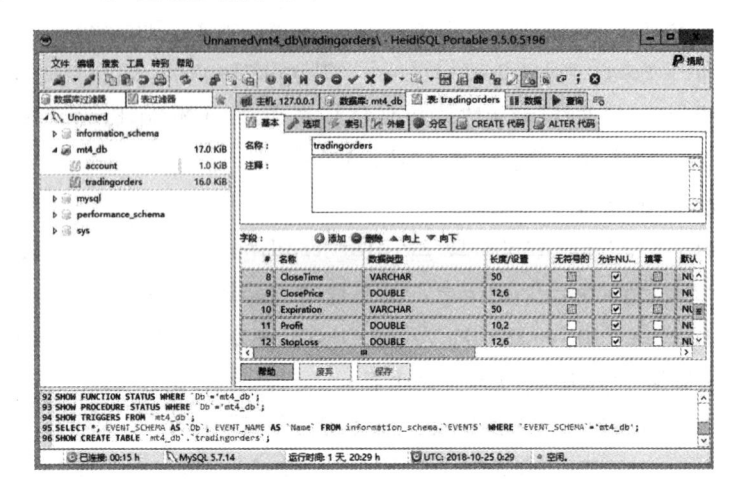

（9）更新添加持仓单记录

先在 MT4 中手工添加几张持仓单，多空以及挂单都有，再任意挑选几个持仓单，设置止盈止损价。

打开脚本"4 添加持仓单记录.mq4"，点击"编写"后，在 MT4 终端加载该脚本。脚本源码：

```
#property strict
#property show_inputs
#include <EasyGo\\egMySQL.mqh>
extern string npt_Host      = "127.0.0.1";   //MySQL 服务器地址
extern string npt_User      = "root";        //登录用户名
extern string npt_Password  = "";            //登录密码
extern string npt_Database  = "mt4_db";      //数据库名称
extern string npt_Socket    = "";            //Socket 参数
extern int    npt_Port      = 3306;          //端口号
extern int    npt_ClientFlag = 0;            //ClientFlag 参数
void OnStart()
{
    int ID = MySqlConnect(npt_Host, npt_User, npt_Password, npt_Database, npt_Port, npt_Socket, npt_ClientFlag);  //连接数据库
```

```
if(ID==-1){Print("连接失败！错误:"+MySqlErrorMessage);}
else
{
    Print("连接正确！连接ID:",ID);
    string egQuery;
    for(int i=0;i<OrdersTotal();i++)//逐条更新所有未平仓订单到数据库
    {
        if(OrderSelect(i,SELECT_BY_POS,MODE_TRADES))//检查select结果，如果选中，插入一条订单
        {
            egQuery=StringFormat("REPLACE INTO 'tradingorders'(Number,Ticket,Symbol,Type,Lots,OpenTime,OpenPrice,CloseTime,"+
                "ClosePrice,Expiration,Profit,StopLoss,TakeProfit,Swap,Commission,MagicNumber) VALUES"+
                "(%d,%d,'%s',%d,%.2f,'%s',%.6f,'%s',%.6f,'%s',%.2f,%.6f,%.6f,%.2f,%.2f,%d);",
                AccountNumber(),OrderTicket(),OrderSymbol(),OrderType(),OrderLots(),
                TimeToString(OrderOpenTime(),TIME_DATE|TIME_SECONDS),OrderOpenPrice(),
                TimeToString(OrderCloseTime(),TIME_DATE|TIME_SECONDS),OrderClosePrice(),
                TimeToString(OrderExpiration(),TIME_DATE|TIME_SECONDS),OrderProfit(),
                OrderStopLoss(),OrderTakeProfit(),OrderSwap(),OrderCommission(),OrderMagicNumber());
            if(MySqlExecute(ID,egQuery)) Print("更新数据成功!");else Print("更新数据失败:"+MySqlErrorMessage);
        }
    }
    MySqlDisconnect(ID);//关闭ID的连接，数据库使用完毕请一
```

定切记要关闭连接！关闭连接！关闭连接！
　　　Print（"关闭所有数据库连接！"）；
　｝
｝

用 HeidiSQL 查看数据库结果：

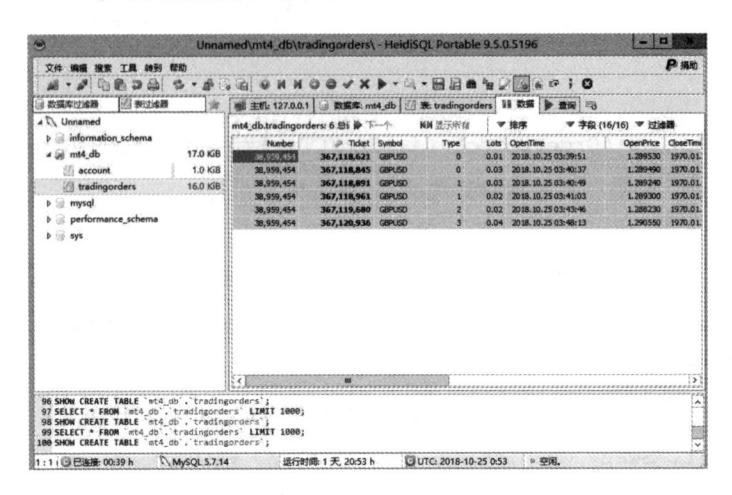

（10）删除一条持仓单记录

先找到持仓单中任意一条记录，记下订单号，例如 367118621。

打开脚本"5 删除一条持仓单记录.mq4"，点击"编写"后，在 MT4 终端加载该脚本。脚本源码如下（注意修改源码中的订单号）：

#property strict
#property show_inputs
#include <EasyGo\\egMySQL.mqh>
extern string npt_Host   = "127.0.0.1";   //MySQL 服务器地址
extern string npt_User   = "root";   //登录用户名
extern string npt_Password = "";   //登录密码
extern string npt_Database = "mt4_db";   //数据库名称
extern string npt_Socket   = "";   //Socket 参数
extern int   npt_Port   = 3306;   //端口号
extern int   npt_ClientFlag = 0;   //ClientFlag 参数
void OnStart()
｛

int ID;   // 连接好的数据库标识

//连接数据库

ID = MySqlConnect (npt_Host, npt_User, npt_Password, npt_Database, npt_Port, npt_Socket, npt_ClientFlag);

if (ID == -1) //数据库连接错误

{

  Print ("连接失败！错误：" + MySqlErrorMessage);

}

else   //数据库连接正常

{

  Print ("连接正确！连接ID:", ID);

  string egQuery = StringFormat ("DELETE FROM 'tradingorders' WHERE Ticket = %d", 367118621); //删除订单号为367118621的订单信息

  if (MySqlExecute (ID, egQuery)) Print ("删除订单信息成功！"); else Print ("删除订单信息错误：" + MySqlErrorMessage);

}

MySqlDisconnect (ID); //关闭 ID 的连接, 数据库使用完毕请一定切记要关闭连接！关闭连接！关闭连接！

Print ("关闭所有数据库连接！");

}

用 HeidiSQL 查看数据库结果：

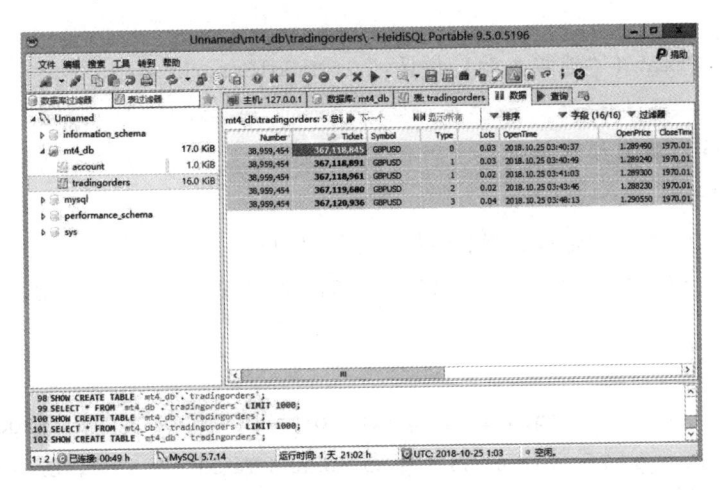

与上图对比, 发现订单号为 "367118621" 的持仓单已经被删除了。

（11）修改一条持仓单记录

先找到持仓单中任意一条记录，记下订单号，例如 367118845。

打开脚本"6 修改一条持仓单记录.mq4"，点击"编写"后，在 MT4 终端加载该脚本。脚本源码如下（注意修改源码中的订单号）：

```
#property strict
#property show_inputs
#include <EasyGo\\egMySQL.mqh>
extern string npt_Host     = "127.0.0.1";   //MySQL 服务器地址
extern string npt_User     = "root";        //登录用户名
extern string npt_Password = "";            //登录密码
extern string npt_Database = "mt4_db";      //数据库名称
extern string npt_Socket   = "";            //Socket 参数
extern int    npt_Port     = 3306;          //端口号
extern int    npt_ClientFlag = 0;           //ClientFlag 参数
void OnStart()
{
    int ID;                   // 连接好的数据库标识
    // 连接数据库
    ID = MySqlConnect(npt_Host, npt_User, npt_Password, npt_Database, npt_Port, npt_Socket, npt_ClientFlag);
    if(ID == -1) //数据库连接错误
    {
        Print("连接失败！错误:" + MySqlErrorMessage);
    }
    else //数据库连接正常
    {
        Print("连接正确！连接ID:", ID);
        if(OrderSelect(367118845, SELECT_BY_TICKET, MODE_TRADES))
        {
            string egQuery = StringFormat("UPDATE `tradingorders` SET Profit = %.2f, StopLoss = %.5f WHERE Ticket = %d", OrderProfit(), OrderStopLoss(), 367118845);
```

```
            if (MySqlExecute (ID, egQuery)) Print ("订单信息更新成
功!"); else Print ("订单信息更新错误:" + MySqlErrorMessage);
        }
    }
    MySqlDisconnect (ID); //关闭 ID 的连接
    // 数据库使用完毕请一定切记要关闭连接!关闭连接!关闭连接!
    Print ("关闭所有数据连接!");
}
```

这段代码修改了订单 367118845 的利润和止损价。

(12) 查询持仓单记录

先找到持仓单中任意一条记录，记下订单号，例如 367118845。

打开脚本 "7 查询持仓单记录.mq4"，点击"编写"后，在 MT4 终端加载该脚本。脚本源码：

```
#property strict
#property show_inputs
#include <EasyGo\\egMySQL.mqh>
extern string npt_Host     = "127.0.0.1";   //MySQL 服务器地址
extern string npt_User     = "root";        //登录用户名
extern string npt_Password = "";            //登录密码
extern string npt_Database = "mt4_db";      //数据库名称
extern string npt_Socket   = "";            //Socket 参数
extern int    npt_Port     = 3306;          //端口号
extern int    npt_ClientFlag = 0;           //ClientFlag 参数
void OnStart ()
{
    int ID = MySqlConnect (npt_Host, npt_User, npt_Password, npt_
Database, npt_Port, npt_Socket, npt_ClientFlag); //连接数据库
    if (ID == -1){Print ("连接失败!错误:" + MySqlErrorMessage);}
//数据库连接错误
    else    //数据库连接正常
    {
        Print ("连接正确!连接 ID:", ID);
```

```
        int i, Cursor, Rows;
            string egQuery = "SELECT Number, Ticket, Symbol, Type,
Lots, OpenTime, OpenPrice, Profit FROM 'tradingorders' WHERE Profit
＜0 ORDER BY Ticket DESC";
            Cursor = MySqlCursorOpen (ID, egQuery);
            if (Cursor == -1){Print ("游标打开失败:" + MySqlErrorMes-
sage);}
            else
            {
            Rows = MySqlCursorRows (Cursor);
            Print ("游标打开正确！一共选中:" + (string) Rows +
"行");
            for (i = 0; i＜Rows; i + +) //我们用 MySQL 命令选中的三行
订单信息循环打印输出来
                {
                    if (MySqlCursorFetchRow (Cursor)) // === 读取 mysql
表中的数据并存入到相对应的变量中
                    {
                        int myNumber = MySqlGetFieldAsInt (Cursor, 0); //
账号
                        string myTicket = MySqlGetFieldAsString (Cur-
sor, 1); // 订单号
                        string mySymbol = MySqlGetFieldAsString (Cur-
sor, 2); // 货币类型
                        double myLots = MySqlGetFieldAsDouble (Cursor,
4); // 订单手数
                        double myProfit = MySqlGetFieldAsDouble (Cur-
sor, 7); // 订单盈亏
                        Print ("账号:", myNumber, "订单号:", myTick-
et, "货币:", mySymbol, "手数:", myLots, "盈亏", myProfit);
                    }
                }
            MySqlCursorClose (Cursor); // 切记一定要关闭游标!!!
```

　　　　}
　　}
　　MySqlDisconnect（ID）;//关闭 ID 的连接，数据库使用完毕请一定切记要关闭连接！关闭连接！关闭连接！
　　Print（"关闭所有数据连接！"）;
}

观察 MT4 的输出记录：

时间	信息
2018.10.25 09:16:37....	Script 7查询持仓单记录 GBPUSD,M5: removed
2018.10.25 09:16:37....	7查询持仓单记录 GBPUSD,M5: uninit reason 0
2018.10.25 09:16:37....	7查询持仓单记录 GBPUSD,M5: 关闭所有数据连接！
2018.10.25 09:16:37....	7查询持仓单记录 GBPUSD,M54 账号：38959454 订单号：367118845 货币：GBPUSD 手数：0.03 盈亏-1.29
2018.10.25 09:16:37....	7查询持仓单记录 GBPUSD,M5: 游标打开正确！一共选中：1 行
2018.10.25 09:16:37....	7查询持仓单记录 GBPUSD,M5: 连接正确！连接ID：0
2018.10.25 09:16:37....	7查询持仓单记录 GBPUSD,M5: initialized
2018.10.25 09:16:37....	7查询持仓单记录 GBPUSD,M5 inputs: npt_Host=127.0.0.1; npt_User=root; npt_Password=; npt_Database=m
2018.10.25 09:16:35....	Script MySQL\7查询持仓单记录 GBPUSD,M5: loaded successfully

（13）MySQL 延伸

以上介绍目的在于展示如何将 MT4 和 MySQL 对接，MySQL 的功能非常强大，对于本地数据库而言，可以实现编程模板中的很多检索功能，例如，统计买入组利润、查找最大浮亏单等。在本地计算机上同时运行多个 MT4，这些信息保存到 MySQL 中，就可以实现多账户查询。

我们准备好的软件包是一个基于 MySQL 数据库的网站服务器版本，这意味着可以很轻松地实现互联网中不同节点之间的云计算。

8. 第八阶：真实的炒汇观

交易中有太多的主观与客观、感性与理性的争论，人们往往在这些问题上纠缠不清。5 分钟图表操盘被套，就会去 1 小时图找出路；20 日均线被套，就会用 200 日均线寻求安慰。账户有了一点点小盈利，生怕煮熟的鸭子飞了，早早地平仓，而账户出现了浮亏后，却总是不惜成本地加仓等待行情反转……诸如此类，都属于低价值主观感性的行为。但是，交易结果又取决于人的主观感性！

难道此题真的无解了吗？不，有解。只是，你需要换个思维方式。

（1）外汇是一门生意

外汇交易是这个世界成千上万种生意之一，既然其他生意有利可图，有钱可赚，能做到长期稳定盈利，外汇生意也一定能做到。我们不妨用超市生意来做个对比，如下表所示。

	超市生意	股票	期货	外汇
资金投入	全额资金进货	全额资金进货	5倍杠杆，20%资金进货	100倍杠杆，1%资金进货
固定资产	设施、设备	电脑、手机	电脑、手机	电脑、手机
进货方式	有较长周期	有抛盘即可进货	有对手盘即可进货	随时进货
出货方式	有较长周期	有买盘即可出货	有对手盘即可出货	随时出货
成本	场租、人工、水电、税金、维护	人工、电费、手续费、税金	人工、电费、手续费、税金	人工、电费、手续费、点差、掉期、税金
主管部门	工商、税务、街道社区	交易所	交易所	做市商
售后服务	有	无	无	无
保质期	有	无	有，合约到期	无

通过以上不完全对比，我们不难得出这个结论：外汇是最好做的生意。

虽然得出了这个结论，但不意味着任何人做外汇都会获取盈利，跟实体生意一样，经营失败的根源只有一个：经营不善。

所以，把外汇账户当作门店来经营，才能真正找到出路。

经营是技术和艺术的统一体，精湛的技术会让生意如行云流水般流畅，高超的艺术将带来丰厚的回报。具体到外汇交易，亏钱是技术问题，赚钱是艺术问题。

然而，不论是技术还是艺术，前提都必须要有持仓单、有库存，零库存也是库存（注意这个说法）。

(2) 敬畏市场

市场是一个生态系统，行情走势不是谁想改变就能改变的，尤其是外汇行情，全球每天数十万亿美元的成交量，不是哪个机构或者哪个央行能左右的，当然，用巨大的资金影响几十分钟甚至几个小时行情的事情还是时有发生的。

外汇的交易端是个小型的生态系统，这里面集中了外汇市场绝大多数人群，包括资管机构、私募基金、个人投资者，包括了操盘手、行情分析专家、程序员以及服务人员，不论你身处哪个岗位，都必须对市场怀有敬畏之心，不要试图去"战胜市场"，你只需要战胜自己即可。一个对市场缺失了敬畏之心的人必将被市场抛弃。

(3) 你们用错了K线图

我们先来看看常用的K线图，以1分钟K线图为例（见下图）：

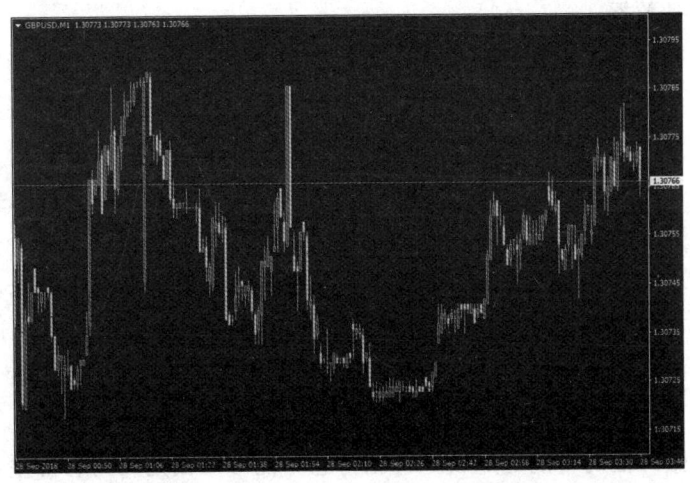

这是在 MT4 软件截取 GBPUSD 货币对 1 分钟的 K 线图，这个图表是采用 bid 报价绘出的。每个 K 线开盘时间都是整点时间的 0 分，并将此刻的市场报价作为 K 线的开盘价，60 秒（也就是 1 分钟）时间一到，就立刻画新的 K 线，最后一刻的报价则作为上一根 K 线的收盘价。

用这种规则画出的图表，有许多隐患，随便列举几条：

隐患一，因为点差是浮动的，所以用 bid 报价画图和用 ask 报价画图图形是不一样的。bid 报价用来做 Sell 单建仓、Buy 单平仓，如果你用技术指标提供信号，那么对于 Sell 单建仓或者 Buy 单平仓来说就是准确的，而对于 Sell 单平仓或者 Buy 单建仓来说就是不公平的。"失之毫厘，谬以千里"这个道理大家都明白，这也是指标信号不靠谱的原因。

隐患二，开盘时间定为 0 分，如果此时市场没有报价，那岂不就没有开盘价了？还是有的，那就是接下来 60 秒的第一个报价。同理，收盘价的确定是这样的，假如第 50 秒有一个报价，到了下一分钟没有再次出现报价，那么最后一个报价就是该 K 线的收盘价。这种规则画出的图表，K 线开盘价和收盘价与时间不是一一对应的，如果连续 5 分钟没有报价，是不画图的，也就是说，图表中的 K 线时间并不是连续的（这个现象在周末休市没有 K 线时表现得非常明显）。有趣的是，5 分钟内没有新的 bid 报价，但不意味着没有 ask 报价，那么 ask 报价画的图呢？没有。

隐患三，历史图形中的大 K 线中的价格运行轨迹并不是连续的，包含了跳空、滑点等报价行为，报价是断断续续的，K 线图并不能表达出这些变化，我们根本无法还原报价在这根大 K 线到底是先上后下还是先下后上，更无从知晓报价在这根 K 线里反复了几次，而恰恰这些价格轨迹是我们作分析的必备数据。

隐患四，为了识别行情趋势，人们创造出了成千上万个技术指标，以移动平均线为例，这其实就是计算过去若干个收盘价的均价，最后将其连成的一条线，如果 K 线在均线之上就说明行情在上行，否则就是下行。以时间为周期画出的 K 线图，形成了大小不一的 K 线，移动平均线首先要做的就是将指定数量的收盘价做一个平均，这是有问题的，这里举个例子来说明问题所在，小学四年级某班有 30 名学生，他们的平均身高为 1.5 米，但这个班学生中有 3 名身高 1.7 米的同学，显然不分情况地用 1.5 米来评估任何人，其结果必定是错的。

……

我们做外汇的目的是赚钱，一张持仓单能够赚钱是因为有价差，影响价格波动的是供求关系。这个描述与时间周期丝毫没有关联。

以报价固定波动（如 20 点）为单位来画 K 线图，是这个样子：

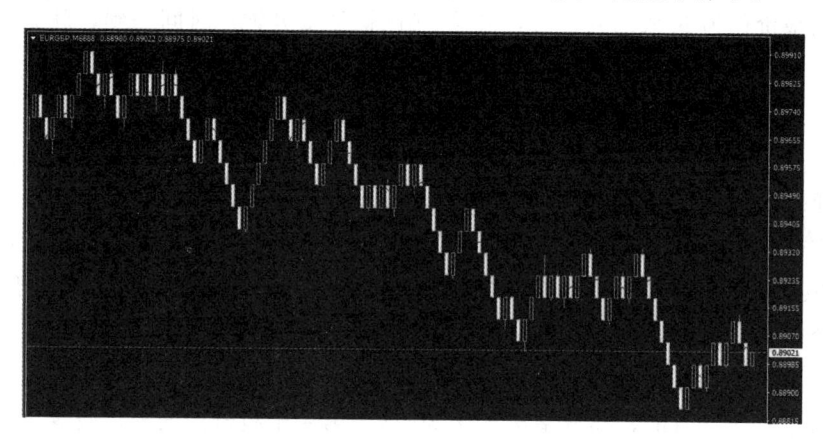

如果报价波动相对于 K 线开盘价不够 20 点则不画新 K 线，向上突破 20 点画阳线，向下波动超过 20 点画阴线，那这个图的横轴是单位波动数量，由若干个 20 点构成。

编者把这个图命名为"空间—价格图"［简称 SP（Space Price）图］。如果将固定波动设置为一个单位成本（点差＋手续费）或者一个单位利润，那么展现在我们眼前的市场行为图形就完全符合我们对成本或者利润的预期。

SP 图是目前最能真实描绘基于成本（利润）波动的 K 线图，没有之一。

（4）市场只有涨跌没有盘整

现在的价格较上一个价格高，叫作涨，反之叫作跌，这么朴素的市场道理，到了外汇市场里却有了"盘整"的说法！

用"盘整"做心理暗示，就会衍生出"突破"，还会衍生出"区间""顶底"，从而造出一套行情分析的完美理论，实际呢？你一定总是纠结在区间、顶底的边界而不能自拔，对吧？

当然了，作为货币品种，还是有区间、顶底概念的，我们至少可以确定，在未来相当长的时间里，欧元报价不会高到100多元，这就说明有"顶"，黄金价格不会低至1元多，这就说明有"底"。在合理的"顶底"范围内规划资金投入，才是理性的交易。

仅仅能够识别市场的涨跌是不够的，在量化交易中，需要对不同的行情制订不同的开仓量，这就需要对涨跌做细致的划分，区分出涨跌强度，为此编者编制了一个没有预设参数的市场强度指标，没有预设参数表示能够普适任何种类、任何时间周期的K线图，截图如下：

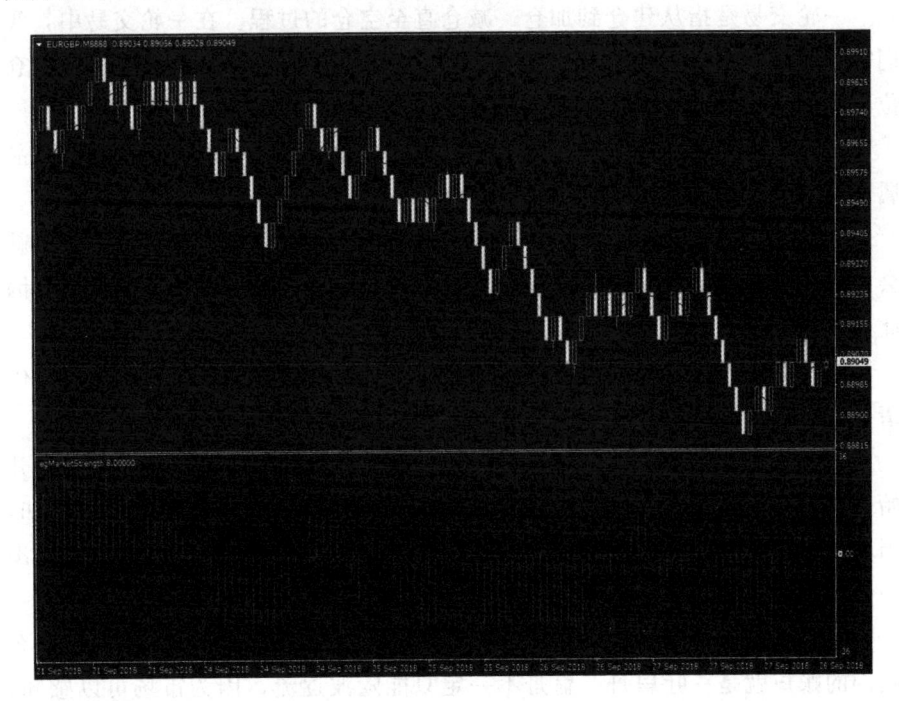

图中的柱子表示市场强度，正数为上涨行情，负数为下跌行情，分别有32级，共计64个刻度。这个指标可以比作温度计，"20℃"就少穿点衣服，"－20℃"就多穿点衣服，只需要关注当前"温度"，做出符合时宜（不一定是正确的，注意此处的措辞）的事情就足够了。

要知道，市场是可以感知的。

(5) EA 是工具

EA 是工具，工具能帮助人们减小劳动强度，智能化程度越高的 EA，越能帮人省力，但赚不赚钱，取决于人。

在操盘圈子内，稳定赚钱的人都会不同程度地使用 EA，但遗憾的是，大部分使用 EA 的人都做不到稳定赚钱。

目前市面上有许多号称厉害、好用的 EA，我们相信它们都是利器，能帮助操盘手在某些行情中斩获不菲的利润，但我们更相信最终的结果是殊途同归，即账户亏损，究其原因，就在于操盘手对于市场的认知还不够，操盘手法还不娴熟，还做不到及时把握市场风险的转变。

在交易中取得最终的盈利，工具从来都不是最重要的，对风险的控制，时机的把握才是关键。

(6) "163" 法则

一轮交易是指从建仓到加仓、减仓直至空仓的过程。在一轮交易中，我们需要遵循 "163 法则"，即 10% 的精力用于建仓，60% 的精力用于调整仓位，30% 的精力用于全体平仓，结束交易。

"1" 对应开始交易阶段。这个阶段确定建仓方向，根据交易规则和商品属性合理确定建仓量，就算是完成任务了。

"6" 对应风险控制阶段。一旦有了持仓单，就会出现浮盈浮亏，账户就会出现风险，这是一轮交易中最重要的阶段，所有好的或者不好的结果都因此而生。

"3" 对应结束交易阶段。浮盈或者浮亏达到某种程度时，可以选择全体清仓来结束这一轮交易。

万事开头难，有一个好的开头会让一轮交易执行得更加顺畅一些。在开始交易的阶段，我们还是要用技术指标来选择建仓方向和建仓量的。例如，当前的市场强度是 16，理所当然要建一张 Buy 单作为开局，但你非要开出一张 Sell 单，那就可能要难受一阵子了，这叫作 "逆势而为"。

有持仓单，就意味着进入风险控制阶段。如果说市场是一条大河，那么我们的账户就是一叶扁舟，扁舟不一定只能随波逐流，因为市场可以感知，风险可以调控。

浮亏是怎么产生的？这个问题是任何一位操盘手都必须搞明白的根本问题，也是风险控制阶段必须弄清楚的首要问题。

大多数浮亏直至爆仓的过程都是这样的：新的持仓单建仓那一刻就会产生浮亏，即点差+手续费，成本级别的小浮亏可以忽略，随着行情向反方向发展，浮亏会逐渐增加，小浮亏可以忍受，接下来由于加仓会加快浮亏的速度，浮亏逐渐变大，心理上就期待行情反转，直到出现重度浮亏，这时可用保证金所剩无几，无力回天，只好听天由命。

用一句话总结上述过程，即浮亏的根本原因是保证金调度不当，重度浮亏的原因是小额浮亏控制不当。这句话指出了风险控制的两个关键点，一是保证金控制，二是浮亏控制。

设置保证金占用比例，例如 3%，如果持仓保证金占用不足 3%，交易策略以盈利为目的，则多进仓，不赚够不平仓，情愿被套；如果超过 3%，交易策略以无损减仓为目的，则快速减小持仓量。

设置停止交易的浮亏金额数，比如 100 元。单边浮亏一旦达标，立即锁仓，等待人工处理，或者等待双向单边浮亏都不足 100 元时自动解锁。

重仓不一定会带来加剧浮亏的后果，但重仓之前必须给自己留有余地，决不能一次性将子弹打光。保证金超标的时候，并不需要禁止入场，甚至可以允许大仓位订单入场，这种单子进来是为了更快地通过同向对冲达到削减持仓量的目的。

被套？那就等待下次机会再加仓！浮亏达标？那就锁仓停止交易！

附录　程序错误代码对照表

错误代码	中文内容
0	没有错误返回
1	可能是反复同价修改，尝试报价整形
2	一般错误
3	交易参数出错
4	交易服务器繁忙
5	客户终端软件版本太旧
6	没有连接交易服务器
7	操作权限不够
8	交易请求过于频繁
9	交易操作故障
64	账户被禁用
65	无效账户
128	交易超时
129	无效报价。通常出现在诸如 Buy 类型建仓使用了 Bid 报价这类操作上
130	止盈止损错误
131	交易量错误。不符合平台规定的交易量格式，就会报错，尝试建仓量格式整形
132	休市
133	禁止交易，可能是临时休市
134	资金不足
135	报价发生改变
136	建仓价过期
137	经纪商很忙，尝试执行交易延时
138	报价使用错误，检查 Ask、Bid
139	定单被锁定

续表

错误代码	中文内容
140	只允许做买入类型操作
141	请求过多
145	过于接近报价，禁止修改
146	交易繁忙
147	交易期限被经纪商取消
148	持仓单数量超过经纪商的规定
149	禁止对冲
150	FIFO 禁则
4000	没有错误返回
4001	函数指针错误
4002	数组越界
4003	调用栈导致内存不足
4004	递归栈溢出
4005	堆栈参数导致内存不足
4006	字符串参数导致内存不足
4007	临时字符串导致内存不足
4008	字符串变量缺少初始化赋值
4009	字符串数组缺少初始化赋值
4010	字符串数组空间不够
4011	字符串太长
4012	因除数为零导致的错误
4013	除数为零
4014	错误的命令
4015	错误的跳转
4016	数组没有初始化
4017	禁止调用 DLL
4018	库文件无法调用
4019	函数无法调用
4020	禁止调用 EA 函数
4021	函数中临时字符串返回导致内存不够
4022	系统繁忙
4023	DLL 函数调用错误

续表

错误代码	中文内容
4024	内部错误
4025	内存不够
4026	指针错误
4027	过多的格式定义
4028	参数计数器越界
4029	数组错误
4030	图表没有响应
4050	参数无效
4051	参数值无效
4052	字符串函数内部错误
4053	数组错误
4054	数组使用不正确
4055	自定义指标错误
4056	数组不兼容
4057	全局变量处理错误
4058	没有发现全局变量
4059	测试模式中函数被禁用
4060	函数未确认
4061	发送邮件错误
4062	String 参数错误
4063	Integer 参数错误
4064	Double 参数错误
4065	数组参数错误
4066	历史数据有错误
4067	交易内部错误
4068	没有发现资源文件
4069	不支持资源文件
4070	重复的资源文件
4071	自定义指标没有初始化
4099	文件末尾
4100	文件错误
4101	文件名称错误

续表

错误代码	中文内容
4102	打开文件过多
4103	不能打开文件
4104	不兼容的文件
4105	没有选择定单
4106	未知的商品名称
4107	价格无效
4108	无效订单号
4109	禁止交易，请尝试修改 EA 属性
4110	禁止买入类型交易，请尝试修改 EA 属性
4111	禁止卖出类型交易，请尝试修改 EA 属性
4200	对象已经存在
4201	未知的对象属性
4202	对象不存在
4203	未知的对象类型
4204	对象没有命名
4205	对象坐标错误
4206	没有指定副图窗口
4207	图形对象错误
4210	未知的图表属性
4211	没有发现主图
4212	没有发现副图
4213	图表中没有发现指标
4220	商品选择错误
4250	消息传递错误
4251	消息参数错误
4252	消息被禁用
4253	消息发送过于频繁
5001	文件打开过多
5002	错误的文件名
5003	文件名过长
5004	无法打开文件
5005	文本文件缓冲区分配错误

续表

错误代码	中文内容
5006	文无法删除文件
5007	文件句柄无效
5008	文件句柄错误
5009	文件必须设置为 FILE_WRITE
5010	文件必须设置为 FILE_READ
5011	文件必须设置为 FILE_BIN
5012	文件必须设置为 FILE_TXT
5013	文件必须设置为 FILE_TXT 或 FILE_CSV
5014	文件必须设置为 FILE_CSV
5015	读文件错误
5016	写文件错误
5017	二进制文件必须指定字符串大小
5018	文件不兼容
5019	目录名非文件名
5020	文件不存在
5021	文件不能被重复写入
5022	错误的目录名
5023	目录名不存在
5024	指定文件而不是目录
5025	不能删除目录
5026	不能清空目录
5027	改变数组大小错误
5028	改变字符串大小错误
5029	结构体包含字符串或者动态数组